本书获得中国社会科学院大学中央高校基本科研业务费优秀博士学位论文出版资助项目经费支持，谨以致谢！

中国社会科学院大学文库
优秀博士学位论文系列

UCASS Excellent
Doctoral Dissertation

花园帝国：18、19世纪英国风景的社会史

李星 著

中国社会科学出版社

图书在版编目（CIP）数据

花园帝国：18、19世纪英国风景的社会史／李星著．—北京：中国社会科学出版社，2023.12

（中国社会科学院大学文库．优秀博士学位论文系列）

ISBN 978－7－5227－2623－6

Ⅰ.①花…　Ⅱ.①李…　Ⅲ.①人文景观—关系—社会史—研究—英国—18－19世纪　Ⅳ.①K561.4

中国国家版本馆CIP数据核字(2023)第182204号

出 版 人　赵剑英
责任编辑　范晨星
责任校对　刘　娟
责任印制　王　超

出　　版　中国社会科学出版社
社　　址　北京鼓楼西大街甲158号
邮　　编　100720
网　　址　http://www.csspw.cn
发 行 部　010－84083685
门 市 部　010－84029450
经　　销　新华书店及其他书店

印　　刷　北京明恒达印务有限公司
装　　订　廊坊市广阳区广增装订厂
版　　次　2023年12月第1版
印　　次　2023年12月第1次印刷

开　　本　710×1000　1/16
印　　张　16.75
插　　页　2
字　　数　261千字
定　　价　88.00元

凡购买中国社会科学出版社图书，如有质量问题请与本社营销中心联系调换
电话：010－84083683

中国社会科学院
大学优秀博士学位论文集
序　言

呈现在读者面前的这套中国社会科学院大学（以下简称“中国社科大”）优秀博士学位论文集，是专门向社会推介中国社科大优秀博士学位论文而设立的一套文集，属于中国社会科学院大学文库的重要组成部分。

中国社科大的前身，是中国社会科学院研究生院。中国社会科学院研究生院成立于1978年，是新中国成立最早的研究生院之一。1981年11月3日，国务院批准中国社会科学院研究生院为首批博士和硕士学位授予单位，共批准了22个博士授权学科和29位博士生导师。作为我国人文和社会科学学科设置最完整的研究生院，拥有博士学位一级学科16个、硕士学位一级学科17个；博士学位二级学科118个、硕士学位二级学科124个；还有金融、税务、法律、社会工作、文物与博物馆、工商管理、公共管理、汉语国际教育8个硕士专业学位授权点；现有博士生导师736名、硕士生导师1205名。

为鼓励博士研究生潜心治学，做出优秀的科研成果，中国社会科学院研究生院自2004年开始评选优秀博士学位论文。学校为此专门制定了《优秀博士学位论文评选暂行办法》，设置了严格的评选程序。秉持“宁缺勿滥”的原则，从每年答辩的数百篇博士学位论文中，评选不超过10篇的论文予以表彰奖励。这些优秀博士学位论文有以下共同特点：一是选题为本学科前沿，有重要理论意义和实践价值；二是理论观点正确，理论或方法有创新，研究成果处于国内领先水平，具有较好的社会效益或应用价值与前景；三是资料翔实，逻辑严谨，文笔流畅，表达确当，无学术不端行为。

《易·乾》曰："君子学以聚之，问以辩之。"学术研究要"求真求实求新"。博士研究生已经跨入学术研究的殿堂，是学术研究的生力军，是高水平专家学者的"预备队"，理应按照党和国家的要求，立志为人民做学问，为国家、社会的进步出成果，为建设中国特色社会主义的学术体系、学科体系和话语体系做贡献。

习近平总书记教导我们：学习和研究"要求真，求真学问，练真本领。'玉不琢，不成器；人不学，不知道。'"，"学习就必须求真学问，求真理、悟道理、明事理，不能满足于碎片化的信息、快餐化的知识"。按照习近平总书记的要求，中国社科大研究生的学习和学术研究应该做到以下三点。第一，要实实在在地学习。这里的"学习"不仅是听课，读书，还包括"随时随地的思和想，随时随地的见习，随时随地的体验，随时随地的反省"（南怀瑾先生语）。第二，要读好书，学真知识。即所谓"有益身心书常读，无益成长事莫为"。现在社会上、网络上的"知识"鱼龙混杂，读书、学习一定要有辨别力，要读好书，学真知识。第三，研究问题要真，出成果要实在。不要说假话，说空话，说没用的话。

要想做出实实在在的学术成果，首先要选择真问题进行研究。这里的真问题是指那些为推动国家进步、社会发展、人类文明需要解决的问题，而不是没有理论意义和实践价值的问题，也不是别人已经解决了的问题。其次，论述问题的依据要实在。论证观点依靠的事例、数据、观点是客观存在的，是自己考据清楚的，不能是虚假的，也不能是自以为是的。再次，要作出新结论。这里说的新结论，是超越前人的。别人已经得出的结论，不能作为研究成果的结论；对解决问题没有意义的结论，也不必在成果中提出。要依靠自己的独立思考和研究，从"心"得出结论。做到"我书写我心，我说比人新，我论体现真”。

我希望中国社科大的研究生立志高远，脚踏实地，以优异的学习成绩和学术成果“为国争光、为民造福”。这也是出版本优秀博士学位论文集的初衷。

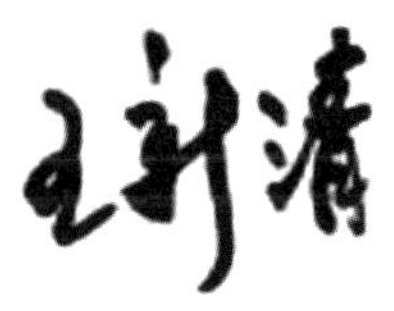

2021 年 12 月 9 日

序　　言

一块土地及其表面的植被，不会自己成为一片“风景”，除非它进入了“审美”过程，而这一审美过程是一个“社会过程”，渗透了权力关系。本书研究的是英国“风景”的形成，聚焦于18世纪末和19世纪初这一资产阶级“双元革命”的时代，大体按照时间顺序分为四个章节，就英国“风景”在这一时期的形成涉及的不同层面依次展开。本书以18世纪末和19世纪初英国“风景”的形成为明线，以英国这一时期的国际冲突（“反法”）和国内冲突（贵族与资产阶级、“城与乡”）为暗线，试图勾勒出从启蒙运动向浪漫主义过渡时期英国如何借鉴、吸收中国的造园思想，利用“风景”来解决大不列颠的民族认同问题以及国内尖锐的阶级斗争和城乡矛盾。

第一章回答“英国园林的中国起源问题”。十七八世纪，中国造园思想经耶稣会士传入英国后，不仅帮助英国成功摆脱了法国几何式园林的束缚，形成了自己的英式风格，同时还反过来激起了英国对中国的想象。受伯克美学理论的影响，英国创造出“非对称性”的秀美和“哥特式”的崇高两种互不相容的中国园林景观。本章以马戛尔尼访华使团对圆明园与避暑山庄的描述、钱伯斯的《东方造园论》和柯勒律治的《忽必烈汗》为主要文本，展示在两种想象力的共同作用下，中国园林如何被塑造成一个“东方伊甸园”的形象，以及对“东方伊甸园”中崇高风景所做的价值评判的改变体现了英国对华态度由钦慕向反感的转变，以此来说明英国对中国园林的想象已经突破了萨义德在《东方学》中提出的西方对东方（伊斯兰、阿拉伯世界）的再现框架。中国园林既是英国想象中国的依据，也是英国想象中国的产物。

第二章回答“风景在促成英格兰、苏格兰对大不列颠民族国家认同中的作用问题”。本章以洛蒙德湖附近区域的风景为中心，梳理约翰逊、麦克弗森、华兹华斯兄妹、维多利亚女王、司各特等人对该地风景描写的差异，探讨造成这种差异的历史原因。高地风景从“崇高”到“如画式崇高”的转变是多重合力的结果，其中既有英格兰在绞杀凯尔特文化失败后为构建大不列颠共同体而做出的妥协以及英国浪漫派对功利主义及工业资本主义的批判，也包括苏格兰双重认同意识的形成，进而认为秀美、崇高及如画三个美学范畴背后涉及了英苏关系、大不列颠民族国家的建构以及英格兰内部的阶级斗争等问题。

第三章、第四章将研究的视角从国家认同转向阶级斗争和城乡关系。第三章通过对华兹华斯作品的分析，回答“湖区是否为‘国民的财产’”这一问题。该章以华兹华斯的作品和他的个人经历为轴，从湖区修筑铁路、圈地运动、湖区议员选举、湖区的所有者、反法的“爱国者”五个层面展开论述，以此来阐明反法战争前后英国土地贵族、底层村民和城市资产阶级三者复杂微妙的历史关系。华兹华斯笔下的湖区成为英国土地贵族与城市资产阶级进行斗争、妥协的战场，统治阶级之间的合作与竞争又改变了土地贵族对待底层村民的态度，一改在圈地运动中对村民的驱赶打压。在美学领域，土地贵族把他们抬升至传统乡土社会主人公的地位，把他们在农业资本化进程中的悲惨命运归咎于以铁路为代表的城市工业对乡村的入侵。土地贵族巧妙地将自己隐身于幕后，在美学上构建出一个自然、有机的乡土社会来打击和教育对自己的统治权构成威胁的城市资产阶级；与此同时，他们又利用战争期间拿破仑对英国的封锁和民众的爱国热情来拉拢城市资产阶级，使湖区成为需要守护的民族之根，从而将湖区这个“国民的财产”牢牢掌握在自己的手中。

第四章回答“‘抬高乡村、贬低城市’的乡村美学话语如何影响了狄更斯对霍乱下的伦敦城的描述”这个问题。在霍乱肆虐的年代，信奉“瘴气说”的狄更斯积极参与了由查德威克领导的城市公共卫生运动。为了唤起公众对环境卫生的重视，他将伦敦描写成肮脏、臭不可闻的死亡之地。而摆脱了乡村美学话语束缚的现代派画家却从被污染的泰晤士河和阴沉灰暗的雾霾天气中发现了“诗意”。此外，相比于伦敦，同时期英国乡村的卫生状况更为糟糕，以勃朗特姐妹的家乡哈沃斯村为例，霍乱造成的乡村人口的死亡率远高于城市。霍乱的暴发揭开了英国城乡的真实卫生状况，但由于受乡村美学话语影响，文学中的乡村被塑造成秀美清洁的圣地，而伦敦肮脏的形象却进一步得到确认。狄更斯不关注代表英国工业成就的宏伟的水晶宫和 1851 年的伦敦博览会，却关注伦敦的黑暗面，他对伦敦的描述与其说是“写实的”，不如说是“批判的”。

Preface

A piece of land with the vegetation on its surface will not become a "landscape" by itself unless it enters the coding system of social power, therefore, the relationship of the objects within the landscape is the class relations in the society. Thisbook, taking the formation of English landscape, especially in the era of the bourgeois "dual revolution" in the late 18th and early 19th centuries as the research object, consists of four chapters in chronological order. Each chapter around its core issue unfolds its discussion, but the four chapters do not link end-to-end nor advance layer-by-layer in content, but rather develop their argumentation on different levels. The book takes the formation of the British landscape as the obvious clue, the "anti-France" and "anti-industry" as the hidden clue, trying to outline how the English learned from and absorbed Chinese gardening ideas during the transitional period from the Enlightenment to Romanticism, using the "landscape" to form British national identity and to ease the fierce domestic class struggle and urban-rural contradictions.

The first chapter intends to answer the question of "the Chinese origin of English garden" . In the 17th and 18th centuries, the idea of Chinese gardening was mainly introduced to the England through the Jesuits, which not only helped the English successfully to get rid of the constraints of French geometric garden, but also formed its own English style. At the same time, it also stimulated the English's imagination toward China. Under the influence of Burke's aesthetic theory, the English created two incompatible Chinese garden images: "asymmetric beauty" versus "Gothic sublime" . Based on the descriptions of

Yuanmingyuan and Imperial Summer Resort by George Macartney embassy to China, Chambers' *A Dissertation on Oriental Gardening* and Coleridge's "Kubla Khan" as the main texts, this chapter illustrates how Chinese garden became "the Oriental Eden" by the English's imagination, and the change in the value judgment of the sublime landscape in the "Oriental Eden" exemplifies the shift from admiration to disgust in the English attitude towards China, thus to show the pattern of the English's imagination of Chinese garden challenges the framework of Said's Western representation of the East (Islamic and Arab world) in *Orientalism*. Chinese garden not only offered the sources for the English's imagination of China, but also the product of this imagination.

The second chapter intends to answer the question of "the role of landscape in promoting the British national identity between England and Scotland" . This part, taking Loch Lomond and its vicinity as the representative objects, tries to sort out the description differences by Dr. Johnson, Macpherson, William and Dorothy Wordsworth, Queen Victoria and Scott etc. and the historical reason beneath these differences to illustrate that the highland landscape transformation from Sublime to Picturesque Sublime is the outcome of multiple forces: including the compromise made by England with Scotland for constructing the Great Britain after the failure of oppressive policy toward the Celtic culture, the criticism of utilitarianism, industrial capitalism from the English romantic school, the formation of Scottish double identity conscious, and to further point out beauty, sublime and picturesque, the division of three aesthetic categories concern the relationship between England and Scotland, the construction of the Great Britain and the class struggle within the England.

The third and fourth chapters shift the research focus from the national identity to class struggle and urban-rural relations. By analyzing Wordsworth's works, Chapter Three tries to answer the question "whether the Lake District isa 'national property'" . Taking Wordsworth's works and his personal experience as the axis, Chapter 3, from five aspects of the construction of the railway in the Lake District, the enclosure movement, the election contest in the Lake District, the distinction of taste, and the anti-French patriot, illustrates in the pre-

and-post Anti-French War, the complex and delicate historical relationship among the English landed aristocracy, the rural poor and the urban bourgeoisie. The Lake District in Wordsworth works is the stage of competition and compromise between the English landed aristocracy and the urban bourgeoisie, and the cooperation and competition within these two ruling classes decide the change of landed gentry's attitude toward the rural poor. In contrast with the expulsion and oppression of the poor villagers in the enclosure movement, the landed aristocracy promote them to the protagonists of the traditional rural society in the field of aesthetics, and shift the blame of the rural poor's tragic fate in the progress of agricultural capitalization to the invasion of the countryside by the urban industry represented by the railway. The landed aristocracy tactfully concealed themselves behind the stage, and aesthetically constructed a natural, organic rural society to clout and discipline the urban bourgeoisie who threatened their ruling power; at the same time, they took advantage of Napoleon's blockade of Britain and the patriotic enthusiasm of the British to win over the urban bourgeoisie, making the Lake District the root of the nation that needs to be guarded, thus firmly holding the Lake District as the "national property" in its own hands.

Chapter Four answers the question of "how did the rural aesthetic discourse of uplifting the countryside and downgrading the city affect Dickens' description of London in the time of cholera" . In the cholera-ravaged London, Dickens, who believed in the "miasmic theory", actively participated in the Public Health Movement led by Chadwick. In order to evoke the public attention to environmental hygiene, he described London as a dirty, stink hell. However, the modernist painter, freed from the constraints of rural aesthetic discourse, found "poetic" from the polluted Thames and the gloomy and hazy weather. Compared with London, the health situation in the English countryside was even worse. Taking the Bronte sisters' hometown Haworth as an example, the mortality rate of the rural population caused by cholera is much higher than that of the city. The outbreak of cholera has uncovered the true hygienic situation of English cities and villages; however, due to the impact of rural aesthetic discourse, the countryside in literature has been shaped as a beautiful and clean sanctuary, and the dirty image of London has been further confirmed. Dickens did not pay attention to the magnificent Crystal Palace and the Great Exhibition of 1851, which represented the achievements of British industry, but focused merely on the dark side of London. His description of London was more "critical" than "realistic".

前　言

霍布斯鲍姆把18世纪末和19世纪初欧洲发生的形形色色的革命统称为“双元革命”，其象征性事件是1789年爆发的法国大革命和18世纪末以来发生的（英国）“工业革命”（工业革命的开端通常以1776年瓦特发明蒸汽机为标志）。[①] 这是欧洲资产阶级在政治和经济方面开始获得霸权的时代，而资产阶级的崛起意味着以前的或者说“传统”的社会阶级构成以及各个阶级在其中的地位发生了更为广泛和复杂的变化；同时，革命时代的典型特征是其中没有一个阶级能够完全控制这个社会的政治霸权、经济霸权和葛兰西所说的“文化霸权”或者“精神和道德的领导权”，这就为那些因为资产阶级的出现而在政治和经济方面逐渐失势的“传统阶级”对资产阶级建立起一种文化霸权提供了历史可能。浪漫主义文学兴起于资产阶级的“双元革命”之后并非偶然。浪漫主义通过建构“风景”，来建立“乡村”对于“城市”的道德优势和美学优势，从而夺取了对资产阶级的一场文化胜利，但“风景”的建构还有“阶级斗争”之外的一个“国家”维度，即在国内社会结构变化导致阶级分裂之际。同时，在大量英国人随着英帝国海外殖民扩张而散布于异文化之际，以前维系共同体的宗教纽带已然失效，此时如何利用“风景”建构一种“英国性”乃至“不列颠性”，来作为英国人的国家认同的想象成为一个至关重要的问题。

对“双元革命”时代的重大政治主题，浪漫派文人们似乎采取了

① ［英］霍布斯鲍姆：《革命年代：1789—1848》，王章辉等译，中信出版社2014年版，第Ⅸ页。

“逃避”态度，整日流连于湖光山色之中，沉溺于自我幻想中而不能自拔，重大的历史事件在他们的作品中难寻踪迹，悠哉恬静的个人生活与外界剧烈的社会震荡形成巨大的反差。新历史主义批评家麦克·甘认为，这种避世隐居的“超然”态度产生了“浪漫主义的意识形态”，英国的浪漫主义文学具有“去政治、去历史化”的倾向。[①] 作品中听不见拿破仑战争的隆隆炮声和机器的轰鸣，也看不见波澜壮阔的社会变革运动。

麦克·甘提倡用马克思主义历史研究的方法将英国浪漫主义文学再度政治化，以此来挑战 20 世纪 60 年代继承了韦勒克（Rene Wellek）和艾布拉姆斯（Abrams）衣钵的哈特曼（Geoffrey Hartman）和布鲁姆（Harold Bloom）的研究方法。哈特曼与布鲁姆分别以“想象”和“幻象”为研究对象，采用后结构主义的研究方法对英国浪漫主义文学进行解读。[②] 与浪漫主义文学表面上无涉政治一样，此二人的研究也只关注文本本身，而将社会历史作为文学的“外部研究”排斥在外。在他们的眼中，浪漫派笔下的“自然”，不再是与主观相对的外在客观世界，而成为倾注了个人想象力和情感的主观建构的产物。一篇篇田园诗歌和一幅幅风景画作与其说是对外部环境的一种“客观呈现”，不如说是艺术家们的主观想象。

不过，即使是艺术家们的主观想象，也不会凭空而来，这同样要受到社会历史条件的制约。浪漫派艺术家们也要带着“全部历史社会关系”进行创作和想象。“两耳不闻窗外事”只不过是他们摆出的一种文学姿态，作品中“去政治、去历史化”倾向恰恰是介入政治、参与历史的一种方式。“避而不谈、隐而不现”的策略其实是他们基于自身在 18、19 世纪英国文学场中的地位而做出的精心选择。

于是，风景如何再现自然不再取决于创作者的主观想象，而取决于

---

① Jerome J. McGann, *The Romantic Ideology: A Critical Investigation*, Chicago and London: The University of Chicago Press, 1983, pp. 39, 117.

② 哈特曼站在哲学角度，通过研究从康德到胡塞尔的思想发展历程来阐述浪漫主义文学中的“想象”，而布鲁姆则从文学史入手，梳理了从弥尔顿、爱默生、史蒂文森（Wallace Stevens）到阿门斯（Ammons）作品中的“幻想”的含义，二人得出结论：英国的浪漫主义文学关注的是“想象”而非“自然”。See Geoffrey M. Hartman, *Wordsworth's Poetry 1787 - 1814*, New Haven and London: Yale University Press, 1964; Harold Bloom, *The* Visionary Company: *A Reading of English Romantic Poetry*, New York: Doubleday & Company, Inc., 1961.

整个社会各个利益集团之间的较量和博弈。20 世纪 80 年代，学界出版了一系列学术著作对英国浪漫主义文学重新进行历史解读，[①] 极大地推动了文学研究向文化研究的转向。进入 90 年代，受新历史主义研究的启发，科斯格罗夫（Denis Cosgrove）、丹尼尔斯（Stephen Daniels）和米切尔（Mitchell）等一大批研究者开始对"风景"展开社会历史研究，逐渐发展成与生态主义研究[②]并立的一大研究范式。他们认为，"风景"既不是环绕我们周围的外在自然世界，也不是个人主观意识向外界的投射，而是文化实践的产物，它对自然的再现参与到包括社会的物质生产和交换、阶级的形成和变迁、个人主体性的构建以及民族认同等多个层面。[③] 风景的形成是知识—权力再生产的产物。米切尔在谈到《风景与权力》一书的主题时说：

---

① 这些著作包括：John Barrell, *The Idea of Landscape and the Sense of Place 1730 - 1840*: *An Approach to the Poetry of John Clare*, Cambridge: Cambridge University Press, 1972; John Barrell, *The Dark Side of the Landscape*: *The Rural Poor in English Painting 1730 - 1840*, Cambridge: Cambridge University Press, 1983; Jerome J. McGann, *The Romantic Ideology*: *A Critical Investigation*, Chicago and London: The University of Chicago Press, 1983; David Simpson, *Wordsworth's Historical Imagination*: *The Poetry of Displacement*, New York and London: Methuen, 1987; Marilyn Butler, *Romantics*, *Rebels and Reactionaries*, *English Literature and Its Background 1760 - 1830*, Oxford: Oxford University Press, 1985。

② 对风景的研究中，生态主义批评已成为重要的一派。它以文学与外在自然界的关系作为研究对象，提倡人与自然要和谐相处。See Cheryll Glotfelty and Harold Fromm eds., *The Ecocriticism Reader*: *Landmarks in Literary Ecology*, Athens and London: University of Georgia Press, 1996, p. xviii. 18 世纪末 19 世纪初，产生于工业革命中的英国浪漫主义文学为生态主义批评提供了一个研究工业化早期人与自然关系的绝佳切入点，并涌现出一大批学术著作。See aslo Dewey W. Hall, *Romantic Naturalists*, *Early Environmentalists*: *An Ecocritical Study*, *1789 - 1912*, Farnham: Ashgate, 2014; Katey Castellano, *The Ecology of British Romantic Conservatism*, *1790 - 1837*, New York: Palgrave Macmillan, 2013; James C. McKusick, *Green Writing*: *Romanticism and Ecology*, New York: Palgrave Macmillan, 2010; Jonathan Bate, *Romantic Ecology*, *Wordsworth and the Environmental Tradition*, London & New York: Routledge, 1991.

③ See Denis E. Cosgrove, *Social Formation and Symbolic Landscape*, Madison, WI: University of Wisconsin Press, 1998; Denis E. Cosgrove and Stephen Daniels, *The Iconography of Landscape*: *Essays on the Symbolic Representation*, *Design and Use of Past Environments*, Cambridge: Cambridge University Press, 1988; Stephen Daniels, *Fields of Vision*: *Landscape Imagery and National Identity in England and the United States*, Cambridge: Polity Press, 1992; J. T. Mitchell ed., *Landscape and Power*, Chicago, IL: University of Chicago Press, 1994.

> 风景并非“是”或者“意味着”什么，还有风景做了什么，它作为一种文化实践是如何起作用的。我们认为风景不仅仅表示或者象征权力关系；它是文化权力的工具，也许甚至是权力的手段，不受人的意愿所支配（或者通常这样表现自己）。因此，就某种类似于意识形态的东西而言，风景作为文化中介具有双重的作用：它把文化和社会建构自然化，把一个人为的世界再现成似乎是既定的、必然的。而且，它还能够使该再现具有可操作性，办法是通过在其观察者与其作为景色和地方（sight and site）的既定性的某种关系中对观者进行质询，这种关系或多或少是决定性的。因此，风景（不管是城市的还是农村的、人造的或者自然的）总是以空间的形式出现在我们面前，这种空间是一种环境，在其中“我们”（被表现为风景中的“人物”）找到——或者迷失——我们自己。以这种方式理解的风景因此不可能满足于只是置换现代主义范式那种模糊不清的视觉性，代之以可读的比喻；它需要追溯风景抹除自身的可读性、把自身自然化的过程，在与可以被称其为观者“自然历史”的关系中去理解这个过程。我们已经以及正在对环境所作的一切、环境反过来对我们的所作所为、我们如何使我们对彼此的行为变得自然，以及这些“行为”如何在我们成为“风景”的再现媒介中得到展现，这就是《风景与权力》一书的真正主题。[1]

继承了米切尔对风景的批判思想，美国人类学者温迪·达比（Wendy Darby）也断言：“风景的再现并非与政治没有关联，而是深植于权力与知识的关系之中”，“多重视角的研究使沉默的风景意象发出声音，使隐藏在关于风景及风景意象的知识和体验之后的社会性基础显现出来——这种社会性基础就是历史上各种排斥与包容的观点”。[2] 澳大利亚学者马丁·列斐伏尔（Martin Lefebvre）指出风景并非自然，而是自然的寓言，

---

① ［美］W. J. T. 米切尔：《风景与权力》，杨丽、万信琼译，译林出版社 2014 年版，第 2 页。

② ［美］温迪·达比：《风景与认同：英国民族与阶级地理》，张箭飞等译，译林出版社 2011 年版，第 9 页。

是自然的图像，而非自然本身。在他看来，风景被视觉装置——包括摄像机、凝视、取景框以及与视觉文化相关的技术——彻底渗透。“通过框取，自然转为文化，大地转为风景。”①

本书也采用历史社会学的视角来研究 18 世纪末 19 世纪初的英国风景。这个时段内英国风景的形成涉及东方与西方、法国与英国、城市与乡村、工业与农业、乡村土地贵族与城市资产阶级、启蒙主义与浪漫主义、资本主义的发展和民族国家的形成等多个维度。这些错综复杂的问题交织在一起，使本书在对“风景”的研究中从“谁在拥有风景”“谁在想象风景”“谁在接受风景”等问题入手，试图破解风景与权力之间的转换密码。本书的四个章节大体按照时间顺序排列，但在内容上却不构成首尾相连、层层推进的关系，而是就风景所涉及的不同侧面依次展开。全篇以英国风景的形成为明线，以“反法”“反工业”为暗线，从不同的视角切入主题，论述 18 世纪末至 19 世纪初英国如何利用“风景”来解决大不列颠的民族认同问题以及国内尖锐的阶级斗争和城乡矛盾。

本书的第一章涉及“英国园林的中国起源问题”。英国浪漫派形成“自然”“风景”的概念得益于 18 世纪中国造园思想在欧洲的传播。勒夫乔伊早在 1933 年就提出了浪漫主义的中国起源问题②，但这一观点因带有解构“西方中心主义”的内涵而在西方学界长期处于边缘地位。近年来全球史研究的兴起使得欧洲启蒙运动的东方起源问题开始得到关注。中国在欧洲启蒙运动以及浪漫主义运动中所扮演的角色日益成为学界研究的重点。③ 第一章围绕中国园林—英中园林—英国园林这条主线来探讨英国人如何借助中国园林“非对称”的特点，来摆脱法式几何园林的束缚，从而形成自己的英式风格。该部分以马戛尔尼访华使团惊诧于圆明园、避暑山庄的湖光山色，不由产生似曾相识之感为例来说明中、英两

---

① Martin Lefebvre ed., *Landscape and Film*, London: Roudedge, 2006, p. xv.

② Arthur O. Lovejoy, “The Chinese Origin of a Romanticism”, in *The Journal of English and Germanic Philology*, 32.1 (Jan., 1933), pp. 1 – 20.

③ John M. Hobson, *The Eastern Origins of Western Civilization*, New York: Cambridge University Press, 2004; J. J. Clarke, *Oriental Enlightenment: The Encounter Between Asian and Western Thought*, London and New York: Routledge, 1997; Donald F. Lach, *Asia in the Making of Europe: The Century of Discovery*, 3 Vols., Chicago and London: University of Chicago Press.

国园林的渊源。英国人在将中国园林想象成秀美的伊甸园的同时，又借助伯克的“崇高”概念创造出一种带有“鬼魅般美丽”的东方园林形象，这其中既夹杂着对《圣经》中东方伊甸园的顶礼膜拜，又带有欧洲启蒙运动中产生的“西方中心”主义话语对东方园林的恐惧和反感，体现了英国对华态度从钦慕到厌恶的转变。英国人想象出的中国园林的两副面孔表明中、英两国在文化表征上的关系比萨义德在《东方学》中所呈现的东方与西方的关系更为复杂，中国园林既是英国想象中国的依据，也是英国想象中国的产物。

第二章论述风景在促成英格兰、苏格兰对大不列颠民族国家认同中的作用。虽然早在 1707 年英格兰与苏格兰就实现了议会合并，但 1745 年詹姆斯党人发动的起义以及随后英格兰对苏格兰的残酷镇压激化了双方的民族矛盾。双方的对立和敌视在美学上体现为秀美的英格兰与崇高的苏格兰两种景观的对峙。约翰逊博士从文明等级论的视角出发将苏格兰的风景贬为“野蛮”，以此来否定麦克弗森在《莪相集》中为苏格兰的崇高风景所赋予的美学价值。约翰逊对苏格兰文化的打压却遭到了英格兰内部反工业的浪漫派的反戈一击，他们将秀美的风景与资产阶级推崇的功利主义联系在一起，通过抬高高地风景的“无功利性”来打击城市资产阶级，从而帮助在军事上、政治上遭遇惨败的苏格兰在美学上扳回一局。“崇高”压倒“秀美”的局面迫使英格兰转而提出“如画”概念来兼容秀美与崇高，通过为崇高的苏格兰风景增添“如画”色彩使其成为大不列颠国家风景的组成部分。

第三章与第四章围绕风景中的城乡关系展开。雷蒙德・威廉斯在《乡村与城市》中说：“在‘乡村’一词上，人们赋予自然的生活方式的观点：宁静、天真、道德质朴。在‘城市’一词上，人们赋予人为建立的中心的观点：学问、交流、光明。然而一些敌意的联想也渐渐滋生：城市作为一个喧嚣、世俗和野心勃勃之地，乡村则为落后、无知、局限之地。”[①] 对乡村与城市所做的褒、贬两种评价体现的是乡村力量和城市力量在美学话语层面的较量。第三章、第四章分别以华兹华斯笔下的湖区和狄更斯笔下的伦敦为研究对象，探讨牢牢掌握文化领导权的英国土

① Raymond Williams, *The Country and the City*, Oxford: Oxford University Press, 1975, p. 1.

地贵族如何通过“抬高乡村、贬低城市”的乡村美学话语，构建起理想的乡土社会和与之形成巨大反差的城市景观来打击在政治上和经济上日益对自己构成威胁的城市资产阶级。华兹华斯把湖区理想化成一块由自耕农组成的“理想国”，却要面临以铁路为代表的现代城市工业的入侵。诗人把导致湖区传统乡土社会瓦解的罪责推给城市，一方面帮助土地贵族摆脱了在圈地运动中应承担的责任，另一方面又让他们以传统社会庇护者的形象来骗取乡村底层民众的拥护。受此话语影响的狄更斯亦不例外，他将霍乱肆虐下的伦敦描写成一座人间地狱，而与之相对的是摆脱了乡村美学话语束缚的现代派画家却从被污染的泰晤士河和阴沉灰暗的雾霾天气中发现了“诗意”。狄更斯不关注宏伟壮观的水晶宫，却关注伦敦贫民窟肮脏的卫生环境，但相比于同时期乡村地区的卫生状况（以哈沃斯村为例），伦敦的情况并不是最糟糕的。

最后，需要指出的是，英国在浪漫主义时期形成的城乡关系随着19世纪越来越多的殖民地纳入英帝国的版图而发生了翻转。在宗主国与殖民地的关系中，英国成为城市文明的代表，而广大的殖民地则成为帝国的“乡村”。在国内备受打压的资产阶级在海外殖民地得以施展拳脚，他们确立了城市压倒乡村的话语体系。城市成为经济发达、文化繁荣的中心，而乡村则成为经济落后、思想保守的边缘。经济全球化带来的城市规模的扩张和发展中国家的工业化进程创造了一个又一个的“都市神话”，使得英国18世纪末19世纪初的城乡关系反倒成为一个“特例”。但正是由于这段“特殊”的城乡关系，以“自然”为核心的英国浪漫主义文学才显得异常缤纷多彩。

目　录

Contents

第一章

想象中国：亦真亦幻的东方园林

第一节　似曾相识的中国园林

1793 年 8 月 21 日，历时将近一年的长途跋涉，马戛尔尼率领的大英使团终于到达北京，为乾隆皇帝进献寿礼。他们先被安排居住在圆明园外的宏雅园内，后又搬到京城内另一处更为宽敞的馆舍。使团内一路负责礼品拆卸、运输、安装、摆放的巴罗等人居住在圆明园的正大光明殿附近。9 月 2 日，正使马戛尔尼和副使斯当东一行人等前往热河避暑山庄觐见乾隆皇帝。除了参加皇帝的寿典，访华使团获准在和珅的带领下参观避暑山庄。在游览过程中，让他们始料未及的是在遥远的异国皇家园林里，他们竟然产生了似曾相识的感觉。这种似曾相识感源于中、英两国园林的相似性。为了说明这种相似性，马戛尔尼在描述避暑山庄时提到了很多英国园林的名字，例如他首先联想到自己岳父家的卢顿庄园（Luton）：

> 我们骑在马背上来欣赏这座奇妙的园林。大约走了三英里，园子漂亮极了，收拾得井井有条，像极了贝德福郡的卢顿庄园，地势略有起伏，形态不一的各式树丛相互交织。①

① John Barrow, *Travels in China*, London: Strahan, Printers-Street, 1804, p. 128. 巴罗在使团中担任审计长，并负有看护使团财产的职责。因此，他没有随马戛尔尼和斯当东前往避暑山庄拜见乾隆皇帝。游记中关于避暑山庄的记载，巴罗直接引用了马戛尔尼的叙述。后文出自同一著作的引文，将随文标出该著名称简称“*Travels*”和引文出处页码，不再另注。

卢顿庄园是马戛尔尼的岳父、第一代布特伯爵约翰·斯图亚特（John Stuart, the first Earl of Bute）卸任首相后的归隐之地。1762 年，他斥资 111000 英镑从纳皮尔（Napier）家族手中购得该地后立即着手进行扩建，将原先 300 英亩的园林面积扩大到 1200 英亩，并聘请“能人”布朗（Capability Brown）重新设计。

> 园内树木葱茏，草地上生机勃勃，充满自然之气，但又经过了艺术的改良。里河（The River Lea）蜿蜒穿梭而过，在大宅坐落的山脚下，汇集成一片湖泊，足有半英里宽；——鱼儿在水中游，水面上有天鹅、野鸭、家鸭、骨顶鸟、水鸡和其他鸟禽，与众多树木和植物一起，呈现了一幅多姿多彩、美丽绝伦的画面。站在园内简朴的塔斯卡尼石柱边，“透过树林的空地和间隙，空幽的峡谷和橡树林为山水画家呈现了一幅富于变化的怡人风景”①。

除了联想到卢顿庄园，马戛尔尼进一步以英国庄园为参照来称赞中国园林之美：

> 说到这片充满魅力的土地上的种种奇观，这将是一个谈不尽的话题。装饰我们英格兰的巧妙的布局、愉悦的特征、丰富的想象在这里都可以找到。如果布朗先生或者哈密尔顿先生能来中国，我敢发誓他们可以从这里丰富的素材中吸取最快乐的灵感，就像我今天已经体会到的一样。几个小时的参观让我享受到各种不同的田园乐趣，而之前我却认为这种乐趣不可能在英国以外存在。在不同的时刻我沉醉于这些景色之中，它们囊括了我所知道的斯托园（Stowe）的雄伟、渥白恩（Wooburn）的柔美和派恩山（Paine's Hill）的仙境。(*Travels*: 130)

马戛尔尼提到的布朗先生就是上文卢顿庄园的园林设计师，由于才

---

① Frederick Davis, *The History of Luton*, Luton: Printed for the Author, J. Wibeman, Miscellany Office, George Street, 1855, pp. 19 – 20.

干杰出，布朗被人在名字前加上“能人”二字，意为无所不能。经他之手设计的园林据说占当时英国园林总数的一半，足见其受欢迎程度。斯托园[①]也经由布朗设计：人工挖掘的湖泊模仿自然湖泊呈不规则形状，与蜿蜒曲折的溪流一起构成整个园林的主体景观，地势开阔的缓坡草坪围绕在湖水四周，三三两两的树木分散其间，巨大的橡树为园内大道提供树荫，波光粼粼的湖水、绿色的草坪树木与蓝天白云一起构成了极具英国特色的田园风光。这座雄伟、秀丽的斯托园属于柯贝汉（Cobham），他原是马尔博罗麾下的一员大将，在反法战争中立下赫赫战功并积累了大量财富。凯旋后，柯贝汉大修土木，力图将斯托园打造成一座名副其实的“思想之园”“艺术之园”，来打击当时的政治宿敌沃波尔。园内两座圣坛——古代贤人祠与当代贤人祠遥相对望，用来忆古思今。这座体现着英国古老宪政传统的园林，也是柯贝汉培养幕僚的场所，其中就包括赫赫有名的后来成为首相的老皮特。

马戛尔尼在描述避暑山庄景观时提到的另一人哈密尔顿先生是派恩山庄园的主人，他和渥白恩的庄园主索思科特（Philip Southcote）都是园林设计的爱好者。他们设计的庄园被称为“装饰性农场”（Ferme Ornée），是十八世纪四五十年代在英国兴起的新的园林设计风格的代表。装饰性农场，顾名思义，就是像花园一样的农场，将园林的观赏性与农场的生产性结合在一起，它的法文名字显示这种造园思想与法国存在着关联。耶稣会士王致诚（Jean Denis Attiret）在对圆明园的描绘中曾提到中国返璞归真的设计理念，一些景观曾故意模仿乡村的田园生活，将“乡村式的简朴”和“农业生产活动”结合起来。小特里亚农宫里的王后农庄是法国著名的“装饰性农场”。它依照中国园林返璞归真的理念虚设了一座乡村农庄，建有茅屋、磨坊、马厩、羊圈和牧场。法王路易十六

---

① 斯托园是英国最负盛名的园林之一，18 世纪就被无数的诗歌、游记、旅游指南所描绘：韦斯特（Gilbert West）1732 年创作的《斯托：尊敬的科巴姆子爵的园林》（*Stowe, The Gardens of the Right Honourable Richard Lord Viscount Cobham*, 1732）、笛福的《大不列颠全岛旅行关于六座园林的附录》（*Appendix on Six Gardens from A Tour thro' the Whole Island of Great Britain*, 1742）、吉尔平的《斯托园园林对话》（*A Dialogue upon the Gardens of the Right Honourable the Lord Viscount Cobham at Stow*, 1748）、比克翰（George Bickham）的《斯托园之美景》（*The Beauties of Stow*, 1753）以及西利（Benton Seeley）《斯托园：一个描述》（*Stowe: a Description*, 1777）都对该园进行了详细的介绍。

将该园作为礼物于1774年送给王后玛丽亚·安托瓦内特，王后非常喜欢这座中式园林——不规则的湖泊，蜿蜒的小路，充满乡土气息的花草植物，与旁边凡尔赛宫几何对称式的园林布局形成鲜明的对比。王后经常扮作乡间牧羊女在此处度过自己幸福的光阴，一直到法国大革命的爆发。

通过王致诚以及其他来华人员对中国园林的描述，追求乡间田野之趣的东方造园思想传入法国，但它却无法撼动巴洛克园林的霸主地位。与此相反，东方的造园思想在海峡对岸的英伦三岛上找到了自己的知音。王致诚的书籍率先被牛津大学的诗歌教授兼牧师斯彭斯（Joseph Spence）翻译成英文。[①] 斯彭斯与哈密尔顿、索斯科特二人私交甚密。他是哈密尔顿在拜弗利特街（Byfleet）上的邻居，至今还保留有他与索斯科特的谈话记录。他帮助索斯科特设计过渥白恩中著名的花径。在牧场、耕地旁种植花木成为该园最大的特色。多种花卉草木参差交错，将占地150英亩的农场分割成大片牧场和小块耕地。[②]

而比渥白恩还要大的派恩山占地面积超过250英亩，它由耕地、草地、牧场、林地和荒野组成。[③] 威特利（Thomas Whately）在《现代园林观察》中对派恩山的地理环境和景观做了如下概述：

> 派恩山坐落于沼泽地的边缘，下面是富饶的平原土地，莫尔河从中穿过。四周的峡谷山地在靠近莫尔河的地方逐渐平缓，河水将整个峡谷分成不同的区域，花园沿山谷而建，呈半圆形状，蜿蜒的

---

① 王致诚对圆明园的描述分别被斯彭斯和柏西主教（Thomas Percy）先后翻译成英文（斯彭斯在译著上化名为 Sir Harry Beaumont）。由于斯彭斯的译作早于柏西，且译文更为优美流畅，因此影响更大。但斯彭斯对译文进行了改动，并没有完全忠实于王致诚的文本，如他删掉了王致诚对圆明园的评价“地上天堂”，认为这是天主教徒的不实之词。Bianca Maria Rinaldi ed., *Ideas of Chinese Gardens: Western Accounts, 1300 - 1860*, Philadelphia: University of Pennsylvania Press, 2015, pp. 106 - 107, Note 7. 后文出自同一著作的引文，将随文标出该著名称简称“*Ideas*”和引文出处页码，不再另注。

② 详见 Thomas Whatley, *Observations on Modern Gardening*, 2nd edition, London: T. Payne, at the Mews-gate, 1770, pp. 177 - 182。

③ 关于派恩山的风景，See Alison Hodges, “Painshill Park, Cobham, Surrey (1700 - 1800): Notes for a History of the Landscape Garden of Charles Hamilton”, in *Garden History*, Vol. 2, No. 1, 1973, pp. 39 - 68。

> 河水成为它的最外延。新月形的空地上是林园的位置，后面就是沼泽地。沼泽地看起来过于显眼，但另一边远处被山峦阻隔的农田乡村的景色更为怡人。平原的景色多样，最下面是长势茂密的水草地，景色不错，但称不上绝美。小河也无趣沉闷，因此，派恩山从园外的风景受益不多，但园内的景色既壮观又美丽。花园的设计提供了好多观景点，在那儿可以看到园内其他部分的景色，为同一个景物提供不同的观赏视角，整个园林里这样的绝佳位置有很多。①

务实的哈密尔顿通过烧荒来扩大耕地，种植芜菁来喂养山羊，1748年前还在园内搞起了葡萄种植业。他对自然植物兴趣浓厚，将美洲的松类树种移栽到园内。1765年，吉尔平（William Gilpin）参观了派恩山，4年之后，他在《关于如画美的原则》中首次提出“如画”的概念。巴特夫人（Mrs. Batey）认为正是源于此次参观，吉尔平才能够提出“如画”这个影响了英国整个浪漫主义时期的审美趣味的重要概念。② 现今，牛津大学博物馆（Bodleian）还保留了当时吉尔平的参观日记，里面记载着他对园内风景的评价：

> 入门的草坪非常漂亮。枞树小道也设计得很好，冬青树的品种很多。哥特式的教堂让人赏心悦目。但从教堂放眼望去，景致却被草地上太多的树丛给破坏了……瀑布看上去自然且浪漫。从瀑布那，我们踏上美丽的小路，沿着莫尔河畔来到改良后的花园。在峡谷的尽头，矗立着一座塔，景色非常美丽……房屋建筑必须和整体的色彩相融合并保持和谐。一旦它们被视为景观的附属变得毫不起眼或者由于艳丽的色彩而被识别出来，它们就很少能产生美学效果。但这座神庙被处理得很好，它本身是一个很好的建筑，从任何角度看

① Thomas Whately, *Observations on Modern Gardening*, London: For T. Payne, at the Mews-Gate, 1793, pp. 188 – 189.

② Alison Hodges, “Painshill Park, Cobham, Surrey (1700 – 1800): Notes for a History of the Landscape Garden of Charles Hamilton”, in *Garden History*, 1973, p. 47.

也不会惹人注意，还能给风景增添适宜的变化，使之从自然变成一门艺术。①

参观完避暑山庄的东部，马戛尔尼接着将西部景区的风景与自己连襟的大宅——劳瑟庄园（Lowther Hall）进行了比较：

> 如果要问英国哪个地方与今天我看到的西苑的景色相似，那应该是威斯特摩兰郡的劳瑟庄园（我很早之前就知道它）。论景色之开阔、规模之宏伟，选址之佳、地质之复杂，绵延的树林和理水之法，二者皆有相似之处。我认为，只有兼具感性、热情和趣味之人才能在不列颠的土地上设计出最美丽的风景。（*Travels*：134）

劳瑟庄园坐落于威斯特摩兰郡，即英国著名的北部湖区。庄园位于山坡之上，是一个"能够想象出的最令人嫉妒的位置"，可以俯瞰整个山谷，霍伊斯河流经此处，一侧是茂密的树林，另一侧是荒地，有被陡峭的悬崖一分为二之势，一些地方只有两三百码宽。湖水的尽头是哈特瀑布、道路和梯斯迪山峰，还有其他一些景物，顺眼望去还能看到美丽的马戴尔谷地。如果足够幸运坐上朗斯代尔家的船横穿湖面，就能够看到这一小片湖水四周最美的风景。② 园外风景迷人，园内景色也不逊色，花园"面积很大，景色与视野变化多样"，"有修剪过的台地状的草坪，草种是最好的山地品种。草坪有一英里长，沿着石灰质的悬崖边缘分布，从上面可以看到园区的大部分景观：茂密的森林树木不规则地分散于园内，野鹿成群"。③

除了马戛尔尼，曾在圆明园居住、负责安装寿礼的巴罗在描写圆明园景观时也把它与英国的里奇蒙公园（Richmond Park）进行比较：

---

① Alison Hodges, "Painshill Park, Cobham, Surrey (1700 - 1800): Notes for a History of the Landscape Garden of Charles Hamilton", in *Garden History*, 1973, p. 48.

② Harriet Martineau, *A Complete Guide to the English Lakes*, London: Whittakeb and Co., 1855, p. 172.

③ John Claudius Loudon, *Encyclopedia of Gardening*, London: Longman, Rees, Orme, Brown, Green, and Longman, 1824, p. 1081.

> 圆明园方圆十英里，占地大约五万英亩，其中大部分是荒地和林地。我们住所四周的风景总体上是乡村自然风光，被山脉和峡谷打断，景色因树林和草地变得多样，可以和里奇蒙公园相比。但他们［中国人］的设计更胜一筹，因为到处是运河、河流和大面积的水域。河岸虽是人工建造，但既不修整，也不裁剪，一点也不像城堡外的斜坡，这种不规则性却也花费了大量劳力。看似漫不经心，好似浑然天成。（*Travels*：122－123）

巴罗提到的里奇蒙公园是一座皇家围猎场，有开阔的草坪和树林，1637年由英王查理一世开始修建，1746年开挖人工湖（Pen Ponds），并修建河堤，将湖水一分为二。首相之子沃波尔（Horace Walpole）认为该园林的设计师布里奇曼（Bridgeman）扭转了同时期当红设计师乔治·伦敦（George London）和怀斯（Henry Wise）对法式园林的崇拜：

> 他摒弃了绿色植物雕塑，也不想重复过去那种对精准性的强调。他扩充了自己的规划，不屑于让每一部分都有它的对应物。虽然他还坚持设计笔直的道路，并在两旁种有经过修剪的灌木丛，但这些道路一般是园林的主干道。布里奇曼通过荒野、稀疏的橡树林给其余的小路增添了变化。……随着深入的探索，他的改良措施也逐步站稳脚跟。在皇家园林里奇蒙，他竟然敢把修整过的农田，甚至小块森林景观引入院内……但是他最大的手笔，起到飞跃性的一步改革（我认为是布里奇曼首先提出的）是拆除围墙边界，修建沟渠——这一做法会让人感到震惊，当突然意识到道路被截断时，出乎意料的设计往往让人付之“哈哈”一笑。①

布里奇曼最大贡献就是设计出哈哈墙（Ha Ha Wall），这是一种下沉式的围墙或沟渠，也叫“隐篱”，用来分割园林的各个区域。由于参观者只有走到道路的尽头才能发现阻隔，受到捉弄的他们常常会为此发出

---

① Horatio Walpole, *The Works of Horatio Walpole, Earl of Oxford*, Vol. 2, London: G. G. and J. Robinson, Paternoster-Row, and J. Edwards, Pall-Mall, 1798, p. 535.

“哈哈”一笑，故此得名。哈哈墙类似于中国园林中的“借景”，将园外的风景引入园内，打破了围墙造成的视野受限，成为英国园林中常用的造园之法。

置身清廷皇家园林之中的使团成员们看到不规则的树丛、蜿蜒的流水、曲折的小路、自由生长的植被，感觉自己又回到了英国园林中，卢顿庄园、斯托园、渥白恩、派恩山、劳瑟庄园、里奇蒙公园的意象纷至沓来。马戛尔尼发现英、中两国园林间存在“惊人的相似”，不过，他旋即又补充道：

> 我们的园林风格是否真的模仿中国，我把这一问题留给“虚荣”来辩解，让“无聊”来讨论。依靠敏锐的感性和沉思，两个相距最遥远的国家可能会出现相同的园林美学，而不存在一方借鉴另一方的问题。但我们的园艺与中国的园艺存在巨大的相似之处，这是确定无疑的。(*Travels*：134)

通过强调两国之间遥远的间隔，马戛尔尼“顺理成章”地将英、中两国园林的相似性归结为历史的巧合；不过，他所谓的中英两国会“不约而同”地产生相同的园林趣味却不符合历史的真实，并有刻意掩盖18世纪中国园林思想在英国传播历史的嫌疑。

第二节　中国园林思想的传入

园林艺术上的相似性并不是由于两国的造园师“英雄所见略同”，而是源于英国对中国园林思想的借鉴和吸收。英国最早的花园不过是一块林中空地——在遮天蔽日的树林中辟出的一条阳光地带，最初是当作菜园（kitchen-garden）使用。花园的核心含义就是排斥和征服原始自然，凸显人为自然立法的造园理念。① 能体现这种园林风格的当属意大利和法国的几何式园林，它们遵循严格的比例和对称设计，园中的中央主轴线

① Isis Brook, “Wildness in the English Garden Tradition: A Reassessment of the Picturesque from Environmental Philosophy”, in *Ethics & the Environment*, Vol. 13, No. 1, 2008, p. 107.

和几条次要轴线纵横交叉组成一张严谨的几何网络图，交叉点上用喷泉、雕塑或小建筑装饰，被道路分割的各个区域主次分明，园内的花木也被修剪成几何形状。培根在他的《论园林》中极力推崇这种几何式的园林风格，他写道：

> 园林应该分成三个部分，即入口处的一块草坪，花园尽头的一片荒野，或称旷野，和位于这两者之间的正园，此外还有正园两边的树篱小径。我以为草坪应占地四英亩。旷野占地六英亩，正园两侧各有四英亩的辅园，正园本身占地十二英亩。这块草坪将使人感受到两种乐趣，一是修剪得整齐平展的草地最令人悦目，其二是草坪中间可提供一条干干净净的通道，你可沿此通道直达围绕正园的一圈高高的篱墙。①

培根设计的花园，可以说是对法国几何式园林原封不动地翻版。1576 年，他前往法国担任英国驻法大使的侍从。在法国居住的两年半时间里，培根有机会得见巴黎附近和鲁瓦河畔的几何式园林。这些著名的园林都被收录进雅克·安德胡尔·德·希尔科（Jacques Androuet Du Cerceau）出版的《法兰西最卓越的建筑（1576—1579）》（*Les Plus Excellents Bastiments de France*）一书中。书中展示了花园的中轴对称设计，复杂的花坛设计图案，以及围墙修建、树木修剪、喷泉设计等方法，体现出法国对意大利园林设计理念的借鉴。但由于法国土地更为平整开阔，而意大利多丘陵山地，在平地上建造的园林在气势上显得更为宏大，更能凸显欧陆园林的设计理念，因此，法式园林成为欧洲几何式园林的代表。与奥地利的美泉宫、西班牙的格兰哈皇宫、意大利的卡塞塔王宫相比，1624 年法王路易十四下令修建的凡尔赛宫是这一造园法完美的体现：它强调对自然的驯化，将一切偶然性因素排除在园林之外，用比例和对称图形来显示人类对自然的征服意志和理性精神。

① Francis Bacon: *Of Gardens*, *Essay* 46, *Aus*: *Francis Bacon*, *The Essayes or Counsels*, *Civill and Morall*, *of Francis Lo. Verulam*, *Viscount St. Alban*, Charles Davis ed., London: Iohn Haviland for Hanna Barret, 1625, FONTES 18, p. 14.

设计师勒诺特（André Le Nôtre）把奢华的凡尔赛宫殿修建在园内的高地上，成为整个园林的中心。宫殿的前面是笔直的林荫道，后面是花园，花园的外围是林园。主中轴线的前端穿过林荫道指向城市，后面穿过花园和林园指向荒郊，象征着王权对城市和乡村的统治。除了控制全局的中央主轴线外，几条次要的纵向和横向轴线将园林切割成严谨的几何形状，主次分明。在纵、横轴线的交叉点上，设有喷泉、雕塑或小型建筑作为装饰，既凸显了布局的几何性，又打破了设计的呆板。法式园林在设计上还遵循“递减”原则，离中央王宫建筑越远的地方，重要性就越弱，装饰性建筑也就越少。这种布局原则传达了“王权至上”的政治理念，表现了一种理性化的社会治理模式。

虽然培根没有亲眼看到凡尔赛宫，但法式几何式园林的设计理念却早已植入他的心中。培根的设计参照了法式园林的布局，入口处修剪平整的草坪、主体建筑位于园林中央高地中轴线的交叉点上，植被花草呈对称排列，建筑后面是林园和荒野。这种几何式的园林构图法在 17 世纪成为英国园林设计家们的模板。它随着玛利亚王后（Queen Henrietta Maria）被带入英国。玛利亚王后出生于卢浮宫，一生挚爱法国文化。在她的影响下，丈夫查理一世和儿子查理二世也对法式风格钟爱有加。1639 年，查理一世为王后买下了温布尔登庄园，并请来伊尼戈·琼斯（Inigo Jones）仿巴洛克式风格对建筑进行翻修。1642 年，安德烈·莫莱（André Mollet）又为它设计了几何式的花坛。1660 年，流亡法国的查理二世返回伦敦后，邀请莫莱和勒诺特改建格林威治宫、圣詹姆斯宫、汉普顿府邸，希望它们能像凡尔赛宫一样来彰显王权。光荣革命后，威廉三世接替查理二世完成了汉普顿府邸的改建工程，大喷泉花园中 13 处喷泉景观和长长的刺绣式花坛，创造出法国凡尔赛宫的幻景。威廉三世还派遣心腹专门前往法国向勒诺特学习建园之法。此后，巴洛克式园林由于王室的推崇在英国风靡起来，怀斯和乔治·伦敦成为英国新古典主义几何园林设计师的代表。1704—1711 年由怀斯改建的德比郡的墨尔本厅（Melbourne Hall）成为园林方面法国文化在英国全盛时期的杰出典范。1690 年在威斯特摩兰郡建造的利文斯花园（Levens）被视为“该时间段荷兰式花园风格最完美的体现”①。

正当英国对法式园林顶礼膜拜之时，中国的造园思想通过来华的耶稣会士悄悄地在法、英等欧洲国家传播开来。② 法国耶稣会士王致诚说自己在东方见识到一种完全不同的园林风格：

> 确实，当看惯法国和意大利式的建筑后，一个人往往对世界其他地方的景色缺乏兴趣，甚至都不太关注它们，但北京皇帝的宫殿和供他娱乐的花园往往会成为一个例外。从设计到实施的整个过程，里面所有的一切都非常震撼，美轮美奂。它们给我留下了深刻的印象，在我去过的所有地方中，我从未在其他地方见到与之相似的景观。(*Ideas*: 94)

王致诚对清朝皇家园林的设计推崇备至，不由得发出赞叹：

> 如果要专门向你描述它们［中国器物］的形状、材料和装饰，这会无休止地进行下去。我非常欣赏这些东西和中国人在建筑设计中所体现出的无穷无尽的多样性，它们是中国人发明的硕果。不得不承认，相比于中国人，我们自己显得是多么的贫乏和无趣。(*Ideas*: 101)

王致诚把中国园林的特点归纳为“美丽的无序”(beautiful disorder)。他说，“离宫里的人们几乎处处喜欢美丽的无序，喜欢非对称”，跟欧洲“处处喜欢统一和对称”截然不同，建筑物不但总体上配置自由，形态参差错落，而且连细节，如门窗等，也姿态万千。中国的游廊“不取直线，有无数的转折，忽而隐藏于灌木丛后，忽而出现在假山石前，间或绕小池而行，其美无与伦比”。圆明园的亭台楼阁与园中景色融为一体，相互

---

① 荷兰园林也受法国巴洛克园林艺术的影响，详见 Reginald Theodore Blomfield, *The Formal Garden in England*, London: Macmillan and Co., Limited, 1901, p. 72.

② 参见［法］乔治·洛埃尔《入华耶稣会士与中国园林风靡欧洲》，载谢和耐、戴密微等《明清间耶稣会士入华与中西汇通》，东方出版社 2011 年版，第 535—547 页。

掩映，不能一览无余，而是移步易景。“所有的一切都显得趣味高雅，并安排得体，以至于不能一眼穷尽所有景致的美丽，而必须一个区一个区地慢慢欣赏，通过长时间游目骋怀来满足好奇之心。”①

王致诚介绍园林的书籍相继被斯彭斯和英国国教主教柏西翻译成英文在英国广为流传。② 此外，耶稣会士马国贤（Matteo Ripa）③ 将热河避暑山庄的雕版画带回欧洲。1711年，康熙帝命画家沈喻根据自己在避暑山庄创作的36首御诗绘制图景，并将这些景致图咏命名为《御制避暑山庄三十六景诗图》。随后，康熙皇帝又让马国贤采用欧洲铜版雕刻技术将诗图刻于铜板之上。1714年，马国贤完成了铜版画的制作，开始将这些铜版画作品寄回欧洲。1724年，他离开中国返回欧洲，首先到达英国面见了乔治一世国王，并结识了英国社会名流。研究者施特拉斯贝格（Richard Strassberg）认为马国贤曾将铜版画赠送给第三代伯灵顿伯爵（the Third Earl of Burlington）波义耳（Richard Boyle），后者对园林美学兴趣浓厚，极有可能是现藏于不列颠博物馆的马国贤制作的铜版画的拥有者。④ 此外，伯灵顿伯爵还组建了一个艺术文化圈，艾迪生、蒲柏（Alexander Pope）、造园师肯特（William Kent）都是圈子里的成员，这些人在历史上都曾积极推动中国园林思想在英国的传播。⑤ 施特拉斯贝格还

---

① 陈志华：《中国造园艺术在欧洲的影响》，山东画报出版社2006年版，第56—58页。

② 斯彭斯的译本名为《对北京附近中国皇家园林的详细描述》（*A Particular Account of the Emperor of China's Gardens Near Peking*），不过这是一个节译本，里面删去了王致诚对中国园林的赞美之词。10年之后，柏西对王致诚的书籍进行了全文翻译，出版了《对中国皇家园林的描述》（*Description of the Emperor of China's Gardens*）。虽然柏西的译本更加忠实于原著，但在英国的影响力不及斯彭斯的译本。

③ 有研究表明马国贤并不是耶稣会士，而是耶稣会的反对者，他前往中国的目的是传达天主教禁止中国仪式而颁布的教令。See Michele Fatica and Yue Zhuang, "Copperplates Controversy: Matteo Ripa's Thirty-Six Views of Jehol and the Chinese Rites Controversy", in Yue Zhuang and Andrea M. Riemenschnitter eds., *Entangled Landscapes: Early Modern China and Europe*, Singapore: Nus Press, 2017, pp. 144 – 186.

④ ［法］乔治·洛埃尔《入华耶稣会士与中国园林风靡欧洲》，载谢和耐、戴密微等《明清间耶稣会士入华与中西汇通》，东方出版社2011年版，第541页。

⑤ 参见 Vanessa Alayrac-Fielding, "From Jehol to Stowe: Ornamental Orientalism and the Aesthetics of the Anglo-Chinese Garden", in Claire Gallien & Ladan Niayesh eds., *Eastern Resonances in Early Modern England Receptions and Transformations from the Renaissance to the Romantic Period*, Palgrave Macmillan, 2019, pp. 148 – 156。

推测现藏于纽约的那套 1720 年代的铜版画极有可能是在伦敦装订成册，也就是说，马国贤造访英国后，避暑山庄的铜版画开始在英国文人艺术圈内流传开来。①

除了译本和版画，17 世纪接受过法文和拉丁文训练的英国文人还能通过直接阅读法国耶稣会士和罗马天主教的出版物来获得有关中国园林的信息。曾任查理二世驻法外交官的威廉·坦普尔（William Temple）在其著作《论伊壁鸠鲁园林》中提到了中国园林，并将其特点概括为“Sharawadgi”：

> 就像我之前说的，园林最好的模式，就是具有某种规则性。但我也知道，世上有种完全不规则的形式，比其他形式更美。但这种美来自大自然的鬼斧神工，或人的奇思妙想，以至于能消弭所有的不和谐，形成一个统一的整体。这种美我在一些地方见过，但更多的是从一些曾到过中国的人的嘴里听到。中国人，他们的思想像我们的一样广博，他们的国土也像欧洲一样广阔。在我们这，建筑和植物的美存在于合适的比例中，对称而又统一。我们的道路和树木间距相等，互为应和。而中国人却对这种栽种法嗤之以鼻，他们说，任何一个会数数到 100 的男孩，都会将树木沿小路两边直线栽种，一个对着一个，长度和宽度由他自由选定。但他们的想象力集中体现在他们的设计上，那种美是震撼的，让人眼睛一亮，但毫无秩序，各个部分的排列方式也不能轻易地发觉。尽管我们之前对这种美毫无觉察，但是他们却有一个特殊的词来表达，如果什么东西能让他们眼前一亮的话，他们就会说 sharawadgi，这个词包含有喜悦、钦佩、推崇的意味。最好的印度长袍、屏风和瓷器上的绘画，都可以发现他们这种无规则之美。但是我却不建议我们在园林设计上采用此种风格。对于平庸之辈来说，这种风格风险太高，很难达到。如

---

① Richard E. Strassberg, “An Intercultural Artist: Matteo Ripa, His Engravings, and Their Transmission to the West”, in Stephen H. Whiteman and Richard E. Strassberg eds., *Thirty-Six Views: The Kangxi Emperor's Mountain Estate in Poetry and Prints*, Washington, DC: Dumbarton Oaks Research Library and Collection, 2016, p. 59.

果能取得成功，园林设计师会得到更多的赞誉，而一旦失败，也会更加丢人，而且失败与成功的比例是20∶1。而中规中矩的规则性园林，却很难犯下这种伟大的错误。①

坦普尔将“Sharawaggi/Sharawadgi”一词引入英国，但遗憾的是，该词对应的中文的表达，学界至今仍众说纷纭，② 但“不规则之美、无序之美”作为中国园林的特点却逐渐被英国人接受。1712 年，艾迪生在《旁观者》上对“Sharawadgi”做出的解释是：“意即乍一看便使人浮想联翩，只觉得美不胜收又不知其所以然。”艾迪生赞美了天然树林中巨大的成年树木的美丽身姿：

向我们介绍中国的作家告诉我们，在那个遥远国度里的人们嘲笑了我们整整齐齐的树木，他们说，任何人都会这么种树。他们更乐意在园林中体现自然精神，所以他们总是将自己所运用的艺术隐藏起来。在他们的语言中，这种美是一见钟情式的，用不着去想这是什么和美感如何产生。而与之相反，我们英国的园艺师宁愿与自然对着干，我们花园里的树木是锥形、球形和金字塔形的，我们在每棵树上都看得见刀斧的痕迹，总之，离自然越远越好。我不知道是不是只有我一个人这么想，但以我个人的喜好而论，我更愿意看到一棵自然的茂盛生长着的树，而不是一棵被切割成机械形态的树。我会不由得想到，一座自然生长的花园肯定要比裁剪后的花圃迷宫要赏心悦目得多。③

艾迪生认为园林的自然性应高于人工性。他接着说道：

---

① William Temple, “Upon the Gardens of Epicurus”, in *The Works of Sir William Temple*, Vol. 3, London: Hamilton, Weybridge, 1814, pp. 237 - 238.

② 关于 sharawadgi 的可能性来源，详见张旭春的文章《“Sharawadgi”词源考证与浪漫主义东方起源探微》，《文艺研究》2017 年第 11 期，第 31—39 页。

③ Joseph. Addison, “*The Spectator* No. 414 (25 June, 1712)”, in *The Works of Joseph Addison*, Vol. 2, New York: Harpers and Brothers, 1837, p. 143.

> 自然大笔一挥，随意描绘产生的效果比艺术的精雕细琢更为大胆巧妙。庄严的花园与宫殿带来的美只局限在一个圆规划定的范围之内，而想象力一旦碰上它们，就会立刻要求一些其他的东西来满足。但在自然的荒野中，视角可以不受限制地来回移动，充满了无数变换的形象，不拘泥于任何限制。①

艾迪生还对隐藏了人工性的叠石方法颇为欣赏:

> 这些瀑布从岩石的裂缝或缝隙中流出，岩石被随意地堆叠在一起，上面覆有青苔。这样在青草路上、沟渠中、园林中人工制造的野趣，比由石块在低地上建造的围墙更引人注目，让人舒心惬意。对我而言，我认为这些原始的石堆比许多石雕更富于魅力，我更愿欣赏枫丹白露附近穿过树林和草地的蜿蜒溪流而不是凡尔赛宫由各式人物雕像口中喷出的泉水。②

蒲柏赞同艾迪生对人工性园林的批评。他也偏爱未经雕琢的自然带来的舒适和简单。“只有鉴赏能力一般的人才会陶醉于人工制造的美景之中，天才却喜欢自然。”③ 蒲柏对几何式的园林有违自然规律的设计方法进行了嘲讽:

> 随后请您把花园欣赏，
> 四下望去都是围墙!
> 既没有赏心悦目的奥妙，
> 也不见摹拟荒野的技巧;
> 树丛对着树丛，小径对着小径。
> 两边都有平台，恰好彼此对称。

---

① Lucy Aikin, *The Life of Joseph Addison*, London: Longman, Brown, Green, and Longmans, 1843, p. 77.

② Lucy Aikin, *The Life of Joseph Addison*, London: Longman, Brown, Green, and Longmans, 1843, p. 77.

③ 参见范存忠《中国文化在启蒙时期的英国》，上海外语教育出版社 1991 年版，第 84 页。

备受折磨的双眼只看到自然的反面，
树木被剪成雕像，雕像像密林；
无法在喷泉这儿嬉戏，
而那儿有座凉亭，却不能提供阴凉。
在这儿，海神之女穿梭于桃金娘的绿荫下，
在那儿，角斗士们在花丛中搏斗或死亡。①

相反，蒲柏认为，有品位的园林不应该过分地强调人工性：

良好的感知，只是来自上天的礼物，
尽管与科学无关，却也相当重要，
如同一道闪电，你自身一定能够感知，
而琼斯（Jones）和勒诺特（Le Nôtre）却无法给予②。
建造抑或是绿化，不论你要干什么，
竖起一座石柱，或建一个弯拱，
或抬高一座平台，或挖凿一个空穴，
不论怎样，千万不能忘记自然，
但把女神当作谦逊的少女，
不要过分打扮，也不能不要梳妆，
不要一览无余，使每个美景在任何地方都能窥见，
而要巧妙地若隐若现，
此等园艺家可得满分，他能出乎意料，
让人震惊、多变，并把边界隐藏。③

“不要过分打扮，也不能不要梳妆”点出了园林艺术要在人工性与自然性中寻求平衡。蒲柏认为园林景观设计要体现若隐若无，虚实相间，

① Alexander Pope, *The Poetical Works of Alexander Pope*, London: William Smith, 113, Fleet Street, 1841, p. 97.

② 二人皆为法国园林著名设计师。

③ Alexander Pope, *The Poetical Works of Alexander Pope*, London: William Smith, 113, Fleet Street, p. 96.

达到“虽由人作，宛自天成”的效果。他提出“隐藏的艺术”“取消边界”和“模仿自然”三原则，目的是要掩盖园林的“人工性”，来凸显园林的“自然”。蒲柏还身体力行，在泰晤士河边修建了特威克南别墅（Twickenham），并聘请自己的好友，日后成为英国园林设计师第一人的威廉·肯特（William Kent）来设计花园。园中值得注意的是出现了中国式的叠石假山和山洞，这在当时算是来华耶稣会士和商人们津津乐道的中国园林景观。[①] 英国人醉心于利玛窦（Ricci）描写的苏州狮子林、卫匡国（Martini）笔下的南京的假山石、安文思（Magalhaes）眼中的紫禁城的太湖石。尼霍夫（Nieuhof）也赞成利玛窦、卫匡国、安文思的观点，认为假山怪石能代表中国园林的特点（*Ideas*：53，60，61）。受中国园林的启发，18、19世纪的英国园林中经常置有一座假山石洞来增添情趣，如马戛尔尼提到的派恩山，其中石洞的设计可能就来自耶稣会士对中国园林叠石方法的介绍。[②]

当法式园林在英国蔚然成风之时，中国园林却悄然得到英国文人的青睐，显然这种推崇和赞美带有“反法”的意味。中国不规则的园林设计体现出政府的宽容大度和对自由、民主的尊重，与法式园林强行把自然套在一件僵硬的外套里形成了鲜明对比，英国对中式园林的青睐挑战了法国在欧洲的文化霸权。民族自尊心极强的沃波尔认为，园林是一个国家政治制度的美学体现，英式自由应该通过“顺其自然”的园林设计来体现。英国园林打通了自然与自由的关联，而法式园林则变为君主专制暴政的体现。英国的爱国者们从中国园林美学中汲取养分。沃波尔早年极其推崇中国园林，1735年在剑桥求学时，他从老师赫维爵士（Lord Hervey）那里得到法国耶稣会士杜赫德编纂的《中国通志》（*General Description of China*），此书是当时英法两国介绍中国情况最全面的著作。赫维爵士欣喜地发现读过此书的沃波尔成为一个中国迷，于是写信善意地提醒他不要一时兴起，冲动地穿上中国人的服饰前往广州，而应继续做一名英

---

① 陈志华：《中国造园艺术在欧洲的影响》，山东画报出版社2006年版，第42页。

② 紫禁城的乾隆花园以及圆明园的假山怪石都体现了清朝皇帝对迷宫、怪石的爱好。关于中式迷宫所蕴藏的中国道、藏思想，详见 Hui Zou，“The ‘True Wonder’ in Emperor Qianlong’s Garden Labyrinths”，in Yue Zhuang and Andrea M. Riemenschnitter eds.，*Entangled Landscapes：Early Modern China and Europe*，pp. 187 – 209.

国人。毕业后的沃波尔修建了草莓山庄（Strawberry Hill），他把花园中的金鱼池取名“鄱阳”，因为从杜赫德那里他知道这个湖泊在江西省境内，里面生长有众多的鱼类。他还将园内的一对雌雄野猪戏称为“中国组合”。①

对几何形状的反感在伯克那里得到了明晰的理论阐释。1756 年，他出版了《关于崇高和秀美观念的起源的哲学探索》一书，明确表达了对修剪成几何图形并按比例排列的园艺的反感。伯克认为，比例是一种知性的判断，而美则与感性相关，作为知性的创造物，比例并不作用于感觉和想象。②“对美的感知并不取决于对所看到景物的实用性或恰当比例的理性认识，比例并不是美的原因。”他进一步指出，“比例不是植物美的原因”“比例不是动物美的原因”“比例不是人类美的原因”，清除了法国美学理念中美与比例之间的关联。（*Philosophical*：163－186）

于是，中式园林取代了法式园林逐渐在英国开枝散叶。亭、阁、塔、桥等中式建筑纷纷进入王公贵族的府邸。1738 年，斯托园建造了一座中式凉亭，据说这是英国最早出现的中式建筑。1748—1749 年，乔治三世的父亲威尔士亲王弗雷德里克在邱园（Kew Garden）中兴建了一座孔子之屋。他的内廷男侍诺斯勋爵（Lord of North）在自家偌克斯顿寺（Wroxton Abbey）的花园中修建了一座中式木屋和凉亭；而亲王的秘书利特尔顿（Lyttelton）在海格雷大宅（Hagley Hall）中摆满了中式家具。乔治三世的叔叔坎伯兰公爵在游船上修建了一座中国亭，乔治四世干脆在布莱顿建造了一座“龙宫”：英皇阁（Royal Pavilion）。

第三节 “鬼魅般的美丽”

汉诺威王室一改斯图亚特王室对法式园林的青睐，对中国园林产生了浓厚的兴趣。造园师钱伯斯（William Chambers）迎合了这种趣味转向。他早年曾随荷兰东印度公司的商轮两次到达广东，后又前往欧洲学

---

① David Porter, “From Chinese to Goth: Walpole and the Gothic Repudiation of Chinoiserie”, in *Eighteenth-Century Life*, 23. 1, 1999, p. 50.

② Edmund Burke, *A Philosophical Enquiry into the Origin of our Ideas of the Sublime and Beautiful*, London: R. and J. Dodsley in Pall-mall, 1764, p. 164. 后文出自同一著作的引文，将随文标出该著名称简称“*Philosophical*”和引文出处页码，不再另注。

习园林建造技术。卢顿庄园的主人布特伯爵向奥古斯塔王太后举荐钱伯斯作为乔治三世的老师，受到重用的钱伯斯在英国皇家园林邱园中建造了一座中式宝塔。虽然他亲眼见到的只是广东的岭南建筑，但通过参考当时非常流行的杜赫德、王致诚对北方皇家园林的描述，1772 年钱伯斯出版了著名的《东方造园论》(*A Dissertation on Oriental Gardening*)。钱伯斯笔下的东方特指中国，他将中国园林分为愉悦的（pleasant)、惊奇的（surprising）和恐怖的（horrid）三种类型，其中东方园林中“愉悦”的景致最接近伯克美学理论中的“秀美”：

> 第一类景观是植物世界中最欢快、最完美的产物。植物与河流、湖泊、瀑布、泉水以及各式水景相伴，被组合成艺术或自然能够表现的各种如画的形式。建筑、雕塑和绘画更增添了这些组合的壮丽和多样。最稀有的动物也聚于此地，来增添生气。凡是能够振奋精神、愉悦感官、激发想象之物，无一被遗忘。①

而“惊奇”之景，则更多地包含超自然的景象，都充满浪漫、神秘之感：

> 用来激发参观者的心中一闪而过但又连绵不绝、对比强烈的情感。有时参观者会匆忙降到地下宫殿，宫殿被分割成许多房间，里面的灯火放出微暗的光芒，映出古代君王和英雄的苍白形象，他们的头上戴着星星编成的荣冠，手中拿着含有道德训诫的笏板：笛声与琴音相和，受地下流水的激发，时断时续，打破此地的宁静，空气中飘荡着庄严的旋律。(*Dissertation*：28)

“愉悦”和“惊奇”两种园林风格在耶稣会士王致诚、杜赫德的著作中都有所体现。但钱伯斯在“愉悦”和“惊奇”之外，还想象出第三种“恐怖”的园林景观，猛兽、刑具、荆棘、残垣、山洞以及浓烟烈焰，让

---

① William Chambers, *A Dissertation on Oriental Gardening*, 11th edition, Dublin: Printed for W. Wilson, 1773, p. 27. 后文出自同一著作的引文，将随文标出该著名称简称“*Dissertation*”和引文出处页码，不再另注。

人毛骨悚然:

> 阴森的树林、无法接触到阳光的幽深的峡谷、悬空的秃石、黑暗的山洞和山中各处因机缘而形成的湍瀑,这一切组成了名为“恐怖”的园林景观。树木形状怪异,偏离了自然生长,好似它们被一场暴风雨劈成碎片:一些被折断,挡住了溪流;另一些看起来像是遭到雷击,建筑物成为废墟;一半被火吞噬,一半被激流冲走。周围空无一物,除了散落在山间的破草屋显示此地虽条件艰苦,但仍有人居住。蝙蝠、猫头鹰、秃鹫等所有食肉鸟类在林中展翅;野狼、老虎和豺狼在深林中嗥啸。半饥的动物在原野上搜寻食物。道路上尽可看见绞首台、十字架、刑车和整副刑具。在树林最为隐蔽之处,杂草疯长、道路颠簸、人迹罕至,供奉复仇之君的庙宇下沉到地表以下,形成石壁深窟,洞口由灌木和荆棘覆盖,附近立有石柱,上刻有先前亡命之徒和盗匪的罪行、暴虐的行径和悲惨的故事。为了让这些景色显得更为恐怖、崇高,有时最高的山巅的洞穴里隐藏有铸造厂、灰窑和玻璃厂,大片的烈焰和滚滚浓烟让这些山峦呈现火山的面貌。(*Dissertation*:27-28)

不论是江南的私家园林抑或是北方的皇家园林,都很难找到实例符合钱伯斯所谓的“恐怖之景”。他在给瑞典朋友查普曼(Frederick Chapman)的信中承认自己笔下的东方园林并非真实存在,而是出自想象:“它是我自己设计出的一套体系,一个大胆的尝试,尚不能确定一定会取得成功,但我认为相距遥远的中国人能免受批评者的攻击。”① 钱伯斯希望借助中国园林来推动英国园林风格的改变。这种对东方园林的浪漫想象在欧洲 18 世纪启蒙运动时期非常普遍,东方成为西方投射自身的一个镜像。除了个人在东方的见闻、耶稣会士的描述外,钱伯斯构想出的“恐怖”的东方园林更多的是受伯克对“崇高”风景阐释的启发。

伯克从感官出发,依据人对外界事物的冲击所产生的强弱不同的反

---

① John Harris, J. Mordaunt Crook, and Eileen Harris, *Sir William Chambers: Knight of the Polar Star*, *Studies in Architecture*, Vol. 9, London: A. Zwemmer, 1970, p. 158.

应，将美分成“秀美”（beauty）与“崇高”（sublime）两类。秀美的物体较小，而崇高的尺寸是巨大的；秀美应是光滑的、光亮的，崇高则是不平的、粗放的；秀美应当避免直线，即使发生偏离的时候，也令人难以察觉，而崇高在很多情况下采用直线条，产生明显的偏离效果；秀美不应当暧昧不明，而壮美则倾向于黑暗和晦涩；秀美像一位小家碧玉，柔和、细腻，而壮美则像一位粗犷的汉子，豪放、厚重。它们带来的情感体验也截然不同，一个基于感官愉悦而产生快乐，一个基于感官的痛苦而产生精神上的自由。（*Philosophical*：238）

通过对秀美和崇高的区分，伯克开启了对美学的生理学和心理学研究。痛苦是通过否定肉体来影响心灵，而恐惧是心灵对潜在危险的一种示警，虽然并不作用于肉体，但和痛苦一样，也会产生精神上的高度紧张（*Philosophical*：248），而柔美的事物会让人精神松弛，容易慵懒和感官退化，不容易像精神上的高度紧张的崇高那样，激发人的生命潜能和活力。“崇高”美学反映了人类追求新鲜刺激，打破常规、挑战未知的生命本能，它常常与人的好奇心连在一起。崇高的风景往往蕴藏着巨大的破坏力量，它神秘莫测，将人抛入未知黑暗的领地，挑战人的知性理解能力。它迫使思维上升到理性的高度，为知性无法把握的景致提供存在的合理性。换言之，在崇高风景面前，人的认识经历了从知性阶段到理性阶段的飞升，这种飞升帮助个人实现了对自我的超越，并获得了精神上的解放。伯克的贡献在于他扩展了美学的表现范围，肯定了诸多能够引起“负面”情感的自然景物的美学价值。

钱伯斯从伯克的美学理论中获得了极大的启发，而后来阅读过《东方造园论》的伯克反过来又极为认可钱伯斯的艺术思想，称自己是一个“钱伯斯者”（Chamberist）。为了帮助钱伯斯反对劲敌——当时最具盛名的“能人”布朗，伯克还专门让哥德斯密斯（Oliver Goldsmith）为钱伯斯发声，反驳支持布朗的沃波尔、梅森等人的观点。[①]

---

① 转引自 Yue Zhuang, “‘Luxury’ and ‘the Surprising’ in Sir William Chambers’ Dissertation on Oriental Gardening (1772): Commercial Society and Burke’s Sublime-Effect”, in *Transcultural Studies*, 2013. 2, p. 64. 而受伯克影响的钱伯斯园林思想所带有的政治含义, See also Yue Zhuang, “Fear and Pride: Sir William Chambers ‘Dissertation on Oriental Gardening’, Burke’s Sublime and China”, in *Entangled Landscapes: Early Modern China and Europe*, Singapore: Nus Press, 2017, pp. 56 –114.

布朗采用平滑的非对称的曲线来打破法式园林中讲究对称、等比例的设计原则，为英国探索自己的园林风格迈出了一大步，但他却将“自然”理解为“简单性”，既不强调因地制宜，也不注重景物的地方特色。布朗的设计作品往往千篇一律，开阔的湖面、蜿蜒曲折的溪流、两岸平缓的坡地、稀稀落落的树木成为他的标准配置。钱伯斯认为布朗的设计太过平庸，只凸显了风景的秀美，而缺乏景致的变化。设计者如果要以“自然为师”，绝不意味着他要完全依附于自然，而把艺术排除在外。因为自然虽然给艺术家提供了动植物、山峦草地、溪流湖泊等创作的材料，但它很难把这些要素巧妙地组合起来，产生显著的变化。（*Dissertation*：13）“因此，艺术必须来补自然之不足。它不仅用来产生变化，还要产生新奇的效果，但现在对自然进行简单处理已经随处可见，几乎达到了饱和状态。参观者对此过于熟悉，很难在心中激起强烈的情感，或产生特别的愉悦。”（*Dissertation*：13）

钱伯斯强调园内的景致应该复杂多变，身处其中的游览者能产生感情上的波动。相较于秀美，崇高能给人带来强烈的视觉冲击力和跌宕起伏的情感体验。钱伯斯借助伯克的崇高理论，为东方园林赋予了一种令人恐怖但又魅力十足的异国情调。研究者大卫·波特（David Porter）将18 世纪流行于英国的“中国风”（chinoiserie）的特点概括为“鬼魅般的美丽”（monstrous beauty）。① 他说这种想象出来的东方情调通常被添上一系列带有“贬义”的前缀：古怪的（strange）、魔鬼的（monstrous）、怪异的（grotesque）、反感的（repugnant）、琐碎的（trifling）、夸张的（exaggerated）。这些特点挑战了英国人习以为常的审美习惯，使“中国风”成为极具魅惑力的“崇高之美”。波特还发现，这股席卷英国的“中国风”与哥特艺术的兴起几乎同步出现，当时出版的书籍通常将这两种艺术风格混为一谈。1752 年，威廉和约翰·哈弗本尼共同出版了《装饰恰当的中式和哥特式建筑》（*Chinese and Gothic Architecture Properly Ornamented*），书中带有盘龙和铃铛的中式塔顶与哥特式的塔楼和城垛可以互换。两年后，奇彭代尔（Thomas Chippendale）出版的《绅士和家具木工指

---

① David Porter, *Chinese Whispers*: *Chinoiserie in Britain 1650 – 1930*, Brighton & Hover: Royal Pavilion & Museums, 2008, p. 4.

南》（*The Gentleman and Cabinet-Maker's Director*）中将中国风与哥特风格并为一体。当时一位较敏感的读者觉察到建筑设计风格上的变化，认同新的风格既不是简单地照搬中国的样式，也不是所谓的哥特式风格的复兴，而是这两种风格的混合。钱伯斯在邱园中建造的带有80条巨龙的中式宝塔以及关于东方建筑的设计图纸也往往带有哥特式风格的底色。[①]相较于马国贤制作的避暑山庄铜版画上的亭台楼阁，钱伯斯笔下的中式建筑具有“高、瘦、尖”的哥特式建筑风格，轮廓线条显得更为僵硬、笔直，具有刺破天空的冷峻感。[②]

这种带有哥特式特点的“中国风”解放了英国人的想象力。它既具有洛可可式的奢华、轻佻、夸张、精致，又带有恐怖、恢弘、神秘、癫狂的崇高气质，能将互相矛盾、无法相容的特质完美地融为一体。人们一旦置身其中，就丧失了理性判断的能力，感觉自己步入了一个亦真亦幻的“神话世界”。摄政王乔治四世在布莱顿（Brighton）建造的英皇阁（Royal Pavilion）就是这种风格杰出的体现。

1787年，债务缠身的王子为了躲避父亲乔治三世的斥责，离开伦敦前往海边小城布莱顿。为了能与好友在此地继续寻欢作乐，他倾注了大量的精力和金钱，建造了自己的安乐窝——英皇阁。乔治三世选用哥特式建筑样式作为英皇阁的外观，而室内则采用“中国风”的装饰风格将其打造成一座辉煌的“龙宫”，里面中国龙的形象随处可见。浓郁的中国情调给来此参观的宾客带来了巨大的视觉冲击力。他们对英皇阁的第一印象是：

> 感到非常震撼并夹杂有一丝反感。屋顶悬挂着巨大的莲花式样的吊灯，墙壁上垂直盘旋着巨龙，天花板模仿蓝色的天空，棕榈树样式的铁柱，黄铜浇筑的香蕉树，海豚样的座椅，到处是竹椅、竹床、竹书桌。——当然，它们只是竹制器物的仿制品，绘有竹子的

---

① David Porter, “From Chinese to Goth: Walpole and the Gothic Repudiation of Chinoiserie”, in *Eighteenth-Century Life*, Vol. 23, No. 1, 1999, p. 48.

② Chunjie Zhang, “Garden Empire or the Sublime Politics of the Chinese-Gothic Style”, in *Goethe Yearbook*, Vol. 25, 2018, pp. 80, 83-89.

纹样——其实都是由铸铁制成。[1]

英皇阁中令人震撼的当属宴会厅和音乐厅。宴会厅中央的巨型吊灯最为引人注目，一条银制的巨龙位于天花板正中由铸铁制造的香蕉树叶的下方，巨龙的爪子抓住下方的大型吊灯。吊灯分为上、下两层，上层极富中国特色，六朵彩色玻璃制成的莲花灯替代了哥特式吊灯上面的枝形灯，每个莲花灯的下面装饰有一条金龙，看上去它们好像从金龙的口中绽放开来，构思极为巧妙。这款位于宴会厅中央的巨型吊灯造价 5600 多英镑。围绕着中央吊灯，四周的天花板上还另外配有 4 个巨大的莲花灯，灯头巨大的莲花宝座十分引人注目。此外，8 个 10 英尺高的蓝色陶瓷柱灯贴墙而立，柱顶呈龙和莲花的造型，墙壁上绘有中国人物的巨型壁画，画中的人物比现实中的真人还要高大，身着清代官服的政府大员在壁画上相互交谈。壁画上方的檐口处悬有 100 多个铃铛。巨龙、莲花、中国壁画、青花瓷器、铃铛，还有其他装饰物，一切的一切，构成一部带有中国情调的交响曲。当华灯齐明，客人们在乐队的伴奏下进餐时，可以想见场面是何等辉煌壮丽。

音乐厅以张扬的红、蓝、黄三原色为主调，用色比宴会厅更为艳丽。屋顶上悬挂的巨型荷花灯的花瓣上画有中国神话故事中的人物，四周深红色的墙面上绘有鎏金的以竹林为主的中国山水画，起区隔效果的墙面柱子上盘旋着青色的巨龙，贴墙而立的还有间隔数米的高大的中国瓷塔。音乐厅的天花板上装饰有 26000 个海贝壳，用来模仿龙鳞，这些贝壳上还鎏有深浅不同的金色，颜色渐次向拱顶的最高点递减，起到增加屋顶高度的效果。圆顶下面的屋檐四周盘旋着飞龙和巨蟒，下面挂着蓝色和红色的绸缎。当时最具艺术品位的丽芬公主（Princess Lieven）对音乐厅这样评价道：

> 我认为从罗马皇帝埃拉伽巴路斯以来，还没有比这更宏大和奢华的建筑。虽然它里面有一丝女性因素让人反感，但一个人晚上可

① John Harold Plumb, Huw P. Wheldon, *Royal Heritage: The Story of Britain's Royal Builders and Collectors*, Crescent, 1985, p. 198.

> 以半躺在软垫中，在耀眼的灯光下，尽情享受香水、音乐和美酒（摄政王喜爱香水，一瓶瓶半夸脱的香水源源不断地送往布莱顿）。房间**让人回想起马可·波罗描绘的成吉思汗的大帐篷**。在这里，大型的红漆墙面上绘有鎏金的中国风景，而分割墙面的墙柱上则盘旋着头朝下的巨龙。大拱顶的凹陷处绘有竹席编织纹样的图案，中央的天花板是一个巨大的**圆顶**，色泽渐次递减。飞龙满天，中央是一个中国睡莲样式的吊灯，当然，造价是惊人的，但效果却无与伦比。①（粗体为本书作者所加。）

巨龙与竹子的形象在英皇阁中无处不在，它们出现在天花板上、灯具上、柱子上、墙壁上、家具上，既产生一种辉煌的恐怖感，也具有女性的阴柔、细腻。英皇阁营造出的中国情调将这两种互不相容的风格融合在一起，产生了强烈的视觉冲击力。参观过英皇阁的人将此处称为“疯人院或一座发了疯的建筑”（a madhouse or a house run mad）。②

自幼生活在邱园中的乔治四世可能潜意识地受到了钱伯斯设计理念的影响。钱伯斯将伯克的崇高美学与 18 世纪英国对中国的陌生感、恐惧感以及好奇心结合起来，在邱园中设计了许多包含中国元素的东方建筑，典型的是仿照南京大报恩寺琉璃塔设计的中式宝塔。钱伯斯虽然未曾亲自到过南京，但可能从杜赫德的著作或者当时流传甚广的中国游记，如荷兰旅行家纽霍夫（Johannes Nieuhof）的著作中得到相关知识。他在设计邱园宝塔时加入了自己的想象。例如，中国境内的佛塔层数都设为奇数，而钱伯斯却建了一座 10 层高的八角塔。塔顶双层镀金，富丽堂皇。每个塔檐上都装饰有飞龙，共计 80 条。这些飞龙身着彩色玻璃，非常绚丽夺目。③

这种新的艺术风格让保守的英国人一时难以适应。1773 年，梅森

---

① John Harold Plumb, Huw P. Wheldon, *Royal Heritage*: *The Story of Britain's Royal Builders and Collectors*, p. 199.

② John Harold Plumb, Huw P. Wheldon, *Royal Heritage*: *The Story of Britain's Royal Builders and Collectors*, p. 198.

③ William Chambers, *Plans*, *Elevations*, *Sections*, *and Perspective Views of the Gardens and Buildings at Kew in Surrey*, London: J. Haberkorn, in Graston Street, St. Anne's Soho, 1763, p. 5.

(William Mason) 对钱伯斯设计的邱园进行了讽刺:

> 让野蛮的荣耀愉悦他 [乔治三世] 的眼睛
> 宫殿旁立起宏伟的宝塔
> 完工的里奇蒙向他敞开视野,
> 工程上的奇迹,可能就在邱园。
> 魔力的召唤让我们在此处无法安息,
> 猴子在树上攀越,蜥蜴在缓慢爬行,
> 西藏的巨犬在那边的树林中狂吠,
> 这边有叫个不停的鹦鹉,那边有叫春的群猫。
> ……
> 而你,威廉先生 [威廉·钱伯斯]! 你用万能的手,
> 创造了每一个奇迹,就像你的支持者吹嘘的那样。
> ……
> 让诗人得到骑士的保护,
> 并像忠诚的桑丘一样,分享唐吉诃德的荣光。①

梅森对钱伯斯的美学攻击更多地带有辉格党人对英国王室的政治攻击,但不可否认,汉诺威王室对 18 世纪出现的带有异国情调的"中国风"的推崇影响了英国人对中国的想象。英国人创造出一种癫狂、夸张,具有哥特式崇高艺术特征的东方情调,这在同时期兴起的浪漫主义文学中集中体现为柯勒律治的诗作——《忽必烈汗》。诗人在序言中记录下这首"梦幻之作"产生的由来。他在鸦片酊的作用下读到《珀切斯朝圣记》中"在这里,忽必烈汗下令建造一座宫殿和庄严的园林,于是,十里的丰饶土地被圈于一墙之内"一句时昏昏入睡,睡梦中的柯勒律治文思泉涌,醒来之后赶忙将梦中的诗句记录下来,不料一位访客打断了他的文思,使得记录下的诗句仅是梦中恢宏著作的一个残篇。

钱伯斯笔下东方园林所具有的"异域情调式的崇高"(exotic sub-

① William Mason, *An Heroic Epistle to Sir William Chambers*, London: J. Almon, 1773, pp. 10 - 11, 16.

lime）影响了柯勒律治对中国园林的想象。研究者杰克逊推测柯勒律治从诺克斯（Vicesimus Knox）的《美文选集》（*Elegant Extracts*）中读到钱伯斯的《东方造园论》。[①]《忽必烈汗》中的园林意象与《东方造园论》营造的“恐怖、惊奇”的园林景观多有应和，如诗中“深不可测的洞窟”（caverns measureless to man）对应着《东方造园论》中“黑暗的山洞”（dark caverns），“不见天日”（sunless）对应着“无法接触到阳光”（inaccessible to sun），喷泉与岩洞的交响（the mingled measure from the fountain and the caves）、抚琴弹唱的少女（on her dulcimer she played，singing of Mount Abora）对应着地下宫殿里“笛声与琴音相和，受地下流水的激发，时断时续，打破此地的宁静，空气中飘荡着庄严的旋律”，忽必烈汗在流水的轰鸣声中听到的“祖先战争的预言”对应着“雷鸣、海涛、火炮的爆炸、军号的声响和所有战争的杂音”（thunder，the raging of the sea，the explosion of cannon，the sound of trumpets，and all the noise of war）。[②]

除了上面提到的词组对应外，句子层面的呼应也同时存在。[③] 如诗中对喷涌的泉水的描写：

壮丽的泉水喷涌而出，
在几乎不间断地喷涌中，
飞溅的水珠像落地反弹的冰雹，
或像连枷捶打下风扬的谷粒，
一次又一次在舞动的乱石中穿梭，

---

① J. R. de J. Jackson, *Poetry of the Romantic Period*, London, Boston: Routledge and Kegan Paul, 1980, pp. 44, 311.

② 原文引自 S. T. Coleridge, *Christabel*; *Kubla Khan, a Vision*; *The Pains of Sleep*, London: John Murray, 1816, pp. 55 – 58。后文出自同一著作的引文，将随文标出该著名称简称“*Christabel*”和引文出处页码，不再另注。William Chambers, *A Dissertation on Oriental Gardening*, p. 29.

③ 《忽必烈汗》前 36 行对应着钱伯斯对东方园林的描写。参见 Kuri Katsuyama, “‘Kubla Khan’ and British Chinoiserie: The Geopolitics of the Chinese Garden”, in *Coleridge, Romanticism and the Orient: Cultural Negotiations*, David Vallins, Kaz Oishi, Seamus Perry eds., London &New York: Bloomsbury, 2013, pp. 192 – 194; See Nigel Leask, “Kubla Khan and Orientalism: The Road to Xanadu Revisited”, in *Romanticism*, No. 4, 1998, p. 8。

圣河随时被高高抛起。（Line 19－24）

蕴含自然威力的泉水可与《东方造园论》中的飞瀑相比：

> 一些地方，水流从山顶倾泻而下，坠入深谷；在乱石中激起泡沫和漩涡，直到它又撞上绝壁，飞身跃下，把自己埋葬在密不透风的森林的阴暗中。在其他地方，水从多方面受力喷薄而出，朝不同方向形成许多瀑布。它们历经多重阻碍，最终汇合在一起，形成一大片水域。（*Dissertation*：51）

参照钱伯斯东方园林中的“恐怖之景”，柯勒律治创造性地衍生出“深不可测的洞窟”、不见天日的大海（a sunless sea）、神圣的河流（a sacred river）、没有生命的海洋（a lifeless ocean）、带有冰凌洞府艳阳普照的逍遥穹顶（A sunny pleasure-dome with caves of ice）、阿伯若山（Mount Abora）、阿比西尼亚少女（an Abyssinian maid）一个个神秘、瑰丽的意象。它们挑战了人的认识极限，因为无法想象“不见阳光”“没有生命”的海洋是什么模样，冰窟为何能在艳阳之下？忽必烈汗又与阿伯若山、阿比西尼亚少女有什么关联？但这些令人费解的意象，又解放了人的想象力，与之相比，生活中常见的景色显得是那么乏味、平庸。不过，柯勒律治笔下忽必烈汗下令建造的帝王宫苑除了拥有神秘、超自然力的景观之外，也不乏令人愉悦的秀美之景，正如钱伯斯所强调的那样，东方园林的特点是“多样性和富于变化”。在诗歌第 8 行到第 11 行，诗人写道：

> 这里有花园，弯弯溪水在园中闪耀，
> 千万株焚香的树木花朵盛开；
> 森林像山峦一样古老，
> 环抱着洒满阳光的草地。（*Christabel*：58）

柯勒律治在《忽必烈汗》中还选用“弯曲的”（sinuous）、“曲折的”（meandering）、“像迷宫一样环绕”（mazy motion）等词来突出东方园林非对称的特点。他使用了大量含有辅音“s”组成的音节，将蛇蜿蜒爬行发出的嘶嘶声与曲线建立起声韵上的联系。这种将秀美与崇高合二为一的创作手法继承了钱伯斯对东方园林的想象。柯勒律治创造出一个亦真亦幻的东方“仙境”，而这一图景又与启蒙运动前西方对东方的崇拜有关。

第四节 真、假伊甸园

信奉天主教的耶稣会士王致诚把圆明园视为“地上天堂”，这可能与《圣经》中东方伊甸园的位置有关。根据《圣经》记载，上帝在东方伊甸建了一座园，里面“耶和华神使各样的树从地里长出来，可以悦人的眼目，其上的果子好做食物”，“有河从伊甸流出来滋润那园子”，并创造了“野地里的各样走兽和空中各样飞鸟”。[①] 园内的自然万物体现了造物主的神性。而在欧洲《圣经》编年史对历史、语言的研究和古老的 T－O 地图上，都将中国视为伊甸园的所在地。

中国绵延不断的信史写作让耶稣会士们不得不承认大洪水之前人类的祖先就居住在中国，他们躲过大洪水而幸存下来，亚当的子孙是中国人，而汉语就是“亚当的语言”，即人类的原初的、伊甸园里的语言。[②] 1668 年，约翰·韦伯（John Webb）在论证中华帝国的语言是人类的原初语言时说道：

> 《圣经》教导说，直到巴别塔的谋乱之前，全世界都通用同一种语言；历史又告诉我们，在未造巴别塔之前，当初世界通用同一种语言时，中国已有人居住生息。《圣经》教导说，语言混乱的判决只是加在巴别塔的民族身上；历史又告诉我们，中国人早在这之前已

---

① 《圣经》和合本，第 3 页。

② 关于汉语是伊甸园的语言，详见程巍《语言等级与清末民初的“汉字革命”》，《世界秩序与文明等级》，生活·读书·新知三联书店 2016 年版，第 355—359 页。关于《圣经》编年史对中国上古历史的阐释，参见张西平《欧洲早期汉学史——中西文化交流与西方汉学的兴起》，中华书局 2009 年版，第 387—392 页；李天纲《17、18 世纪的中西“年代学”问题》，《复旦学报》（社会科学版）2004 年第 2 期，第 14—23 页；Nicolas Standaert，“Jesuit Accounts of Chinese History and Chronology and Their Chinese Sources”, in *East Asian Science, Technology, and Medicine*, No. 35, 2012, pp. 11－87。

> 经定居下来，并未到巴别塔去。不仅如此，不管参考希伯来文或是希腊文的记载，都可以知道，中国人在巴别塔的混乱之前早已使用的语言文字，一直到今天他们仍然在使用。[①]

在建造巴别塔发生语言分裂之前，亚当的子孙生活在中国境内，他们使用汉语进行交流，即汉语才是巴别塔之前世界通用的原初语言。由于中国历史没有发生断裂，家族血统的传承被史书一一记载下来，耶稣会士根据《圣经》中亚当生前的行动轨迹，判断出人类始祖亚当也应该是一位中国人。既然如此，亚当的诞生地伊甸园也应在中国境内。而中世纪欧洲绘制出的最早的世界地图T-O地图上，东方被视为距离天堂最近的位置，地图的最上方标明伊甸园的位置，位于整个世界的最东方。在T-O地图上，亚洲占据了整个O形地图的上半部分，而欧洲和非洲并排位于亚洲的下面，传达了以东方为尊的空间理念。[②] 根据《圣经》的记载，欧洲人一直把位于东方的伊甸园想象成一座"自然"园林，既然由上帝建造，它就比"人造"的园林更胜一筹。

既然中国是伊甸园的所在地，那么中国园林也被顺理成章地想象成《圣经》中伊甸园的形象。园中的一切皆由上帝创造，因此，伊甸园也是一个"自然"之园。《圣经》里对它的描写影响了中世纪马可·波罗对忽必烈汗的宫苑的描绘。他笔下的帝王宫苑充满了自然之气：

> 从上述之城首途，向北方及东北方间骑行三日，终抵一城，名曰上都，现在在位大汗之所建也。内有一大理石宫殿，甚美，其房舍内皆涂金，绘种种鸟兽花木，工巧之极，技术之佳，见之足以悦人心目。……此宫有城垣环之，广袤十六英里，内有泉渠川流草原甚多。亦见有种种野兽，唯无猛兽，是盖君主用以供给笼中海青鹰

---

① 转引自［美］史景迁《文化类同与文化利用：世界文化总体对话中的中国形象》北大讲演录，廖世奇、彭小樵译，北京大学出版社1990年版，第161页。

② 最能代表这种基督教教义下的世界T-O地图的是绘制于13世纪的埃布斯托夫（Ebstorf）和赫里福德（Hereford）地图。这两种地图在构图理念上一致，但具体细节有所不同，前者在二战中不幸毁掉，但留有复印本，而后者则幸存下来。Norman J. W. Thrower, *Maps and Civilization Cartography in Culture and Society*, Chicago: University of Chicago Press, 2008, p. 42.

隼之食者也。海青之数二百有余，鹰隼之数尚未计焉。……此草原中尚有别一宫殿，纯以竹茎结之，内涂以金，装饰颇为工巧。……汗在此草原中，或居大理石宫，或居竹宫，每年三阅月，即六月七月八月是已。居此三月者，盖其地天时不甚炎热而颇清凉也。迨至每年八月二十八日，则离此他适。[①]

在行记中，马可·波罗模仿伊甸园对宫苑的规模、建筑特点、山川植物、猛禽野兽以及帝王起居进行了描述。这些描述后来成为《珀切斯朝圣记》中描写可汗林苑的参照材料：

在上都忽必烈汗建造了一座宏伟的皇宫，将十六哩平地用高墙围隔，里面有丰沃的草地、美丽的清泉、怡人的溪流和各种供围猎的野兽。在皇宫中间，有一个奢华的享乐屋，可以从一个地方移到另一个地方。[②]

可以说，马可·波罗、珀切斯对忽必烈汗宫苑的描写夹杂了欧洲人对《圣经》中东方伊甸园的想象。在鸦片酊的作用下阅读《珀切斯朝圣记》昏昏欲睡的柯勒律治在梦境中也将《圣经》、伊甸园、东方、园林、忽必烈汗这些意象组合起来。不过，除了《珀切斯朝圣记》中的描绘，柯勒律治对忽必烈汗建造的宫苑的想象可能还受到1793年马戛尔尼使团访华一事的影响。严重依赖鸦片的他十分关注英帝国在东方的鸦片贸易。他的好友华兹华斯的弟弟约翰（John Wordsworth）在东印度公司任职，约翰是阿伯加文尼伯爵商船的船长，主要从事印度和中国的鸦片贸易。柯勒律治因为毒瘾曾打算跟随约翰一起前往中国，为此还专门征求过约翰的意见，但1804年他最终放弃这个计划，而去了地中海的马耳他岛。[③]中国之旅虽未能成行，但在创作《忽必烈汗》期间，东方以及马戛尔尼

① ［法］《马可波罗行纪》，沙海昂注，冯承钧译，商务印书馆2017年版，第157—158页。

② Samuel Purchas, *Purchas His Pilgrimage; Or, Relations of the World and the Religions Observed in All Ages*, London: William Stansby, 1626, p. 418.

③ Peter J. Kiston, *Forging Romantic China: Sino-British Cultural Exchange 1760 – 1840*, Cambridge: Cambridge University Press, 2013, p. 190.

率领使团访华一事在他脑海中一直萦绕。拼写上的不同能够侧面证明这一点:《珀切斯朝圣记》中将忽必烈汗写成“Cublai Can”,而在 1797 年的克鲁诗稿(Crewe Manuscript)中,柯勒律治将忽必烈汗的名字写成“Cubla Khan”,1816 年定稿时又改为“Kubla Khan”,由此可见,涉猎广泛的诗人对忽必烈汗的了解并不局限于《珀切斯朝圣记》一本,他应该受到 18 世纪出版物中将“可汗”拼写成“Khan”的影响。在使团中担当副使的斯当东在他的《英使谒见乾隆纪实》(*An Authentic Account of an Embassy from the King of Great Britain to the Emperor of China*)里将忽必烈汗就写为“Kublai Khan”,与柯勒律治的拼写较为接近。

马戛尔尼使团访华的无果而终使得英国政府对这一外交失败采取了缄默的态度,对其中的细节一直三缄其口。收录有马戛尔尼游园观感的《使华观感》直到 1804 年才在英国出版,1797 年正在创作《忽必烈汗》的柯勒律治很难读到书中对清朝皇家园林的描述,但同一年出版的斯当东的《英使谒见乾隆纪实》却在当时非常流行,而且是当时唯一一部记录访华过程较为详尽的资料。[①] 柯勒律治在这段时间一直关注中国的局势。1800 年 1 月 3 日,在《晨报》上就英、法是战还是和的问题发表意见时,他提到了中国的皇帝不仅像法国人一样容忍无神论和自然神教,甚至还搞偶像崇拜。他不仅知道马戛尔尼访华这个历史事件,甚至还知道东印度公司与西藏当地政府背着清政府私下进行秘密交往的信息,写下了“我们派遣大使前去取悦中国皇帝,甚至还跟阿尔及利亚的大海盗、西藏的喇嘛订立协约”[②] 这样的话语。

此外,柯勒律治的好友华兹华斯和骚赛两人也都曾知晓马戛尔尼使团访华一事,并阅读过相关书籍。骚赛在为巴罗的《使华观感》撰写的书评里论述乾隆皇帝治下的社会状况时突然插入忽必烈汗对帝国的治理方法。[③] 而促成他思维跳跃的可能就是柯勒律治稍早创作的《忽必烈

① Nigel Leask, “Kubla Khan and Orientalism: The Road to Xanadu Revisited”, *Romanticism*, 2006, p. 9.

② Samuel Taylor Coleridge, *The Collected Works of Samuel Taylor Coleridge*, Volume 1: Lectures, 1795: On politics and religion. p. 294.

③ Arthur Aikin, ed., *The Annual Review and History of Literature for* 1804, Vol. 3, London: Longman, Hurst, Rees and Orme, 1805, p. 78.

汗》。华兹华斯在《序曲：或一位诗人心灵的成长》（以下简称《序曲》）中沿用了巴罗对热河地名的拼写“Gehol”，并直接引用了避暑山庄中万树园（Van-shoo-yuen）的英文译名（Paradise of Ten Thousand Trees, *Travels*: 127）。很难想象，在两位亲密好友都知晓的情况下，柯勒律治对马戛尔尼使团访华一事会一无所知。他在创作《忽必烈汗》时，脑海中一定盘旋着乾隆皇帝和避暑山庄的影子。

事实上，只有将《忽必烈汗》的创作与马戛尔尼使团访华联系起来，将诗中的园林景象与避暑山庄重叠起来，才能破解诗中诸多的神秘景象。例如，《珀切斯朝圣记》里并没有提到忽必烈汗的宫殿是一座圆顶帐篷，只是说那是一个提供“享乐的房子”（a house of pleasure），而在《忽必烈汗》中，柯勒律治开篇就提到圆顶（dome）一词，“忽必烈汗下令在上都建造一座享乐的圆顶”（In Xanadu did Kubla Khan. /A stately pleasure-dome decree.）。他还有意强化“圆顶”这个意象，除了开篇第一句外，该词在诗中又出现了四次，用来指代忽必烈汗建造的宫殿：“这座逍遥圆顶的影子”（the shadow of the dome of pleasure）、“带有冰凌洞府艳阳普照的逍遥圆顶”（a sunny pleasure-dome with caves of ice）、“我将在空中建一座圆顶”（I would build that dome in air）、“那阳光普照的圆顶”（that sunny dome）。“圆顶”的意象可能来自斯当东的《英使谒见乾隆纪实》中由随团画师亚历山大专门创作的一幅插图，描绘的是1793年9月14日乾隆皇帝在避暑山庄西边的万树园中的圆顶大帐篷里接见马戛尔尼和斯当东的情景。画面的前景是清廷官员正列队隆重欢迎英国正、副使节，而整幅画面的聚焦点是处于中景的乾隆皇帝的巨大圆顶帐篷，那也是皇帝正式召见他们的场所。

此外，忽必烈汗和乾隆皇帝为避暑消夏选在阴凉之地修建行宫可以解释柯诗中艳阳普照的逍遥圆顶为何会有冰凌洞府。忽必烈汗的行宫位于长城以北鞑靼人的居住地，名为上都（Shang-tu）[①]，珀切斯将其记为“Xandu”，柯勒律治因为诗歌节奏的需要增添了一个音节，变成“Xanadu”。而巧合的是，乾隆皇帝的消夏避暑之地也没有选在北京，而选在长城外西北处的热河行宫。“阳光普照”“圆顶”“冰凌洞府”的意象都

① 现内蒙古自治区正蓝旗东约20千米处，忽必烈定都北京后，上都仍为行宫所在地。

暗示诗人想象的忽必烈汗的宫苑对应的是清朝乾隆皇帝的避暑山庄。①

乾隆皇帝在避暑山庄召见马戛尔尼等人的具体地点是山庄西边的万树园。在马戛尔尼眼中：

> 西苑与其他地方差别很大，充分展现了自然的壮丽，其魅力不亚于我们之前看到的东苑的柔和与秀美。它拥有世界上最美丽的森林景观；荒地、密林、奇峰、怪石，遍地是不同种类的鹿麂和其他猎物，但却与人无害。
>
> 大部分的密林主要种植橡树、松树和栗树，它们生长在陡峭的岩壁上，根穿过地表，牢牢抓住土层，而其他植物却几乎无法在上面生存。这些树林或覆盖了大多数石山的最高峰，或占据山顶的四周，然后急速向下俯冲，把自己隐藏在最幽深的峡谷中。在那，如果距离合适，你会发现宫殿、宴会厅和寺庙（但没有和尚），有时一侧是溪流，缓缓流过林中空地，而另一侧却是从上面轰鸣而下的瀑布，泡沫四溅，在山谷中激起千层回响，或者静静地汇入阴森的湖泊或张着大口的地缝。（*Travels*：131－132）

这些描写与柯诗中的景象又是何其相似！

> 但是啊，那条幽深浪漫的裂罅，
> 斜劈开雪松覆盖的山地，
> 一个野蛮之地！神圣且被施了魔法。
> ……
> 壮丽的泉水喷涌而出，
> 在几乎不间断的喷涌中，
> 飞溅的水珠像落地反弹的冰雹，
> 或像连枷捶打下风扬的谷粒，
> 一次又一次在舞动的乱石中穿梭，

① Nigel Leask, "*Kubla Khan* and Orientalism: The Road to Xanadu Revisited", *Romanticism*, 2006, p. 10.

圣河随时也被高高抛起。(*Christabel*: 56, Line 19 - 24)

如果说马可·波罗、珀切斯、王致诚以及其他耶稣会士把清朝的皇家园林想象成一座由上帝建造的伊甸园的话，那么柯勒律治首先继承了前人的论述。在1797年的克鲁诗稿中，柯勒律治最早使用的是“阿玛山”(Mount Amara)一词，而在1815年的修改稿中，他将该词替换成“Mount Abora”。评论家利斯克认为，山名的改变可能并不是出自音韵的考虑，而是出于浪漫主义的意识形态，柯勒律治通过强调想象的力量来去除诗歌所包含的历史信息，从而斩断诗歌与历史和其他文本的关系。[①] 通过换词，柯勒律治试图掩盖“Mount Amara”与诗中另一个词的关联，而这个词就是“阿比西尼亚”(Abyssinian)。“Mount Amara”与“Abyssinian”二词同时出现在《珀切斯朝圣记》和弥尔顿的《失乐园》中。[②] 在《珀切斯朝圣记》中，原句为:“阿比西尼亚王派兵防守众王子们的住处，阿玛山，包围在光辉灿烂的岩石环抱之中，有些人把它看作真正的天堂/乐园。”[③] 柯勒律治不仅将《失乐园》中阿比西尼亚王建造的人间天堂这一典故写入诗中，还参照了上帝创造伊甸园的过程。他将忽必烈汗建园的命令称为“decree”，该词在《圣经》中特指上帝的旨意。与伊甸园一样，忽必烈汗的宫苑里也有圣河流淌，而焚香的树木(incense-bearing tree)更暗含着强烈的宗教气息。但与此同时，柯勒律治又对这座人造的伊甸园产生了质疑，诗人将钱伯斯在《东方造园论》提到的“恐怖”之景引入诗中，忽必烈汗下令建造的宫苑成为一个“被施了魔法的神圣野蛮之地”(a savage place! as holy and enchanted):园内充满活力的圣河穿过“深不可测的洞窟”(caverns measureless to man)，最终汇入“不见天日的大海”(a sunless sea)、“没有生命的海洋”(a lifeless o-

---

① Nigel Leask, “Kubla Khan and Orientalism: The Road to Xanadu Revisited”, *Romanticism*, 2006, p. 15.

② 关于阿比西尼亚、阿玛山在《珀切斯朝圣记》《失乐园》和《忽必烈汗》的关系，参见 John Livingstone Lowes, *The Road to Xanadu: A Study in the Ways of the Imagination*, Princeton: Princeton University Press, 1986, pp. 340 - 343。

③ John Milton, *Paradise Lost: A Poem, in Twelve Books*, London: J. and R. Tonson etc. 1763, p. 278, Line 280 - 282.

cean)，圣河最终通向幽深黑暗的地下冥府。而在征兆不详的下弦月夜下（a waning moon），有女子会为她的魔鬼情人哀哭（wailing for her demon-lover）。很难想象这些阴森恐怖的意象会出现在真正的伊甸园中，它们只会让人在“神圣的恐惧中闭上双眼”（close your eyes with holy dread）。

柯勒律治可能是受到弥尔顿在《失乐园》中创造出真、假伊甸园的启发，但他并没有选取《失乐园》中上帝建造的“真”伊甸园为模板，而是参考了“假”伊甸园——阿比西尼亚王在阿玛山上建造的宫苑。根据弥尔顿的描述，阿比西尼亚国王建造宫苑的目的是让众王子们在园中耽于享乐，不再举兵叛乱。受此启发，柯勒律治在《忽必烈汗》中想象出的宫苑是一个被施了魔法的虚假伊甸园，虽然是个冒牌货，但却能以假乱真以至于让诗人产生了“啜饮天堂仙乳”（drunk of the milk of Paradise）的幻觉。（*Christabel*：58）不是天堂，却宛在天堂之中，这种亦真亦假的伊甸园形象并非柯勒律治独创。除了受弥尔顿的影响外，诗人或许还受到骚赛的启发。[①]

骚赛在《萨巴拉破坏者》中将亚罗丁的花园说成一个“罪恶的天堂”（A Paradise of Sin），并加了一个很长的注释，说东方有巫师通过幻觉制造出一个假天堂，让年轻武士沉溺其中不能自拔。巫师对这些武士许诺，如果他们愿意为自己效力，帮助自己铲除对手，那么，无论成功与否，他们将来可以永远地生活在这个虚假的天堂之中。[②] 为了打破这一诅咒，骚赛让欧内扎（Oneiza）——萨巴拉未婚妻用弯弓射中了巨鸟，“顿时一片黑暗，大地颤抖，恶魔幽灵大声哀嚎，罪恶的天堂被毁灭了。大地最终恢复了平静，魔鬼们的叫喊停止了，呈现出荒芜、废墟的真实景象”[③]。

---

① 玛丽莲·巴特勒认为柯勒律治 1790 年代创作的东方诗歌与骚赛同时期的作品关联更大，尽管他当时还和华兹华斯一起合出了《抒情歌谣集》。参见 Marilyn Butler，“Plotting the Revolution：The Political Narratives of Romantic Poetry and Criticism”，in Kenneth Johnston et al.，eds.，*Romantic Revolutions：Criticism and Theory*，Bloomington and Indianapolis：Indianan University Press，1990，pp. 133 – 137，142。虽然《萨巴拉破坏者》的出版时间晚于《忽必烈汗》的创作时间，但骚赛在 1837 年的序言中承认该书主要创作于 1796 年，在此期间，柯勒律治应该读过该书的手稿。详见 Robert Southey，*Southey's Poetical Works*，*Complete in One Volume*，Longmans，Green and Co.，London：1876，p. ix。

② Robert Southey，*The Poetical Works of Robert Southey*，*Complete in One Volume*，London：Longman，Brown，Green，and Longmans，1850，p. 272.

③ Robert Southey，*The Poetical Works of Robert Southey*，*Complete in One Volume*，London：Longman，Brown，Green，and Longmans，1850，p. 272.

骚赛创造了一个被巫师亚罗丁施了魔法的天堂幻象，这可能启发了柯勒律治。在《忽必烈汗》中，他借助令人恐怖的崇高风景同样制造了一个“虚假”的伊甸园，一个冒名顶替者，从而解释了为何诗作中的园林景象与真正的伊甸园又大为不同。

既然东方不再是伊甸园的所在地，那么，它又会在哪里呢？华兹华斯帮助柯勒律治回答了这个问题。华兹华斯一生致力于在英国北部湖区通过诗歌重建一座真正的伊甸园。在《序曲》中，他声称湖区的自然风光远胜过清朝皇帝的宫苑：

> 它们首次将美感注入我的心中；/都是些优美的境地，**远胜过那个/万树名园——热河的无与伦比的山庄**。/为了鞑靼王朝的享乐，无数人/辛苦劳作，再加上温厚的自然/慷慨相助，才将它建成（外在于/那一道巨墙——中国的防御工事，/难以置信，却并非神话）。它汇集/最辽阔的帝国之各方风物，以山水/亭楼圆着奢华的痴梦（魔法/又能胜之几何?）：歌台楼榭/点缀着百花争艳的草地，溪谷的/茂树中隐匿着东方的寺院，到处都有山峦，拥抱着一切；/到处都有泉水流淌，飞落，/安睡，绵绵地滋润着整个景园。/但是，**那育我成长的乐园远比/那个山庄可爱**，其所富有的是大自然/原始的馈赠，让所有感官更觉/甜美。①（粗体为本书作者所加）

避暑山庄万树园的风景虽好，却不及故乡湖区的景色，因为它太过于奢华，而后者才是自然的馈赠。华兹华斯接着写道，对于一个孩子来说，能够一睹帝王的园林，虽然能让他喜不自胜，但“数周后会惊扰/他的睡梦。而原野上那一处处平常的/所在，及其环抱中人类的平凡的/生计，虽都平淡无奇，却相得/益彰，在不知不觉中牢牢抓住/人的心灵”②。

由此可见，像骚赛、华兹华斯这些浪漫派诗人，当他们为东方的园

---

① ［英］威廉·华兹华斯：《序曲：或一位诗人心灵的成长》，丁宏为译，中国对外翻译出版公司 1999 年版，第 204—205 页。

② ［英］威廉·华兹华斯：《序曲：或一位诗人心灵的成长》，丁宏为译，中国对外翻译出版公司 1999 年版，第 206 页。

林风景增添令人恐怖的“崇高”色彩时，并不是为了提高东方园林的美学等级（因为根据浪漫派设定的美学等级，崇高要高于秀美），而是从文明等级论的角度将中国打入野蛮国家的行列。欧洲启蒙运动时期和浪漫主义时期对崇高的价值判断发生了翻转。《忽必烈汗》中的崇高的园林景象既是中国园林在西方享有至尊地位这一传统认识的延续，同时又暗含这种地位在浪漫主义时期已经摇摇欲坠，东方伊甸园的形象与鞑靼蛮族对东方的统治结合在一起，园林中令人恐怖的景象成为鞑靼统治者凶猛残暴的象征。

第五节 鞑靼人的花园

斯当东在《英使谒见乾隆纪实》中将清代与蒙元混为一谈，他专门提到乾隆皇帝没有把自己当作汉人，而自认为是满族鞑靼人、满蒙王公：

> 认为他是 13 世纪征服中国的忽必烈汗的传人。忽必烈汗的子孙 14 世纪从帝国的皇位上被赶了下来，逃到了鞑靼东部的满洲，并与当地人通婚，生出了努尔哈赤，他晚年入主中国，开创了现在的王朝。王朝成立以来一直很兴盛，历经四代帝王，到 1793 年已有 149 年，现在第四任皇帝仍在当政。[①]

不管是忽必烈汗还是乾隆皇帝，在英国人眼中，他们都是统治汉人的“鞑靼皇帝”。长期以来，欧洲人分不清蒙元与清代的区别，只知道遥远的东方存在一个强大的名为“大鞑靼利亚”（Grande Tartarie）的超级大国。鞑靼（tartar）是对居住在欧亚大陆上的游牧民族的统称。根据研究者柯娇燕（Pamela Kyle Crossley）的解释，鞑靼人不是一个种族共同体，而是一个语言共同体，他们使用突厥语进行交流，最早居住在克里米亚与高加索山脉附近。12 世纪，成吉思汗率领游牧部落向外扩张，建

---

① George Staunton, *An Authentic Account of an Embassy from the King of Great Britain to the Emperor of China*, Vol. 2, London: W. Bulmer and Co. for G. Nicol, Bookseller to his Majesty, Pall-Mall, 1797, p. 268.

立早期的蒙古帝国。1241年，成吉思汗的孙子拔都（Batu Khan）率军入侵匈牙利和德国，欧洲人把这支既让人恐惧又厌恶的军队与希腊神话中的地狱（tartarus）联系起来，认为拔都手下的士兵都是“恶魔的子民”，是来自地狱的恶鬼。蒙古帝国没落后，欧洲人把阿尔泰语系的游牧民族统称鞑靼人。历史上，这些鞑靼人建立了很多国家，但欧洲人却将这些国家视为同一民族建立的不同的政权。如17世纪，欧洲人把在印度建立起莫卧儿王朝的帖木儿（Temur）的子孙和在东亚势力日益强大的满族人都称为鞑靼人，且这一称谓一直延续到1912年清朝灭亡。在西方人的印象里，鞑靼人就是一群以马背为生的欧亚人，他们四处征战，侵扰甚至征服那些享受盛誉的文明之国。①

西方人在想象东方时不仅会将印度与中国重合起来，还会将蒙元与清代重叠起来。他们很难弄清这两个国度和朝代之间错综复杂的关系。英国研究印度文化的东方学者琼斯1788年发表了《论鞑靼人》的演说，他不清楚蒙古帝国的真实疆域，所以隐去了具体的地理信息，只是含糊地说到鞑靼帝国幅员辽阔，涵盖了俄国、中国、朝鲜、日本、印度和波斯帝国的土地。他将鞑靼帝国比作一座“崇高的建筑”：

> 域内的巍峨的山峦是它的支柱和横梁，巨大的高山成为它的穹顶。中国人把这个帝国称为“天国”，无数的大河从上面流下。如果人们会惊异于这座帝国大厦的宏伟，那么环绕它周围的土地也不相上下，它们向外延展，形态各异，令人赞叹。有的被冰雪覆盖，有的受烈火燃烧，有的被火山岩浆吞没。在这儿我们能碰到广阔无垠的沙漠，密不透风的丛林；在那儿我们能看到花园、树林、草地，它们散发着麝香的香气，被无数的溪流滋润，花果遍布。②

与柯勒律治一样，琼斯也将鞑靼帝国视为一个幅员辽阔、景色多样

---

① Peter J. Kiston, “Tartars, Monguls, Manchus, and Chinese”, in *Romantic Literature, Race, and Colonial Encounter*, New York: Palgrave Macmillan, 2007, pp. 176 – 177.

② Jones, Sir William. “Fifth Anniversary Discourse, Delivered 21 February, 1788. On the Tartars”, in *The Collected Works of Sir William Jones.* Vol. 10, London: John Stockdale, Piccadilly; and John Waler, Paternoster-Row, 1807. pp. 72 – 73.

的崇高帝国。此外，英国人通过耶稣会士卫匡国的《鞑靼战纪》（*Bellum Tartaricum*）已经得知大明帝国被鞑靼人攻克，温婉、柔顺的南方汉人必须接受强悍残暴的鞑靼皇帝的统治。启蒙主义运动后，失去了北美殖民地的英国人意识到东方对帝国的重要性，随即将注意力转向了东方，首先加强了对印度的管理——议会收回了东印度公司的管理权并废除东印度公司的垄断特权，将印度打造成下一步征服中国的跳板，同时改变了对华战略，通过对华贩卖鸦片来应对北美殖民地的丧失导致的硬通货短缺。对东方兴趣的与日俱增要求创造出一个梦幻、异质的东方形象来激起英国人的征服欲望，同时又要说明这样的东方是野蛮和落后的，亟须肩负人类文明使命的英国人前来开化。那么，还有什么比构建出一个魅力十足、富甲一方的东方大国，温顺、愚昧的子民正在等待西方征服者的解救，帮助他们来推翻残暴的鞑靼异族统治者更能激起英国侵略的野心呢？于是，罗马天主教《圣经》编年史中对中国的崇拜逐渐让位于欧洲启蒙运动中产生的文明等级论和进化论。欧洲成为文明的中心、社会进化的高级阶段，而世界的其他地方则陷于永恒的停滞，它们成为蛮荒之地，需要西方殖民者前来开化和启蒙。[①]

乾隆皇帝明确拒绝了马戛尔尼访华使团提出的不合理要求。[②] 使团的无功而返沉重打击了英国人的扩张野心，恼羞成怒的英国人开始肆无忌惮地诋毁中国，对华态度也从钦慕转为诋毁。马戛尔尼总结中国社会各

---

① 关于英国对满清鞑靼族的想象，参见 Laurence Williams，“The Manchu Invasion of Britain：Nomadic Resonances in Eighteenth-Century Fiction，Chinoiserie Aesthetics，and Material Culture”，in *Eastern Resonances in Early Modern England Receptions and Transformations from the Renaissance to the Romantic Period*，Claire Gallien & Ladan Niayesh eds.，Palgrave Macmillan，2019，pp. 115－135。

② 马戛尔尼使团的访华任务是希望清政府：（1）允许英船在中国的舟山、宁波、天津等处登岸经商，同时允许英商在北京建立贸易栈房及在各地传教；（2）要求在中国的舟山群岛划出一岛并在广州附近同样划一地方，作为居留地归英商使用，以便英国商船泊靠、存放货物，且可自由居住往来；（3）要求英商货物自澳门运往广州，可享受免税或减税；（4）要求在北京常驻使节。英国打着“自由贸易”的口号要求清政府开放市场，其根本目的是要改变既有的中英贸易模式，因为英国在这种双方对等的贸易模式中越来越捉襟见肘，更会危及英国对印度的殖民统治。乾隆皇帝在给乔治三世的敕书中，对英国使团提出的所有无理要求（尤其是第二点）给予了直截了当的拒绝。而这些要求在后来的第一次鸦片战争中全部写入了《南京条约》。详见中国第一历史档案馆编《英使马戛尔尼访华档案史料汇编》，国际文化出版公司 1996 年版，“序言”第4、5 页。

阶层和清廷的特点是，“表面热情却内心猜疑，礼节上彬彬有礼而实际上却野蛮粗俗，妄自尊大且刚愎自负”（*Travels*：191）。骚赛说：“欧洲暴君的御用文人们，费尽心思来证明王权至上的合理性。他们高兴地从家庭权威的等级制中找到根据。在中国，政府就是基于这样一个体系。儿子是父亲的奴隶，臣民是皇帝的奴隶。皇帝担有伟大之父的头衔，他把自己置于所有世俗权力之上，也凌驾于所有的尘世祖先之上。因此，理所当然地，他自命为天底下唯一的统治者，是天子。”① 巴罗说：“统治者的父爱和垂怜与被统治者的孝顺与尊敬，更恰当的表达是一方代表暴虐、压迫和不公，另一方代表恐惧、欺骗和不顺从。”② 沃波尔认为中国园林并没有“模仿自然”：“我环视四周，发现除了明晰可见的不规则性外，找不到任何因关注自然而引发的概念。”“总而言之，这种小巧艳俗的景色是突发奇想的任性之作。当我们回忆他们的建筑时，脑海中只剩下华而不实的庸俗形象。”③

马戛尔尼进一步说道：“我们［英国园林］更像是改良自然，而他们［中国园林］是征服自然，虽然产生的视觉效果相同。”“改良与征服”将“文明、先进、民主”的英国与“野蛮、落后、专制”的中国一下子对立起来，园林艺术成为两个国家政治制度优劣的直观体现。在英国这些启蒙主义者的眼中：英帝国更自由民主，尊重事物自然的发展规律，而清帝国却只会对自然施加自己蛮横的意志：

> 他［中国人］的目的是要把自己发现的一切全部改变，把旧的东西破坏掉，在每个角落引入新奇之物。如果是块荒地，他用树木加以点缀；如果是干涸的沙漠，他用河水加以灌溉，或挖湖泛舟其上。如果是平地，他用尽可能的方法变换花样，让其变得高低起伏，造山增其高度，挖谷使其低洼，用岩石让地表变得高低不平。（*Trav-*

---

① Qtd. in Nigel Leask, “Kubla Khan and Orientalism: The Road to Xanadu Revisited”, *Romanticism*, 2006, p. 12.

② David Brewster ed., *The Edinburgh Encyclopedia*, Vol. 6, Edinburgh: William Blackwood, 1830, p. 242.

③ Horace Walpole, *Anecdotes of Painting in England, to Which Is Added the History of the Modern Taste in Gardening*, London: J. Dodsley, Pall-Mall, 1782, p. 282.

els：135）

使团副使斯当东把圆明园看作东方专制帝王对其子民劳动成果的强制占有。他写道："参观者甚至怀疑它们［园中景色］是真正的自然，它们不过是对自然成功的仿效。这个微观的世界靠一个人下令建造而成，虽然只是为他提供享乐，却需要数以千计的劳工的辛勤劳作。"（*Ideas*：192－193）在这个专制的帝国里，民众胆小懦弱，容易屈服，而鞑靼君王则可轻易榨取民脂民膏。中国园林成为清朝皇帝专制骄奢的隐喻。柯诗中的忽必烈汗下令在"十里膏腴之地建起围墙，修建宫苑"（*Christabel*：55）强化了这一认识，"地上天堂"堕落成帝王独享的宫苑，蛮横专制的东方帝王形象呼之欲出。这就为日后英国入侵中国、推翻清朝统治提供了道义上的合法性。柯勒律治说中国是一个"乏味的、无法取得进步的帝国"[①]，会"永远处在停滞不前的状态"[②]，需要英国殖民者前来对其进行开化和启蒙。

柯勒律治为忽必烈汗下令建造的宫苑赋予了崇高色彩，但崇高色彩中所包含的积极的美学韵味却随着英国对华侵略野心的膨胀而逐渐消减，而崇高的另一面，它所包含的野蛮、暴虐、让人反感的负面含义则日益凸显出来。上帝的伊甸园沦落为暴虐君王的享乐地。《忽必烈汗》参与了英国对华态度反转的历史过程。可汗的上都是"明亮"（bright）和"富饶"（fertile）的，这块膏腴之地"四周环绕着高墙"，圣河穿过"深不可测的洞窟"最终汇入"不见天日的大海"。供帝王逍遥的宫室的影子"漂荡在波浪之中"，忽必烈汗听到了"祖先的战争预言"。诗歌开篇对自然的写实描述逐渐变成超自然、奇异的哥特式描写，富饶秀丽之地逐渐被替换成荒凉恐怖之景。柯勒律治将园林浪漫化的同时也将整个鞑靼帝国浪漫化。它既野蛮又神圣，既让人恐怖又具有不可抵挡的魅力，虽然宏伟、美丽但却又如幻境一般脆弱，转瞬即逝，祖先的战争预言暗示了清

---

① S. T. Coleridge, *Lectures 1818－19 On the History of Philosophy*, J. R. de J. Jackson ed., Vol. 2, Princeton: Princeton University Press, 2000, p. 346.

② S. T. Coleridge, *Specimens of the Table Talk of Samuel Taylor Coleridge*, London: John Murray, Albemarle Street, 1851, p. 6.

帝国即将衰落的命运。由于无法将这些互为矛盾的意象统合在一起，诗人只能采用断章的形式。这种文学形式生动地表明了英国对中国的两种想象：它既是一个值得学习的对象，也是一个充满诱惑的征服对象，而它的魅力与危险都具有致命性。这两种对华想象力反过来又影响了英国对自身民族文化的构建。18 世纪“中国风”的盛行推动了中世纪哥特文化的复兴。而对东方伊甸园的想象又帮助英国摆脱了法式园林的影响，形成了自己的园林景观。

第六节 英中园林

1814 年，为庆祝反法战争的胜利，英国在圣詹姆斯公园举行庆祝仪式，摄政王为此专门在园内修建了一座中国塔和中国桥。这一盛大的场面可能让柯勒律治决定将已经尘封了将近 20 年的《忽必烈汗》正式出版。[①] 英国从中国园林那里吸收了大量元素来塑造自己的英式花园，并以此来凸显自己的民族特性。本书开篇访华成员对避暑山庄产生了似曾相识的感觉，继而联想到英国贵族庄园这一事件本来是印证中国园林美学在英国具有重大影响力的一个极佳案例，但此时的中国在英国人眼中日益成为一个愚昧黑暗的蛮荒之地，英国正着手与中国进行文化切割。于是，两国园林之间的渊源关系被有意地遮蔽掉了，马戛尔尼坚称中、英两国园林之间的相似是一种历史的巧合，这一观点源于他的好友沃波尔。沃波尔认为斯彭斯翻译王致诚的书信集的初衷不是要向英国介绍中国的造园之法，而是因为他觉得“中国的皇家园林与英国的花园非常相似”，中国园林的特点是“故意制造非对称性”（determined irregularity），并不怎么关注“自然”,[②] 而英国花园的特点则体现了对“自然”的尊重。“只有自由人民组成的帝国和自由贸易组成的帝国”才能孕育出如此高雅的品位。英国风景园林体现的是英国宪法对自由的尊重，“它靠的不是军

---

① Kuri Katsuyama, “‘Kubla Khan’ and British Chinoiserie: The Geopolitics of the Chinese Garden”, in *Coleridge, Romanticism and the Orient: Cultural Negotiations*, David Vallins, Kaz Oishi, Seamus Perry eds., London & New York: Bloomsbury, 2013, p. 202.

② Isabel W. U. Chase, *Horace Walpole: Gardenist; An Edition of Walpole's the History of Walpole's Ideas on Gardening*, Princeton: Princeton University Press, 1943, pp. 21 – 22.

事和征服的意志，而是通过英勇地捍卫自由财产权而得以维持”①。

模仿自然就是要模仿自然的“简单性”。在沃波尔眼中，“自然”与“简单”是同义词，而中国的“sharawadgi”的园林品位却误入歧途，因为它追求的是“巧思”和“变化”。这也是在钱伯斯与布朗就园林品位发生争执时，沃波尔支持布朗的原因。他说：“我们已经提供给世界真正的园林模式，让其他国家模仿或败坏我们的品位吧。但让这种品位登上翠绿色的王座统治这里，它以优雅的简单性独具一格，以能柔化自然的粗野并能模仿它的典雅为傲，而其他艺术却无法达到。”②

具有强烈爱国主义精神的沃波尔在抗议法国人把英国园林叫作“英中园林”（Le Jardin Anglo-Chinois）时说：

> 最近法国人采取了我们的园林式样，可是他们却认为这最终要归功于距离我们很遥远的对手，从而否定了我们一半的功绩；或者也可以说，否认了我们的独创性，他们说这种式样是中国人发明出来的，还把我们的园林品位叫作“英中风尚”（Le Goût Anglo-Chinois）。③

为了证明英国园林的原创性，沃波尔摆脱了早年对中国文化的崇拜，成为一名英国文化的“捍卫者”。他坚称真正的园林风格诞生在18世纪的英国，而此前的园林艺术都算是“误入歧途”。在《造园的现代品位之历史》（*The History of the Modern Taste in Gardening*）中，他从阿尔基努斯花园（Alcinous's garden）开始写起，提到了巴比伦的空中花园和普林尼（Pliny）修建的庄园别墅，继而谈到后来的法国园林，认为这些园林都将“自然排除在园外”：建围墙、立喷泉、修树枝这些造园技艺追求的是园内景物的整齐划一。18世纪英国的园林艺术成功地将这种“堕落”的

---

① Paget Toynbee ed., *Satirical Poems Published Anonymously by William Mason, with Notes by Horace Walpole*, Oxford: Clarendon Press, 1926, pp. 43 – 45.

② Isabel W. U. Chase, *Horace Walpole: Gardenist; An Edition of Walpole's the History of Walpole's Ideas on Gardening*, Princeton: Princeton University Press, 1943, p. 35.

③ Isabel W. U. Chase, *Horace Walpole: Gardenist; An Edition of Walpole's the History of Walpole's Ideas on Gardening*, Princeton: Princeton University Press, 1943, p. 22.

品位扭转过来，园林的发展历史就是一部从几何对称到非几何对称、从追求人工到追求自然、从注重理性到注重情感、从强调统一到看重变化的历史。沃波尔用进化论的观点，把英国园林说成欧洲园林发展的最高阶段，是“现代”园林艺术的顶峰，而法式园林虽然盛极一时，但已江河日下。沃波尔认为英国园林体现了造园的最高境界——对自然的追求。

英国园林的特点是“优雅的简单性”（elegant simplicity）。他把“追求自然的简单性”当作推动园林发展的动力，而凡是违反这一法则的园艺师都无缘进入由他设定的英国园林艺术发展的“正史”当中。英国的园林发展历史也就成为几位园林师前仆后继、连缀而成的“园林革命的观念史”，而不是“园林革命的政治史或社会史”，因此不能说明园林革命在英国摆脱法国的文化霸权，战略重心转向东方的历史进程中究竟如何发生，又如何斩断自身与中国的关联，使中国园林由一个内在的他性变为一个外在的他者这个历史变迁过程。盲目的爱国情怀和历史视野的局限使沃波尔对一个问题深感困惑：既然中世纪英国的猎苑可以被视为最早的自然园林，如果能将猎苑定为英国园林发展起点的话，那么英国园林的历史就可以往前追溯好几个世纪，也就用不着与法国人再纠缠英国园林的中国起源问题。但现实情况是，猎苑并没有催生出后来的风景园林，它在园林发展历史上的地位无足轻重，英国的风景园林一直要等到18世纪才真正诞生。沃波尔对这一现象百思不得其解。他撰写的英国园林的发展历史具有高度的选择性，仅凭主观判断为园林演变历史的关键节点圈定几个人物。例如，他认为培根拥有“预示未来园林品位的慧眼”①，完全无视培根深受法式造园思想的影响。沃波尔把制定英国园林法则的第一人的头衔授给弥尔顿，而不是同时代的坦普尔，因为弥尔顿在诗歌中描绘了天堂的形象，而坦普尔却损害了英国人的民族自豪感，竟然承认中国的“sharawadgi”非对称的造园思想比英国的要高明得多。遵循法式巴洛克园林设计理念的布里奇曼因为设计了“哈哈墙”而受到肯定，他对肯辛顿宫、里奇曼和赫特福德郡的古宾斯花园（Gubbins）进

---

① Horace Walpole, *Anecdotes of Painting in England, to Which Is Added the History of the Modern Taste in Gardening*, London: J. Dodsley, Pall-Mall, 1782, p. 267.

行的法式改良却被认作“现代园林品位的黎明”①，而接替布里奇曼成为斯托园设计师的肯特被封为创造园林新品位的第一人。沃波尔的这部园林史逻辑混乱：一方面，对崇拜法式园林的英国设计者进行“封圣”，认为他们是现代园林品位的开创者；另一方面，又强调英国园林发展历史中暗含着“反法”的主线。

不过，沃波尔的“园林史学”得到了好友梅森的充分肯定。在《英国花园》中，梅森说：

> 我之前称培根为先知，弥尔顿才是园林品位的先驱，因为前者提出了一座皇家园林的布局结构，他详细说明了要给自然荒野进行装饰，现如今我们认为这一观点是艺术的本质；而后者在对天堂进行精细刻画时把自然荒野作为核心理念。我在这里把艾迪生、蒲柏、肯特当作这种品位的拥护者，他们把理念付诸实践，转型真实发生的标志事件可能就是《观察家》的创刊。②

英国的“爱国者”们极力否认中国园林对英国园林的影响。在他们眼中，乔治四世建造的英皇阁和柯勒律治想象出的忽必烈汗的宫殿，这些极具哥特式风格的“中国风”与布朗建造的秀美的英式园林截然不同，但法国人却对这套说辞并不买账。他们将英国新出现的园林风格称为“英中园林”，这一称谓可能夹杂着法国人与生俱来的文化优越感，认为中国和英国的花园皆是“蛮夷花园”，同时表明了中、英两国花园的相似性，并暗示出两者的传承关系。

拉塔皮（Francois de Paul Latapie）在将惠特利（Thomas Whately）的《现代园林观察》（*Observations on Modern Gardening*）译成法文时，曾专门写了一个序言，说英国人摆脱规则园林的束缚而去追求自然一事大约发生在 1720 年。而这种解放是由威廉·坦普尔一些人参考中国园林而来。

---

① Horace Walpole, *Anecdotes of Painting in England, to Which Is Added the History of the Modern Taste in Gardening*, London: J. Dodsley, Pall-Mall, 1782, p. 287.

② William Mason, *The English Garden: A Poem, in Four Books*, York: A. Ward, 1783, pp. 209 - 210.

拉塔皮通过西方观察者对中国园林的描述来证明不规则园林并非英国独创，通过对比钱伯斯1757年的文章和王致诚对圆明园的描述，得出英国园林与中国园林之间高度的相似性。

继拉塔皮之后，1774—1788年，乔治·路易·勒鲁热（Le Rouge）陆续出版了3卷本的《时髦的英中园林》，使得“英中园林”一词广为流传。该套书配有97幅插图，并特别注明：中国皇家园林的主要建筑，出自国王珍品陈列馆，仿制的是北京的绢画画卷。[①] 勒鲁热在《新式园林细节》（*Détail de Nouveau Jardins à la Mode*）第二卷第14章《中国园林》（*Des Jardins Chinois*）里，展示了11幅乾隆下江南的图景。这些画作由法国耶稣会士钱德明（Amiot）绘制，1770年被皇家图书馆珍藏。在第16章《中国花园：中国的皇家园林》（*Des Jardins chinois*：*Jardings de l'Empereur de la Chine*）和第17章《英中花园：中国皇帝的享乐建筑》（*Des Jardins Anglo-Chinois*：*Maisons de Plaisance de l'Empereur de la Chine*）中，展示了钱德明绘制的中国江南和皇家园林46景。勒鲁热还借来瑞典东印度公司主管谢弗伯爵（Carl Fredrik Scheffer）收藏的40幅圆明园木质版画来证明英国园林只不过是对中国园林的摹仿。（*Ideas*：42）

法国人列举出的诸多关于中、英园林传承关系的证据损害了诗人格雷（Thomas Gray）的民族自尊心。当他发现好友阿尔加罗蒂（Count Francesco Algarotti）也认为英国的园林思想发源于远东地区后，为英国进行了辩解：

> 他对我们国家非常彬彬有礼，但他的一个观点对我们来说却极不公正，而我却对此尤为关注，因为只有这一个才可以称得上我们自己的品位，而且是唯一一个能够表明我们在审美愉悦上的原创性；我指的是，我们在园林、具体在规划土地方面所拥有的技巧，这对我们来说并不是一个很小的荣耀，因为意大利和法国根本连这个意识都没有，他们即使见到了也不能真正理解它们。中国人在审美艺术上也到达了完美，这是从耶稣会士的书信，更为可能的是前几年

① ［法］乔治·洛埃尔《入华耶稣会士与中国园林风靡欧洲》，载谢和耐、戴密微等《明清间耶稣会士入华与中西汇通》，东方出版社2011年版，第546页。

钱伯斯发表的小论文中得出的结论。但确信无疑的是，我们从他们身上什么也没抄到，除了自然，谁也不会成为我们模仿的对象。园林艺术在我们这儿诞生还不到 40 年，可以肯定，这种新的园林风格在欧洲大陆还没有出现，而且那时我们还没有从中国那里获取关于园林的任何资讯。①

格雷写此信的时间是 1763 年，根据他的推算，英国园林的诞生时间应该是在 1720 年代左右，而这个时间恰恰是耶稣会士马国贤携带避暑山庄的铜版画到达伦敦的日子。为了证明英国园林是自己民族的独创，而急切地与中国撇清关系，以沃波尔为首的一大批“爱国者”们给出的理由却是站不住脚的，英国园林的创造性体现为英国在接受中国造园思想时产生了“非对称性”的秀美和“哥特式”的崇高两种想象力，这两种想象力反过来又塑造了英国人对中国园林的理解。18 世纪流行于英国的“中国风”是这两种想象力共同作用的产物，而蓝柳瓷盘则是其中的代表。

蓝柳瓷盘是由英国的瓷器厂商采用转印技术（transferred print）制作而成。生产时，将事先刻在铜板上的花纹图案印在绵纸上，再通过绵纸将上面的油墨图案转印到瓷坯上，最后进行上釉烧制。这种转印技术省去了人工绘图的工序，但造成瓷盘设计图案千篇一律、样式高度同一。蓝柳瓷盘因瓷盘的中央画有一株柳树而得名，它采用中国青花瓷的蓝、白两色来再现中国的园林图景。画面的前景是一道蜿蜒曲折的篱笆，主体景观是中心的蓝柳和右侧的亭台楼阁，画面的左侧是一座三孔石桥，桥上画有三人，水面上泛有一叶扁舟。石桥对岸的古塔和楼阁作为远景依稀可见。瓷盘的正上方还绘有一对展翅高飞的鸽子（或斑鸠），与中国的“双燕纹”极为相似。②

为了提高瓷盘的文化价值，英国商人根据著名汉学家托马斯·柏西

---

① Thomas Gray, *The Poems of Mr. Gray, to Which are Prefixed Memories of His Life and Writings*, William Mason ed., London: J. Dodsley, Pall Mall, 1775, pp. 386 – 387.

② Robert Copeland, *Spode's Willow Pattern and Other Designs after the Chinese*, London: Studio Vista, 1999, p. 33.

主教翻译的明末才子佳人小说《好逑传》编写了一个凄美的爱情故事:中国古代的富商之女孔思(Koong See)爱上了穷小子张生(Chang),他们的爱情遭到了富商的反对。父亲把女儿囚禁在花园中的塔楼内,并打算把她许配给一名叫作拓晋(Ta Jin)的地主。婚礼前夜,张生越过篱笆,潜入花园,把孔思解救出来,不想被富商发现,二人在拱桥上摆脱了父亲的追逐(桥上三人),驾一叶扁舟前往一座小岛(瓷盘左上处的远景),过上男耕女织的幸福生活。然而好景不长,二人的行踪被富商和拓晋发现,随即棒打鸳鸯,张生命丧黄泉,伤心欲绝的孔思宁死不从,放火焚烧了二人的爱巢并投身火海。危急关头,天神出现,将二人化为飞鸟得以超脱,从此二人比翼齐飞,翱翔天际。

这件会让中国人感到"似曾相识"的蓝柳瓷盘其实是一个地地道道的英国工业制成品。这款设计不仅借用了大量的中国元素来展现东方园林的秀美,用暗含数字"三"的景物来凸显"非对称性"的造园思想,还编造了一个凄美的爱情故事来控诉中国封建父权制度对爱情和自由的扼杀。萨义德在《东方学》中认为由于东方无法再现自己,只能沦为西方话语构建的对象。他将东方学视为"西方用以控制、重建和君临东方的一种方式"①。西方靠自己的想象来定义东方。在西方的凝视下,东方成为一个异质的他者,一个需要规训、征服的对象,它无法成为西方自身主体的一部分。不过,萨义德笔下的"东方"指的是伊斯兰、阿拉伯世界,中国并没有包括在内。他在《东方学》中清晰地界定了自己的研究领域:

> 我的出发点是:英、法、美对作为一个整体的东方的经历;什么样的历史和学术背景使这一经历得以发生;这一经历的性质和特征是什么。我将这一已经受到限定(但仍然过于宽泛)的问题再次限定到英、法、美对阿拉伯和伊斯兰——它们在长达千年的时期内共同代表着东方——的经历上,这样做的原因我待会儿再加说明。做此限定后,东方有相当大的一部分——印度、日本、中国以及其

① [美]爱德华·W. 萨义德:《东方学》,王宇根译,生活·读书·新知三联书店1999年版,第4页。

他远东地区——似乎被排除在外，这并不是因为这些地区过去不重要（它们显然一直很重要），而是因为人们在讨论欧洲在近东或伊斯兰的经历时完全可以不考虑其在远东的经历。①

后来，萨义德曾试图扩大东方主义的研究范围。在《文化与帝国主义》中，他对东方主义话语批判的范围从伊斯兰世界扩展到印度、澳大利亚、拉美，但空间上依然没有涉及中国，在时间上也没有讨论 19 世纪以前。而英中园林、蓝柳瓷盘的存在证明了中、英两国的互动关系比萨义德建构的理论模型更为复杂。中国园林既是英国想象中国的依据，也是英国想象中国的产物。作为想象依据的中国园林通过“写实”的手法展现了自身非对称性的秀美，从而帮助英国园林摆脱了法式园林的束缚；而作为想象产物的中国园林通过“浪漫”的手法呈现出令人恐怖的崇高，使得中国园林在美学和文明等级上又与英国园林截然不同，且这种对中国园林的崇高想象随着英国北美殖民地的丧失，对华侵略野心的迅速膨胀，彻底否定了中国园林作为“东方伊甸园”在美学上的至尊地位，使其在文明等级上沦为由蛮族统治的黑暗国家。

王致诚神父和钱伯斯爵士赋予中国园林的梦幻色彩在 18 世纪末逐步褪色，马戛尔尼和使团的其他成员用似曾相识来替换圆明园、避暑山庄给他们带来的巨大震撼。马戛尔尼认为王致诚与钱伯斯对中国园林的描述言过其实（*Travels*：123），他的贴身管家安德森（Aeneas Anderson）说：“我必须承认，和环绕在城市四周低矮的建筑相比，这座宫殿看起来气势逼人，但我却看不到任何能让我相信之前听到的或者读到的关于北京皇宫的胜景的传奇描述。”②

1793 年英国使团提出的所有要求遭到清政府的拒绝后，鸦片成为英国反败为胜的砝码。半个世纪后，中英爆发了第一次鸦片战争，忽必烈汗听到的祖先预言的战争打响了。随着英国对清政府的愈加敌视，《圣

① ［美］爱德华·W. 萨义德：《东方学》，王宇根译，生活·读书·新知三联书店 1999 年版，第 22 页。

② Aeneas Anderson, *A Narrative of the British Embassy to China in the Years* 1792, 1793, *and* 1794, London: J. Debrett, 1795, p. 173.

经》编年史中所蕴含的东方崇拜在启蒙话语的打击下灰飞烟灭。到了第二次鸦片战争期间，圆明园在英国随军军需官沃尔斯利（Wolseley）的眼中，彻底沦为一个负面形象：

> 眼睛所能看到的所有东西都非常漂亮，设计精美，堪称极品，但整体看来缺乏宏伟壮观气派。中国的建筑缺乏这种气势，建筑师们似乎也无意于此。无论是园林还是建筑，中国人都不大注重营造恢宏气势。他们专注于物件的装饰，但好奇心却在逐渐散失。中国的艺术家和建筑师天生就注重装饰和细节，因此没能创造出一些让人敬畏和钦佩的伟大作品，而欧洲的建筑师精于此道，他们设计的建筑第一眼看上去就很壮观。……人们将这些石头放置在各个小角落，人造小河、池塘、小桥、盆景和假山，这些景观的设计更像是小孩子过家家，而不像是成人的作品。大小、空间和恢宏气势都无法激起中国人心中的仰慕之情，从中国各处的历史遗迹也看不到他们的先辈在这方面有何不同。
>
> ……
>
> 总体来看，圆明园不愧是园中的精品，然而，我觉得任何参观过这座皇家园林的人都会很失望。这座园林缺乏宏伟气势，这是再多的精心园艺和漂亮的装饰都无法弥补的。①

沃尔斯利丧失了英国对中国园林的想象力，圆明园成为那个“使英国国王使节受到侮辱而没有得到惩罚”的地方。柯勒律治的忠实信徒额尔金伯爵（Earl of Elgin）——他的父亲就是将雅典万神庙上的大理石像偷运到英国的那位，下令让这座“万园之园”灰飞烟灭。

① ［英］加内特·沃尔斯利：《1860 年对华战争纪实》，江先发、叶红卫译，中西书局 2013 年版，第 139、141 页。

第二章

苏格兰与英格兰:洛蒙德湖附近区域风景的形成

第一节 苏格兰的蛮荒风景

1773年8月，约翰逊博士前往爱丁堡与包斯威尔（James Boswell）会面，二人随即开始了对苏格兰长达83天的实地考察。虽然1707年的英苏议会合并就已实现了两国政治上的联合，但苏格兰的詹姆斯党人一直蠢蠢欲动，多次发动起义，力图推翻汉诺威王朝的统治，最近的一次就发生在1745年；伦敦方面，厌苏、反苏情绪也日益高涨，英格兰人喊出了“威尔克斯与自由”的口号，不满苏格兰人在伦敦扩张势力。英苏双方对彼此的敌视使约翰逊这位英格兰的“博学之士”也爱莫能助。包斯威尔希望此次旅行可以改变约翰逊对苏格兰的民族偏见，但这趟高地之行并没有取得他所期待的效果。面对日后成为“浪漫之地”的洛蒙德湖（Loch Lomond），约翰逊写道：

> 要是这里的气候更好一点，倒是可以拥有一块洲渚来炫耀财富、满足虚荣心，但还必须用所有的装饰艺术来进行装点。虽然这些岛屿在远处可以吸引凝视者的目光，但一旦走近就让人心生反感，除了柔软的草坪和茂密的灌木丛，到处是一片未经修整的粗糙之地。①

---

① Samuel Johnson, *A Journey to the Western Islands of Scotland in 1773*, Paisley: Alexander Gardner, 1906, p. 232. 后文出自同一著作的引文，将随文标出该著名称简称“*Journey*”和引文出处页码，不再另注。

1746 年卡洛登战役后，詹姆斯党人的房产被收归国有，吸引了大批英格兰人前去置业。约翰逊以置地者的眼光来评估洛蒙德湖附近的土地，觉得它没有什么投资价值。在穿过印佛内斯郡（Inverness-shire）时，他又写道：

> 这里的山峦缺少变化，基本上全都被深色的石南树丛覆盖，看起来长势也并不喜人。没有被石南覆盖的地方，地表赤裸在外，偶尔溪流从陡崖上奔流而下，带来些许变化。一旦看惯了鲜花满地的草原和麦浪滚滚的丰收场景，就会对这片毫无希望、贫瘠不毛的广袤之地感到诧异和反感。景物既无形状也无用处，得不到自然的关爱，也享受不到它的恩惠，它保持着自己最原始的状态，只有一些无用植物的阴郁力量给它增添了一些活力。（*Journey*：65－66）

“缺少变化”“贫瘠”“毫无希望”“无形”“无用”，约翰逊用这些词来描写苏格兰风景之荒芜；而从进化改良的角度看，这块还处于原始状态的土地也没有什么开发的潜力。约翰逊还有一个惊人的发现，即“从图威河畔到圣安德鲁斯，一路走来竟然没看到一棵树！……没有树木可用来遮阴或当作木材，连橡树和刺梨都看不到，向外延伸的裸露地表看起来极为单调”（*Journey*：25－26），并因此感叹，在苏格兰看见一棵树的概率就如同在威尼斯看到一匹马（*Journey*：26）。接下来的情况更糟糕，“过了亚伯丁，路途更颠簸，一路上看不到任何植物的装点”（*Journey*：37）。约翰逊用无树、寸草不生来凸显高地的“贫瘠”，但他显然夸大了苏格兰树木稀少的情况，因为在日志中他又多次提到了苏格兰的树林。例如，他以为拉塞与“其他岛屿一样，岛上光秃秃的，但却发现，岛上无树是由于无人照管造成的，该地领主有一座果园，他房子的周围就种有一大片树林”（*Journey*：95）；整个奥古斯都堡都“看不到树木，但却能发现橡树和冷杉的残桩，表明之前这里有一大片树林”（*Journey*：59）。

约翰逊用有无树木来比较英苏风景之不同，并以此暗示两地在经济实力上的差距。他对树木与植被的重视在一定程度上呼应了风景鉴赏大师威廉·吉尔平关于风景与树木之关系的观点。吉尔平从画面的“构图方式”出发，也不看好无树的风景，因为千姿百态的树木对于构成一幅风景画来说必不可少，尽管“无树”对于前景而言影响不大，树木的匮乏可以用起伏的山丘、嶙峋的岩石、迤逦的小路来弥补，但画面的中景和远景却会因此而缺乏变化，使得整幅画看上去像是一大片延绵不断、色彩单一的斑块，容易引发视觉疲劳。不过，与苏格兰的单调相反，英格兰的风景在吉尔平眼中又走向了另一个极端：英格兰草木茂盛，景物繁多，但纷繁的景物会喧宾夺主，同样会破坏整体构图。①

吉尔平虽然也感受到了英苏风景之间的差异，但他不满约翰逊对苏格兰风景“只呈现它所有的缺点，而没有提及优点”（*Observations*：119），认为“约翰逊博士这些人的眼光，只习惯于从鲜花满地的草原和麦浪滚滚的丰收场景中发现景色之美，他们是不会对自然中的崇高之景有多少兴趣的”（*Observations*：120）。吉尔平没有像约翰逊那样对高地风景做出负面评价，反而认为“要不是缺乏景物，尤其是树木，它们可以与意大利的风景相媲美”（*Observations*：119）。吉尔平指出，约翰逊用英格兰的秀美来衡量苏格兰的崇高，就好像用“矮子的肢体来衡量巨人的比例”，只凭借自己有限的知识做出了苏格兰山峦“无用”这一判断，却不知在自然系统中，苏格兰的山峦与英格兰的草地和良田一样大有用处；约翰逊之所以认为苏格兰山峦“无形”，只不过是因高地的山峰不符合约翰逊对谷地与草地形状的记忆。“这里［苏格兰］山峦的形状，毫无疑问，是最壮丽、最崇高的。虽然景色由于缺乏景物而显得简单，不利于展现苏格兰的秀美，但它却是崇高的源泉。”（*Observations*：120－121）吉尔平还以基林的荒沼为例，肯定了其中的崇高意味：“开阔、荒芜、原始，地表裸露在外，然而这种简单通常蕴含崇高……虽不让人感到愉悦，却非常震撼，想象力被打动，而眼睛却没有。”②

---

① See William Gilpin, *Observations, Relative Chiefly to Picturesque Beauty, Made in the Year 1776, on Several Parts of Great Britain, Particularly the High-lands of Scotland*, Vol. 2, London: Printed for R. Blamire, Strand, 1789, p. 118. 后文出自同一著作的引文，将随文标出该著名称简称“*Observations*”和引文出处页码，不再另注。

② William Gilpin, *Observations, Relative Chiefly to Picturesque Beauty, Made in the Year 1776, on Several Parts of Great Britain, Particularly the High-lands of Scotland*, Vol. 1, London: Printed for R. Blamire, Strand, 1789, pp. 171－172.

由此可见，虽然吉尔平也认为英苏两地在风景上存在差异，但并没有像约翰逊那样将英格兰定为评价标准，而是肯定了苏格兰风景的美学价值，认为如果英格兰代表秀美，那么苏格兰就代表了崇高。需要指出的是，尽管古希腊作家朗吉努斯的《论崇高》和受朗吉努斯著作影响的英国18世纪上半叶的约翰·贝利（John Baillie）的《论崇高》（1747）都曾分析过“崇高”这一美学概念，而吉尔平将“崇高”作为与“秀美”相对的类型纳入风景的区分。吉尔平还有一个先驱，即埃德蒙·伯克。1756年，伯克出版《关于崇高和秀美观念起源的哲学探索》一书，从人的感官出发，依据人在外界景物的冲击下所产生的强弱不同的反应，将美分成“秀美”与“崇高”两类：秀美具有女性的娇柔特质，体现为细腻、精致、曲线玲珑、色泽明亮；崇高则带有男性的阳刚之气，表现为简洁、单调、刚强有力、阴沉晦暗。一般而言，秀美的物体体积较小，崇高的物体尺寸巨大；秀美是光滑的，崇高则是凹凸不平的；秀美的物体一般采用平滑的曲线，即使偏转，也往往难以察觉，而崇高的事物在很多情况下却使用直线，会形成鲜明的棱角；秀美的东西让人心生怜爱，给人带来愉悦，而崇高的物体则让人紧张、痛苦，往往给人带来强烈的情感体验，如震惊、羡慕、崇拜、敬畏甚至恐惧。[①] 总的来说，光滑的物体是秀美的，粗糙的物体则是崇高的。因此，伯克的秀美与崇高构成了非此即彼的两极，秀美的东西不崇高，崇高的东西不秀美。

第二节　秀美与崇高

伯克关于秀美与崇高的划分为英苏风景类型的划分奠定了基调。此后，英格兰与苏格兰分别以秀美与崇高作为各自的特征，拜伦即以“英格兰！你诸多的美丽过于驯良温顺/对曾漫游在远方山岳中的人来说/啊！那里有

---

① See Edmund Burke, *A Philosophical Enquiry into the Origin of Our Ideas of the Sublime and Beautiful*, London: R. and J. Dodsley in Pall-mall, 1764, pp. 237 – 238.

荒凉而宏伟的峭壁！/那陡峭如蹙眉般的壮丽，那幽暗的洛赫纳佳山！”① 这样的诗句来说明二者的不同。

英格兰的风景以秀美为主，部分原因在于它土地肥沃，地势平坦，气候温暖湿润。但更为重要的是，相比于贫瘠落后的苏格兰，英格兰以富庶文明自诩，工商业的快速发展使得功利主义一时风光无限，秀美的风景带来的愉悦更贴合功利主义所追求的感官“幸福”。在当时的绘画领域，一部分英格兰风景画也以农村旖旎的自然风光为主题，如托马斯·庚斯博罗（Thomas Gainsborough）主要描绘英格兰东部地区萨福克郡（Suffolk）的风光，其作品《一位农夫在林地休息的场景》（*Wooded Landscape with a Peasant Resting*, 1747）、《在风景中演奏大提琴的约翰·查菲牧师》（*The Rev. John Chafy Playing the Violoncello in a Landscape*, 1750—1752）、《安德鲁夫妇》（*Mr. and Mrs. Andrews*, 1750）、《画有伐木少年与挤奶女的风景》（*Landscape with a Woodcutter and Milkmaid*, 1755）等营造出了静谧安详的田园生活图景。在这些画作中，庚斯博罗将萨福克郡塑造成了理想中的人间乐园：近处茂密的树林逐渐向远处开阔的平原过渡，乡村劳作者在树下休息、谈情说爱，牧师与土地贵族在领地上奏乐娱乐，就像维吉尔笔下的阿卡迪亚。而在园林方面，“能人”布朗成为最受贵族乡绅欢迎的设计师。他采用大量柔和、平缓的曲线来设计堤岸、道路、草坪，将湖水与溪流作为整个园林的主体景观，把湖岸四周的缓坡变成开阔的草坪，在上面种上疏落的树木，巨大的橡树遮掩着大道，随处都可看到波光粼粼的湖水。经他之手的斯托园、布莱尼姆宫（Blenheim Palace）、佩特沃思花园（Petworth Park）等均成为英格兰风景园林的名片。

而在一部分英格兰人笔下，苏格兰的崇高常常与贫瘠结对，且暗含贬义。当爱德华·伯特以英格兰派驻苏格兰的收税官员、瓦德将军（General Wade）麾下的军需官的双重身份前往苏格兰后，他在写给伦敦友人的信中谈到了自己对苏格兰风景的感受，说苏格兰这片穷山恶水之地完全符合伯克对崇高的定义，但他已经厌倦了这里单调的山景：

---

① George Gordon Byron, *The Works of Lord Byron: Complete in One Volume*, London: John Murray, 1840, p. 401.

> 没什么多样的变化，只是一片阴郁的空间，不同形状的岩石、石南丛、高低不平的地势……令人沮丧、阴沉的棕色全都靠近肮脏的紫色，这在石南盛开时让人再厌恶不过。但在所有的景致里，我认为最恐怖的莫过于由东向西或从西向东看到的风景，当视线穿越山峦，愈发会看到巨大的山体、令人恐怖的非对称性和可怕的阴郁。山体投下的阴影和微弱的回音让景色变得更加昏暗。①

英苏之间的风景差别如此之大，以至于伯特说，若蒙上一个从南边过来的英格兰人的眼睛，引他到某个狭窄山谷中再松开眼罩，他会被眼前恐怖的景色吓得半死，担心再也不可能走出这片谷地，回到家乡。②

不过，以伯克的崇高来定义苏格兰的风景，并不像约翰逊与伯特那样带有贬义。伯克把崇高纳入美学范畴，其实提高了贫瘠荒芜、单调乏味的美学等级。吸收了伯克美学思想的康德进一步从实用、功利的角度进行阐发，认为美与功利无涉，“关于美的判断只要掺杂了丝毫兴趣，就会是偏袒的，就不是鉴赏判断。人们必须对于事物的实存没有丝毫倾向性，而是在这方面完全无所谓，以便在鉴赏的事情上扮演裁决者”③。利用康德的美无关功利或利害的观念反观伯克对秀美和崇高的定义，合乎逻辑的结论便是：如果秀美必须依附于感官的愉悦，那么这种美还不能算作纯粹；同时，由于崇高会让人在感官受挫的同时激发出精神上的自由，因此相较于秀美，崇高因其无功利性（不追求感官愉悦）而更显美学上的纯粹。这一点恰恰体现在以詹姆斯·麦克弗森为代表的苏格兰文化复兴者们的文学实践中。他们让贫瘠的高地风景凭借其“崇高”完成了美学上的攻防转换，将经济上的劣势转化成了美学上的优势。

斯塔尔夫人（Madame de Staël）曾将欧洲文学划分为南方文学与北方文学，法国与意大利是南方文学的发源地，地中海和煦的阳光创造了荷

---

① Edward Burt, *Letters from a Gentleman in the North of Scotland to His Friend in London*, R. Jamieson, ed., Vol. 2, London: Gale, Curtis, and Fenner, Paternoster-Row, 1815, pp. 9 – 10.

② See Edward Burt, *Letters from a Gentleman in the North of Scotland to His Friend in London*, Vol. 2, London: Gale, Curtis, and Fenner, Paternoster-Row, 1815, p. 13.

③ ［德］康德：《判断力批判》，李秋零译，中国人民大学出版社 2011 年版，第 35 页。

马史诗这样五彩斑斓的艺术诗篇，而“浪漫”基本上与北方是同义词，严寒冰霜、贫瘠艰苦的环境造就了北方人内敛多思的品性和自由独立的精神。不过，虽然浪漫主义在德国达到了巅峰，但若追溯源头，它却来自苏格兰高地，因为那里是古代游吟诗人莪相（Ossian）的诗篇的诞生地。[①]《莪相集》不仅对英格兰，也对整个欧洲的浪漫主义文学产生了巨大的影响。[②] 例如，歌德笔下的维特带着一种在恋爱中受伤的心情将他倾心的莪相的诗篇翻译成德文。该诗集是詹姆斯党人麦克弗森在吸收与借鉴苏格兰及爱尔兰的民间歌谣、口头传说、神话故事的基础上创作而成的，但麦克弗森却声称这些作品源自公元 3 世纪的苏格兰游吟诗人莪相用盖尔语创作的诗歌，他自己只是对这些诗歌残卷进行了整理和翻译。[③] 在伯克提出“秀美”“崇高”概念不久，1760 年麦克弗森出版了《古代诗歌残篇》（*Fragments of Ancient Poetry*），1761 年底又出版了《芬格尔，远古诗史六卷集》（*Fingal*, *An Ancient Epic Poem in Six Books*），1763 年出版了《特莫拉：远古诗史八卷集》（*Temora*：*An Ancient Epic in Eight Books*），1765 年又在前几部诗集的基础上出版了修订版的《莪相集》（*Works of Ossian*）。

诗集的出版在文化界产生了巨大的轰动，其中对苏格兰风景的描绘

① See Lillian Furst, *Romanticism in Perspective*: *A Comparative Study of Aspects of the Romantic Movements in England*, *France and Germany*, London: Macmillan, 1979, p. 19.

② 英国的浪漫派作家从高地文学中获得了巨大的创作灵感，但碍于民族情感，英国文学史对这段历史总是避而不谈。《诺顿英国文学选集》第十版（Stephen Greenblatt et al., eds., *The Norton Anthology of English Literature*, 10th edn., London: W. W. Norton & Company, 2018）、《牛津英国文学选集》第二版（J. B. Trapp et al., eds., *The Oxford Anthology of English Literature*, 2nd edn., Oxford: Oxford University Press, 2002）以及《朗文不列颠文学选集》第四版（David Damrosch et al., eds., *The Longman Anthology of British Literature*, 4th edn., London: Pearson, 2009）中都没有收录《莪相集》，但这部作品却对包括英国浪漫主义在内的整个欧洲浪漫主义都产生了重要影响。例如，拜伦的母亲是苏格兰贵族，他在亚伯丁度过了童年。在《唐璜》中，他说自己“在血缘上是半个苏格兰，在教养上整个儿是苏格兰，而且始终不忘故土”（George Gordon Byron, *The Works of Lord Byron*: *Complete in One Volume*, p. 705）。华兹华斯虽不愿承认自己受惠于《莪相集》，但他塑造出的湖区却与高地风景最为接近。关于《莪相集》对德国浪漫主义的影响，《少年维特之烦恼》对《莪相集》的大段引述，便足以证明这一点。See also Howard Gaskill, ed., *The Reception of Ossian in Europe*, London: Thoemmes, 2004.

③ See Henry Mackenzie, ed., *Report of the Committee of the Highland Society of Scotland*, Edinburgh: Edinburgh University Press, 1805, pp. 151 - 152.

完美地诠释了伯克的崇高理念，诗中的乱石与激流、漩涡与战场、电闪与雷鸣，处处都体现了高地风景动人心魄的魅力。如果秀美像一位精心打扮的小家碧玉，温柔而细腻，那么，《莪相集》所体现的崇高则是自然孕育的粗犷汉子，放荡不羁、坚忍不拔，能在困境、黑暗、危险之中展现出慷慨激昂的英雄主义。诗集让苏格兰高地成为欧洲浪漫主义文学的发源地，但一直以英格兰文学为傲的约翰逊博士无法接受这一事实，他不相信一种连书面文字都没有的古老语言竟能产生出如此美妙的诗篇（*Journey*：172－174），因此，《莪相集》的文学价值非但未能得到约翰逊的肯定，反而因其"真伪"问题而被他穷追不舍。围绕远古时期是否存在用盖尔语（约翰逊称其为"Erse"）书写的《莪相集》，以约翰逊博士和麦克弗森为代表的英苏双方文化界人士展开了旷日持久的争论。① "真

① 约翰逊及持有英格兰中心主义立场的学者们都从英格兰版权法的角度攻击麦克弗森，认为他伪造古人的著作。《莪相集》挑战了英国的版权制度，它的出现表明除了版权法所承认的纸质出版物外，还有一种所有权界限并不清晰但又同样重要的口头文学形式的存在。《莪相集》提高了苏格兰歌谣、口头文学等民间文学艺术的文化地位。根据版权法，约翰逊认为，如果麦克弗森能够提供原始著作的相关证据，就证明了他的欺诈和不诚实，他对原著进行的篡改也属于侵权行为；而如果麦克弗森拿不出证据，那便证明古老的苏格兰文学传统并不存在，诗集只不过是一部当代作品，苏格兰文学历史上的文化影响力也将因此而被否定（这也是约翰逊想要达到的目的）。不过，英国的版权法却无法认定麦克弗森的侵权行为，因为它不承认民间口头文学的法律地位，也就不涉及对民间文学的保护问题。于是，法律上的无解变成文坛上的一桩公案，赖宁（Malcolm Laing）、肖（William Shaw）、休谟、司各特与约翰逊一致认为麦克弗森作假，但同时，麦克弗森也得到了包括布莱尔（Hugh Blair）、班克斯（Joseph Banks）、辛克莱（John Sinclair）及克拉克（John Clark）等人的支持。为平息争议，在麦克弗森去世当年（1796年），苏格兰高地协会（the Highland Society of Scotland）组成一个调查小组就诗作的真伪问题展开调查并于1805年公布调查结果，认为麦克弗森声称的那些传说在历史上确实存在，但他在编辑整理的过程中又增添了很多新材料。此后，学界就约翰逊与麦克弗森关于《莪相集》的争论做了大量研究，对麦克弗森的身份、凯尔特文化、民族性、《莪相集》对欧洲浪漫主义文学的影响等诸多方面展开论述（see Thomas M. Curley, Samuel Johnson, *The Ossian Fraud, and the Celtic Revival in Great Britain and Ireland*, Cambridge: Cambridge University Press, 2009; Nigel Leask, "Fingalian Topographies: Ossian and the Highland Tour, 1760－1805", in *Journal for Eighteenth-Century Studies*, 39.2, 2016, pp. 183－196; Kathryn Temple, *Scandal Nation: Law and Authorship in Britain, 1750－1832*, Ithaca: Cornell University Press, 2003, pp. 73－120）。这场著名笔墨官司的背后其实是英苏双方就民族及历史起源孰先孰后进行的一场文化战争，暴露出卡洛登战役后大不列颠国作为一个统一体的脆弱性。麦克弗森试图通过《莪相集》建构一个比英格兰文化还要悠久的苏格兰文化，进而构建出苏格兰的民族特性，因而斯密斯认为《莪相集》是一种逆向的民族主义，是弱势文化拒绝被强势文化同化而做出的应激反应（see Anthony D. Smith, "Introduction", in Anthony D. Smith ed., *Nationalist Movements*, New York: St. Martin's Press, 1977, p. 28）。

伪”问题的背后其实是英苏双方对大不列颠民族发源地的争夺。约翰逊显然认为，英格兰才是不列颠民族文化的正统，不列颠的文化身份应该是英格兰文化，而不是苏格兰、爱尔兰这些边缘的凯尔特文化。为了捍卫英格兰文化的正统性，他专门出版了《英国诗人生平》（*Lives of the English Poets*，1790），此前还编纂了《英语大辞典》（*A Dictionary of the English Language*，1755），并为莎士比亚作品作序（*Preface to Shakespeare*，1765）。他的这些努力其实与麦克弗森为建构苏格兰文化传统而“创作”《莪相集》的做法并无区别。

为了证明麦克弗森作伪，进而巩固英苏之间文明/野蛮、中心/边缘的等级关系，约翰逊抱着一种怀疑态度对高地展开了地理、文化考察，于是就出现了本书开篇的那一幕。在高地考察期间，约翰逊进一步认定《莪相集》就是一部彻头彻尾的“伪作”，说麦克弗森“找到了一些名字、故事和词组，还有一些古老歌谣的片段，把它们混入自己的作品里，然后向世界宣称诗集是对一部古老诗篇的翻译。如果真的是这样的话，我认为这部诗集就不该分成六个部分”，“在诗集所追溯的那个时代，高地人对书籍还一无所知，也没有数字六的概念，或许他们也能数到六，不过有人告诉我们，那个国家当时只能数到四”。①

约翰逊的态度是当时英格兰社会的一种普遍心态：苏格兰被认为是一个经济贫困、文化落后的化外之地，需要接受英格兰的开化，如此野蛮的地方不可能产生任何有价值的文学作品。这种偏见在卡洛登战役后得到了强化。在解除了苏格兰的武装威胁后，伦敦开始对带有詹姆斯党底色的高地文化进行绞杀。1746 年，英国颁布了《解除武装法》（Disarming Act）和《着装法》（The Dress Act），除禁止苏格兰人携带武器外，还禁止他们穿高地服装、使用盖尔语。学龄儿童必须接受由苏格兰长老教会提供的英语教育和宗教思想教育，以此来减少信仰天主教的人数。1747 年，世袭司法管理权（Heritable Jurisdictions）被废除，任何拒绝效忠汉诺威王室的人都将自动丧失土地，此举旨在摧毁高地氏族的经济基础。同年颁布的《禁止令》（The Act of Proscription）比 1746 年的禁令更

---

① Qtd. in James Boswell, *The Journal of a Tour to the Hebrides with Samuel Johnson*, London: T. Cadell, and W. Davies, Strand, 1807, p. 224.

为严苛，进一步禁止苏格兰人吹奏风笛、教授盖尔语，并剥夺了高地氏族的姓名和财产权。[①] 1752年的合并法（Annexing Act）则继续削弱高地氏族的势力，将没收来的詹姆斯党人的土地所得投入“开化”苏格兰这项事业中，即传播国教教义、树立道德规范，灌输效忠英王的忠君思想。

陆续出版的莪相诗集是高地人面对英格兰的绞杀进行文化自救的产物。虽然诗集是关于公元3世纪英雄芬格尔（Fingal）带领处于铁器时代的苏格兰部落反抗罗马帝国入侵的故事，但显然其中罗马帝国侵略军的首领、“世界之王”的儿子卡拉库（Caracul）影射的是现实中率军镇压1745年起义的乔治二世的儿子坎伯兰公爵（Duke of Cumberland）。诗集悲伤哀怨的基调源于卡洛登战役惨败后苏格兰因丧失经济、政治与军事独立性而产生的愤懑之情。这种悲壮感与崇高风景所引发的情感体验相契合，高地风景的美学特征也因此被定义为崇高。休·布莱尔在评论《莪相集》时就指出，崇高与庄严、敬畏及恐怖之间存在亲缘关系，黑暗、孤独、寂静的环境最能烘托出崇高的氛围：

> 相比于满地的鲜花，繁华的都市那些令人愉悦的风光，［《莪相集》中］苍色的山峦、孤寂的湖水、古老的森林以及撞击岩石的激流才更容易激起崇高之感。［相较于白天,］夜景通常是最崇高的景色。无数的群星散布开来，布满整个夜空，壮观地交融在一起，产生出比在恢弘的日光下更为震撼的效果。[②]

约翰逊之所以夸大苏格兰树木稀少的情况，很可能是由于《莪相集》中多次将苏格兰称作“荒漠”（desert）。芬格尔是“荒漠之王”（King of the Desert），他对这片拥有鹿群和树林的荒漠心满意足，继承芬格尔王位

---

① 大量高地人在“七年战争”（Seven Years War，1756—1763）中参与了英格兰的海外拓殖战斗。相比于英格兰的外套和马裤，苏格兰花呢和格子裙在野外作战条件下更为保暖、轻便，因此在高地军团的推动下，《禁止令》于1782年7月被废止。详见休·特雷弗－雷珀《传统的发明：苏格兰的高地传统》，载［英］E. 霍布斯鲍姆、T. 兰格主编《传统的发明》，顾杭、庞冠群译，译林出版社2004年版，第31—34页。

② Hugh Blair, *Lectures on Rhetoric and Belles Lettres*, Vol. 1, Basil: J. J. Tourneisen, 1788, p. 55.

的莪相则是“荒山野岭之王”（King of the Desert of Hills）。但事实上，诗集中的荒漠从不“荒芜”，仅在《芬格尔》中，树木就被提及四十多次。[①] 例如，当温芙拉第一次看到诗丽克时，后者站立在一棵古老的橡树旁[②]；弗洛索和犹撒被比喻为平原上的两株幼树（*Poetical*：119），库楚林坐在树叶沙沙作响的大树下（*Poetical*：164），康诺躺在山涧旁的古木下（*Poetical*：173）。不论是荒芜还是浪漫，诗中高地风景几乎全由树木来塑造。就如休·布莱尔所言，《莪相集》中的高地根本不是什么“野蛮的荒漠”，而是“富饶、可开垦的国家”（qtd. in *Poetical*：52）。约翰逊与麦克弗森对“荒漠”一词的不同理解，显示出英苏双方对崇高风景的不同侧重：前者见其贫瘠，后者显其浪漫。与约翰逊平铺直叙的风格不同，麦克弗森善于利用风景来营造氛围，调动读者的情感，虽然诗集中找不到诸如“悲伤的”“恐怖的”“沮丧的”“悲痛的”“痛苦的”这些直抒胸臆的词语，但每个字句都能带来丰富的情感联想，如他对月下荒野的描写：

> 奥斯卡缓缓地爬上山巅，夜空的流星照亮了身前的荒原，隐约可以听到远处激流的轰鸣声。古老的橡树偶尔被风吹过发出沙沙声，月亮半明半暗，发出红色的微光，下沉到山的背后。荒原上能听到人的言语声。奥斯卡手握佩剑，说道：“出来吧，我父辈的幽灵们！你们曾经反抗过世间的国王，请将未来的指令传达给我。在我们的洞穴里，你们聚在一起交谈，并能看到英勇战场上的子孙们！”（*Poetical*：147）

激流的轰鸣声与树叶的沙沙声像是祖先的诉说，祖先的幽灵或飘荡在月下的荒野上，或停留在人居住的洞穴里，自然成为祖先与奥斯卡进行交流的媒介。通过将风景拟人化，风景与人产生了互动：清风会传来

---

① See also Rivka Swenson, *Essential Scots and the Idea of Unionism in Anglo-Scottish Literature, 1603–1832*, Lewisburg: Bucknell University Press, 2016, pp. 117–118.

② See James Macpherson, *The Poetical Works of Ossian*, The Ex-Classics Project, ed., 2009, p. 115, https://www.exclassics.com/ossian/ossian.pdf. 后文出自同一著作的引文，将随文标出该著名称简称“*Poetical*”和引文出处页码，不再另注。

远方的战报，河流会唱响岁月之歌，白云会变幻出人的身影，月光会为万物注入精灵。麦克弗森在把自然拟人化的同时又将人物自然化，他常常用自然景物来勾勒人物，如芬格尔首次出场时，“高大魁梧，如同一块巨大的寒冰，他的长枪像一棵枯萎的冷杉，盾牌像初升的月亮”（*Poetical*：164）。寥寥数笔，芬格尔就被塑造成“自然之子”。他是自然的延伸，“眼睛像站在长满苔藓岩石上的雄鹰的眼睛，炯炯有神”（*Poetical*：237），“长矛像是死亡的绿色的流星”（*Poetical*：182）。除了孕育英雄，自然还造就美丽的少女，莫娜“弯曲的长发在岩石上经过西边阳光的照射散发出光芒，就像是克罗姆拉的雾气，双乳像布兰诺溪流上的两块光滑的石头”（*Poetical*：166）。

《莪相集》是关于苏格兰凯尔特民族起源的史诗。巨岩、冷杉、荒原、荆棘、苔藓、石南、白雪，麦克弗森描写的是高地人耳熟能详的景物，而他笔下的英雄人物又被视为高地人的祖先。景与人的交融，一方面让英雄人物生活在高地的风景中，另一方面又赋予高地风景人的情感，人与风景共同组成了一个能够互相感应的世界，同时人还能通过风景与祖先进行交流。这极大地唤起了18世纪苏格兰人的归属感和对土地的认同感，他们感到自己与英勇的祖先们共同生活在一起，而脚下的土地就是祖先留给自己的自然遗产。

通过再现高地风景，《莪相集》在盖尔人的精神气质与他们的栖息地之间建立了一种亲密的关系。对自然的书写能够让人与遥远的祖先发生想象性的关联，使个体进入一个更为恢宏、绵延不绝的传统之中，他不再感到自己是孤身一人，而是与生活在同一片土地上的所有人拥有共同的记忆、文化和身份。换言之，风景与文化民族主义之间存在着天然的联系。从词源上看，自然（nature）、本土（native）与民族（nation）系出同根，共同含有“出生”之义。[①] 通过赋予脚下的土地厚重的历史感来激发苏格兰人对周围环境的热爱，从而唤起苏格兰人的民族意识，这是麦克弗森以及后来的司各特在风景处理上的共同之处。

司各特一直对古战场、古迹、废墟、墓碑怀有浓厚的兴趣，专门出

---

① 详见［美］温迪·达比《风景与认同——英国民族与阶级地理》，张箭飞、赵红英译，译林出版社2011年版，第85页。

版了《乡间古迹与苏格兰的如画风景》（*Provincial Antiquities and Picturesque Scenery of Scotland*，1826）一书，旨在将苏格兰的历史铭刻进风景之中。他也研究造园法，认为“要尽量系统地、虔敬地保存那些与历史、古物相关的每一个碎片。哪怕是一块被闪电击中的墙角砖石，或是茅舍的门槛，都有其价值。自然就是遵循此法则来装点风景的”①。勃兰兑斯曾如此评论司各特：

> 他对于每一处断垣残壁、每一个古迹遗址、每一块奇特的墓碑石碣都兴趣盎然；但他对单纯的自然景物本身并不像华兹华斯那样强烈地关心；自然景物吸引他的地方只在于它们能使他发思古之幽情。一丛苍郁的古树本身并不能使他像华兹华斯那样对之肃然起敬，但是如果有人告诉他，在这棵树下查理二世曾小憩片刻，那棵树是苏格兰玛丽女王亲手所栽，那么司各特就会折下一段树枝带回去作为他曾经一游该地的纪念品，而且从此再也不会忘记这些古木丛林。②

对古物的崇拜促使成名后的司各特模仿中世纪哥特式古堡的样式，亲自设计并修建了阿博茨福特庄园（Abbotsford）作为家宅。对司各特来说，他看重的不是古物的真伪，而是由它们所引发的对历史的想象，只要能唤起苏格兰人的民族意识，帮助他们认同脚下的土地，他并不介意“杜撰”历史：

> 传统依存于确切的位置。著名战役的遗址、古老塔楼的废墟、英雄墓穴前的历史石碑、某个古老部落曾居住过的山地或峡谷，都能够使后人回想起有时会记有他们名字的历史事件。甚至是一群外来者，如果过去流逝的岁月让他们不再讲述自己的故事，他们会欢

① Water Scott, *Miscellaneous Prose Works of Scott*, Vol. 21, Edinburgh: Robert Cadell, 1836, p. 780.

② ［丹麦］勃兰兑斯：《十九世纪文学主流（第四分册）：英国的自然主义》，徐式谷等译，人民文学出版社1997年版，第110页。

迎任何的杜撰，只要能使他们的祖先与现在所生活的环境发生关联，就像一棵被移植到新环境的树木，会伸开自己的每一束纤维与新的土壤发生接触。①

司各特对历史的关注让柯勒律治自愧不如，后者曾拿自己与司各特比较，坦言自己对地方历史并不在意，哪怕该处曾发生过惊天动地的事件：

尊敬的司各特爵士在这一点上和我完全相反，我们处在和谐的对立之中——每一座古老的废墟、山川、河流、树木，都能在他脑中产生历史或传记上的关联，就像一个明亮的黄铜平底锅，只要一敲，据说就会引来成群的蜜蜂。然而，对我而言，虽然约翰逊博士之前曾提过，我还是认为即使自己走在马拉松平原上，也不会对它产生更多的兴趣，感觉就和走在其他相似平原上一样。②

柯勒律治以马拉松平原为例，是因为之前约翰逊在游记中说过，“一个人如果走在马拉松平原上心中的爱国之情没有得到增强，身处爱奥那岛的废墟而虔敬之情却无增加，那么他并没什么可羡慕的”（*Journey*：217）。约翰逊比柯勒律治更敏锐地觉察到风景可以借助历史来激发民族情感，但这种情感产生的前提必须是观景者认为自己就生活在这片风景中，而一直强调“国家至上”的柯勒律治显然不会对局部地区的历史产生兴趣。麦克弗森、司各特与他不同，他们都要为高地风景打上盖尔文化的印迹，通过讲述高地历史来构建自己的民族起源，唤醒民族意识，提振民族士气。于是，高地风景与花格呢裙、风笛、盖尔语一道，成为构建苏格兰民族性这个伟大工程的一部分。

不过，需要注意的是，虽然麦克弗森与司各特都通过风景来构建苏

① Walter Scott, Sir Tristrem, in Walter Scott, *The Poetical Works of Sir Walter Scott*, *Bart.*, Vol. 5, Edinburgh: Ballantyne and Co., Paul's Work, 1833, p. 27.

② Samuel Taylor Coleridge, "August 4, 1833, Scott and Coleridge", in Pro. Shedd, ed., *The Complete Works of Samuel Taylor Coleridge with an Introductory Essay*, Vol. 6, New York: Harper and Brothers, 1871, pp. 472 - 473.

格兰的民族历史，但他们处在英苏关系的不同历史阶段。司各特的时代可谓两国合并后的蜜月期，他对高地风景的描写在某种程度上得到了英格兰的默许甚至支持（英格兰甚至征用高地文化符号来拉拢苏格兰），而麦克弗森的时代则处在1745年的起义刚刚被镇压、英苏民族对立达到顶峰且双方关系降至冰点的历史阶段。《莪相集》在本质上是苏格兰为抵抗卡洛登战役后英格兰对高地的打压、挽救苏格兰传统语言和高地文化而进行的一场文化复兴运动的一部分。

《莪相集》这朵高地荒原上盛开的浪漫之花成功地宣告了英格兰对苏格兰文化绞杀政策的破产，而旨在强化苏格兰民族认同的崇高风景甚至还成为苏格兰对英格兰的一次文化反击战，参与到了英格兰内部的浪漫派对城市工业资本主义的讨伐中。18世纪中叶，英格兰工商业的高速发展催生了强调肉体愉悦和物质享乐的功利主义哲学，其代表人物边沁认为，快乐和痛苦主宰人的命运，而人是追求享乐的理性动物，趋利避害、趋乐避苦是人的天性，追求功利就是要追求“实惠、好处、快乐、利益或幸福，或者倾向于防止利益相关者遭受损坏、痛苦、祸患或不幸”①。显然，功利主义者更偏爱能带来感官享乐的秀美，排斥蕴含着危险、牺牲、困苦的崇高。他们认为肉体的毁灭不是精神升华的前奏，而是最糟糕的结果。没有收成的土地不具有任何美学价值，注重效用的他们更喜欢欣赏果实累累、谷物满仓的丰收之景，因为它们能给个体带来物质利益。

相比于功利主义者对物质与理性的看重，浪漫派更偏重人的精神自由。崇高与痛苦相伴，这种痛感会激发人的自我保护本能，而感官享乐在维持生命体的活力上只起到锦上添花的作用。面对危险，人会意识到肉体的局限，同时又会超越肉体并进而感受到自己的精神存在，获得精神自由。吉尔平这样描述崇高之景带来的一系列心理活动：

> 壮丽的景色，尽管不符合构图方式，它赫然出现在眼前，冲击着我们，使我们挣脱了思想之力——当目瞪口呆之时，心理活动也停止了。在理性暂停的间歇、精神错乱之际，情感上产生的狂热愉

① ［英］边沁：《道德与立法原理导论》，时殷弘译，商务印书馆2000年版，第58页。

悦先于艺术法则的检验扩散开来。在诉诸理性判断之前，人对风景的整体感知就已产生了印象。我们在感知，而非勘察。①

换言之，崇高的景物诉诸非理性给人带来的愉悦远远超过通过理性、科学的分析产生的乐趣，它凭借某种不可抗拒的力量将人完全征服，使其来不及进行理性思考，带来的震撼效果和强烈的情感体验帮助浪漫派彻底消解了功利主义者对崇高的贬低。浪漫派在野蛮、落后、贫瘠中发现了其蕴藏的精神力量，又反过来将功利主义者的追求视为“庸俗”。岩石缝中的青草、荒原上的野花、长着倒刺的荆棘这些没有“产出”的植物正因其“非生产性”才显得“崇高”。就这样，高地荒凉、贫瘠的风景俘获了众多反对英格兰工商业资本主义的文人墨客。在他们眼中，那位站在山巅之上、白发飘飘、高声吟唱的莪相就像卢梭笔下“高贵的野蛮人”，越原始、越古老的环境孕育出的精神也就越高尚与纯洁，越具有活力和创造力。相比之下，富裕奢华的伦敦钝化了人对自然的感知能力，成为藏污纳秽之所，而带有狂野气质的高地风景恰好可以涤荡工商业社会的种种罪恶，净化人的心灵。

于是，那些反感工商业的人，那些厌倦熙熙攘攘的都市生活的人，那些相信财富会使人堕落的人，那些鄙视城市中产阶级的人，那些怀念旧日时光、带有恋古情结的人，都会被麦克弗森所塑造的崇高的苏格兰风景所吸引。瓦德将军为镇压詹姆斯党人起义而主持修建的运兵道路在战后为观光客打开了通向高地的大门。他们纷纷前往高地去体验崇高，寻求浪漫，希望以此重获充盈的生命力来净化身心，获得精神自由。

就这样，在军事上遭到失败的苏格兰高地人终于在文化上扳回了一局，《莪相集》中的崇高风景反过来影响了英格兰人对高地的感知。作为《莪相集》的忠实读者，“蓝袜子运动”的领军人物蒙太古夫人（Mrs. Elizabeth Montagu）曾将麦克弗森介绍给伦敦文艺界，并资助他前往高地收集芬格尔的诗作。1766 年，蒙太古夫人来到洛蒙德湖西边的格伦克罗

① William Gilpin, *Three Essays: On Picturesque Beauty; On Picturesque Travel; And on Sketching Landscape*, London: R. Blamire, 1794, pp. 49 – 50. 后文出自同一著作的引文，将随文标出该著名称简称“*Three*”和引文出处页码，不再另注。

(Glen Croe)。由于误将格伦克罗当作莪相的出生地格伦科（Glencoe），她对该地的描写总是在寻找莪相的影子：

> 我们离开了洛蒙德湖，前往群山深处的一处峡谷。一路都在爬坡，一山比一山高。有时岩石悬在我们头顶，摇摇欲坠，还有些地方，激流裹挟泥土而去，暴露出一些山脉的骨架，看起来就像一位巨人，其蕴含的纯然力量和未经柔化的形状比经过加工完善后的模样更加恐怖。巨人的脸颊由于瀑布的冲刷形成褶皱，上面长满年代久远的灰色苔藓。随处可见的是令人恐怖的崇高：承受千百次暴风雨打击而支离破碎的枞树，还有滚到中途戛然而止的巨石，它正期待下一场地震以走完余下的线路。沿着这条雄奇的道路走上几英里，我感到从未有过的震惊。我们在一个叫格伦克罗的地方停了下来，科纳河流经此处，莪相曾在岸上唱起最庄严的歌。①

麦克弗森擅长的莫过于以山川河流喻指远古英雄。他将自然拟人化的方法使蒙太古夫人也将山石想象成巨人的样子。摇摇欲坠的巨石、被风暴击碎的树木、中途止步的滚石，这些意象让人感受到一股无法抵抗的破坏性力量，也即蒙太古夫人指称的“令人恐怖的崇高”。可以说，从《莪相集》开始，“崇高”就成为描写苏格兰风景的核心词语。在麦克弗森之后的文人对高地风景的描写中，荒原、荒芜、阴郁、恐怖、可怕、忧郁、令人恐怖的壮观成为高频词语，给南部的英格兰人带来一种全新的视觉冲击和情感体验。

这种全新的体验使高地旅游逐渐兴盛起来，大量文人墨客，包括波科克、彭南特、约翰逊、包斯威尔、莫瑞、麦卡洛克以及华兹华斯兄妹，纷纷前往高地，围绕莪相和芬格尔传说所描绘的风景进行实地考察。他们出版了大量的游记、绘画、日记来讲述自己的高地之行，著名的要数他们在斯塔法岛上的芬加尔洞穴、洛蒙德湖、尼斯湖、克莱德瀑布、福耶斯瀑布、布拉恩瀑布以及本尼维斯山所体会到的高地独有的可

---

① Qtd. in W. Powell Jones, “The Romantic Bluestocking, Elizabeth Montagu”, in *Huntington Library Quarterly*, 12.1 (Nov., 1948), p. 90.

怕的优雅。[①] 粗糙的岩石、回音袅袅的洞穴、深不可测的湖水、时断时续的瀑布、高耸入云的山峰，种种景观都激发了他们的浪漫想象。在这些作品当中，著名的当数华兹华斯兄妹对高地风景的描写。

第三节　浪漫派的反击

1803 年，华兹华斯兄妹与柯勒律治开始了高地之旅，但不久柯勒律治因健康原因中途退出。在洛蒙德湖畔，兄妹二人碰上了一位年方十四的高地少女。她宛如仙子一般，生活在“石南繁茂的清幽谷地”，那里“灰色的山石，绿色的草地，/被雾气笼罩一半的树林，/寂静的湖水边/淙淙作响的瀑布；/小小的河湾，幽静的道路掩护着你［少女］的家园”[②]。华兹华斯认为这是只有在梦中方能得见的仙境。在这钟灵毓秀之地，高地少女远离尘世的烦恼，即使沐浴在寻常的阳光中，也带有天堂般的明艳。[③] 在《往西走》中描写的另一个美好的黄昏时刻，兄妹二人又在洛蒙德湖东面的凯特琳湖畔偶遇了两位衣着整齐、彬彬有礼的妇女。

---

① See Richard Pococke, *Tours in Scotland* 1747, 1750, 1760, Daniel William Kemp ed., Edinburgh: Printed at the University Press by T. and A. Constable, for the Scottish History Society, 1887; Thomas Pennant, *A Tour in Scotland* 1769, Chester: John Monk, 1771; Thomas Pennant, *A Tour in Scotland and Voyage to the Hebrides*, 1772, London: Benjamin White, 1776; Sarah Murray, *A Companion and Useful Guide to the Beauties in the Western Highlands of Scotland, and in the Hebrides*, London: W. Bulmer & Co., 1805; John Murray, *Handbook for Travellers in Scotland*, London: John Murray, 1867; John MacCulloch, *A Description of the Western Islands of Scotland*, 3 vols., London: Printed for Archibald Constable & Co. Edinburgh; and Hurst, Robinson, and Co. Cheapside, London, 1819; John MacCulloch, *The Highlands and Western Isles of Scotland*, 4 vols., London: Longman, Hurst, Rees, Orme, Brown & Green, 1824; John MacCulloch, *A Geological Map of Scotland by Dr. MacCulloch*, London: by the order of the Lords of the Treasury by S. Arrowsmith Hydrographer to the King, 1836; Samuel Johnson, *A Journey to the Western Islands of Scotland in* 1773, London: W. Strahan & T. Cadell, 1775; James Boswell, *The Journal of a Tour to the Hebrides with Samuel Johnson*, London: L. L. D. Charles Dilly, 1785; Dorothy Wordsworth, *Recollections of a Tour Made in Scotland A. D.* 1803, J. C. Shairp ed., Edinburgh: Edmonston and Douglas, 1874. 后文出自同一著作的引文，将随文标出该著名称简称“*Recollections*”和引文出处页码，不再另注。

② William Wordsworth, “To a Highland Girl”, in Andrew Jackson George ed., *The Complete Poetical Works of William Wordsworth*, New York: Houghton Mifflin Company, 1904, p. 297.

③ See William Wordsworth, “To a Highland Girl”, in Andrew Jackson George ed., *The Complete Poetical Works of William Wordsworth*, p. 297.

该地属于偏僻之地中最凄冷的地方，周围又黑又冷，降过露水的土地上，一切都晦暗不清，两位高地妇女的那句问候“你们是否要向西去”如同天籁，给了诗人精神力量，“让我去穿越那光明的福地”。由于高地位于苏格兰西北，所谓的高地之行就是一路西行。如果诗人将往西走看作一种天命（heavenly destiny），那么西去之行便如同班扬的《天路历程》中的朝圣之旅一样，西北高地也就成了诗人心中的“福地”。华兹华斯在这片“远离故土的陌生的土地”上感受到了超凡脱俗的神圣力量。[①] 不过，诗人笔下的空灵的湖光山色并没有令人敬畏的崇高之感，反倒给高地景色增添了一丝秀美的成分，如果不点明地方，读者很可能会误认为《致高地少女》和《往西走》这两篇诗作描写的是诗人故乡威斯特摩兰郡（Westmorland）的湖区风光。

华兹华斯对高地的喜爱源于他对苏格兰浪漫主义文学的喜爱。在给友人的信中，他承认自己受益于高地凯尔特文学：“北方文学对我的影响比我所能承认的要大得多。”[②] 他从中学会了用平淡质朴的语言进行创作，从民间歌谣汲取灵感以及用“自然”的语言描述风景。事实上，华兹华斯不仅广泛阅读苏格兰民谣，还深受《莪相集》的影响。在《序曲》的开头，他沉浸在描写高地英雄威廉·华莱士（William Wallace）的英雄史诗里。诗人在苏格兰拜谒了彭斯的墓地，在罗布·罗依（Rob Roy）墓前作诗，并与司各特碰面，甚至他笔下的湖区景色都与高地风景极为相似。但和约翰逊一样，出于民族自尊心，华兹华斯对高地浪漫主义文学多采取避而不谈的态度，并竭力否认麦克弗森对自己的影响。[③]

与华兹华斯的隐晦不同，维多利亚女王对苏格兰的喜爱要直白得多。苏格兰悲凉、冷清、孤寂的环境非常适合女王丧偶后忧郁的心境，她决定远离伦敦的繁华喧嚣，定居在迪河谷的巴尔莫拉城堡（Balmoral Castle）。相较于她的叔叔乔治四世短暂的苏格兰之行，女王在苏格兰的定居

---

① See William Wordsworth, "Stepping Westward", in Andrew Jackson George ed., *The Complete Poetical Works of William Wordsworth*, p. 298.

② William Wordsworth, "William Wordsworth to Allan Cunningham, November 23, 1825", in William Knight ed., *Letters of the Wordsworth Family from 1787 – 1855*, Vol. 2, New York: Haskell House Publisher Ltd., 1969, p. 210.

③ 详见徐晓东《华兹华斯的言不由衷》，《外国文学评论》2013 年第 1 期，第 69—82 页。

无疑进一步加强了汉诺威王室在高地的存在感。她经常四处观光，还曾兴致勃勃地前往洛蒙德湖附近：“一路上都很少碰到人，沿途我们只看到几座漂亮的乡绅住宅，还有一些贫寒的茅屋，里面住着衣着朴素的妇女、长发赤脚的少女和孩童、安详谦卑的老人和农夫，这里的一切都是孤寂的、浪漫的，带有野性的活泼，没有旅社，也看不到乞丐，他们是讲着盖尔语、追求独立的人民，让我心爱的苏格兰成为世界上最自豪、最美丽的乡村。”① 这些讲着盖尔语的高地人并没有让女王产生文化上的疏离，相反，女王从他们身上看到了自由独立的精神。她多次提到这里是罗布·罗伊所属氏族的居住地，甚至提到司各特在小说中对该地的描写：“我们穿过阿伯福伊尔宗族的村落，他们因司各特的小说《红酋罗布》而闻名，壮丽的风景从此处展开，巍峨、崎岖、绿色的山峦，巨大的树木和漂亮的粉色石楠花，其间点缀着欧洲蕨、岩石和矮树丛，混合得恰到好处，还有本洛蒙德山，巨大的山体赫然出现在我们面前。”② 高地的风景带来的不再是恐惧，而是愉悦，甚至让女王联想到了瑞士的风光——皮拉图斯山、楚格湖。她还自豪地写道：“这里有漂亮的石楠，在别处是看不到的，我对此处的喜爱远胜过瑞士，虽然那个国家的景色同样宏伟壮观。”③

除了私人原因，女王对苏格兰的喜爱显然带有政治含义。洛蒙德湖地区是罗布·罗依和他所属氏族的居住地，历史上民风彪悍，是高地氏族首领反抗英格兰统治的大本营。这块以反抗汉诺威王朝而闻名的土地能得到女王本人的喜爱，说明高地氏族的反抗已成为历史的记忆，汉诺威王朝已在此建立起了牢固的统治。与华兹华斯不同，女王不再把洛蒙德湖附近区域视为“远离故土的陌生的土地”，而是把它看作大不列颠国家的一部分，并拿它与别国（瑞士）的风景一较高下。

---

① Queen Victoria, *More Leaves from the Journal of a Life in the Highlands*, New York: John W. Lovell Company, 1884, p. 61.

② Queen Victoria, More *Leaves from the Journal of a Life in the Highlands*, New York: John W. Lovell Company, pp. 60 – 61.

③ Queen Victoria, More *Leaves from the Journal of a Life in the Highlands*, New York: John W. Lovell Company, p. 62.

第四节 如画的洛蒙德湖

华兹华斯和维多利亚女王都对高地的崇高风景钟爱有加，苏格兰的地广人稀也为想象力的自由驰骋提供了广阔的空间。但与前人不同的是，他们用秀美来冲淡和中和崇高风景给人带来的恐怖感，使其具有“如画”的特征。这种审美方式的转变与18 世纪末英格兰绘画界和园林界率先刮起的“如画”风密不可分，正是这股美学风潮改变了人们欣赏自然的视角。

“如画美”，顾名思义，描述的是像画一样美的风景，用吉尔平的话来说，它是“一种能够入画的秀美”[①]。吉尔平和乌韦代尔·普莱斯堪称如画理论界的双子星：吉尔平虽是牧师，但从小热爱绘画；普莱斯是赫里福德郡（Herefordshire）的土地贵族，在园林设计上颇有造诣。两人分别从画家和园林设计师的角度讨论风景的再现问题，即什么样的风景才能“入画”。虽然切入点不同，但殊途同归，他们的见解常常惊人的一致，都认为如画风景重要的一条就是对“人工性”的排斥，要尽量保持风景的原初状态。两人的共识要归功于英国绘画界与园林界之间的密切交流。吉尔平关于如画美学的灵感最早来自英格兰的风景园林，他曾拜访过普莱斯并参观了后者的福克斯雷庄园（Foxley）。从园林中吉尔平总结出一套欣赏、评价一般山川风景的原则和方法：

> 不管纯自然多么原始，一位如画旅行者很少会对它感到失望，但在艺术品面前，他却经常感到自己受到了冒犯，这是无可否认的……在研究自然的过程中，我们的品位越是得到提升，就越觉得艺术品索然无味，人工技巧很少能取悦于人。一旦坚信只有原创才伟大后，模仿之作如果不想招人讨厌的话，就必须做到纯粹。(*Three*: 56 –57)

不论是吉尔平还是普莱斯，都厌恶看到风景中平滑的曲线，因为自

---

① William Gilpin, *An Essay on Prints*, London: A. Strahan, Printers-street, 1802, p. xii.

然界不存在完全光滑、平整的物体，这也是两人反对当时最负盛名的造园师“能人”布朗的原因。虽然布朗在打破法国几何园林方面向前迈进了一步，采用蜿蜒平缓的 S 曲线来反对凡尔赛宫式的强调中轴线、讲究对称的园林设计，但普莱斯认为布朗对法式园林的反抗并不彻底。在普莱斯看来，布朗对自然的“改良”（improvement）依旧是一种人对自然的扭曲，他设计的园林不过是一个放大了的人造花坛，放眼望去，湖泊、河流、堤岸、草坪都采用圆滑的曲线轮廓，平淡无味，缺乏自然的灵动。①

如果圆滑的曲线、对称的图形以及几何形状是人工性的体现的话，那么，不难想象，如画风景会用粗糙的表面、非对称性的构图来打破人造景观带来的整齐划一，以再现自然的原始风貌。如画风景偏爱参差嶙峋的山路，而非光滑平整的堤岸；偏爱毛发蓬乱的山羊，而非修剪整洁的绵羊；偏爱骨瘦如柴的老马，而非油光水滑的骏马。在《如画三论》中，吉尔平还提供了很多增添风景如画特质的方法，如大量使用不规则的图形，采用非对称的方法产生失衡感，凸显植物、岩石粗糙的质地以及强调光与影的明暗对比。他以现实中一座帕拉第奥式建筑为例指出，比例的和谐、装饰的严整、整体的对称虽能给人带来愉悦，但一旦如画就显得过于中规中矩，毫无生气：“如果想让它具有如画般的美丽，我们就得拆掉一半，再毁掉另一半，将断壁残垣丢弃在四周。简言之，我们要把一栋光洁的建筑变成一座粗糙的废墟。”（*Three*：7）吉尔平反对用人力将建筑物变得整洁、平滑，却不反对用人工的方法将建筑变得粗糙、破败。如画建筑要隐藏人为的痕迹，使自己看起来更为“自然”，哪怕这种“自然”的背后也是一种高度的人工性。于是，人造古迹（folly）在如画园林中被大量使用，英格兰兴起了一股“废墟”热。越是古老破败的物体，越具有如画之美，这成了如画鉴赏者的一项共识。普莱斯指出，“粗糙”与“突变”和“非对称性”一起，能有效地引发“如画”的效果。他以废墟为例：

① See Uvedale Price, *An Essay on the Picturesque*, London：J. Robson, New Bond-Street, 1794, pp. 188 - 189. 后文出自同一著作的引文，将随文标出该著名称简称“*Picturesque*”和引文出处页码，不再另注。

> 一座保存完好的希腊式神庙或宫殿，有着光滑的表面和色泽，不论是在绘画中还是在现实里，都可称为秀美，要是成为废墟，则可称为如画。时间（这些变化的伟大推动者）会让秀美之物逐渐变成如画：一是通过天气使其污损、发霉，长出斑斑青苔，剥蚀掉光滑的表面和均匀的色彩，让它呈现出一定程度的粗糙感和斑驳的色差。二是各种天气变化会使砖石松动，它们不规则地堆叠在一起，压在下面的是曾经光滑的草坪和甬道，而那些曾被精心修剪过的林荫路和灌木丛，现在却混入了野生的植物和藤蔓，这些植物疯长起来，干渴的景天属植物、山墙花和其他植物在碎砖烂瓦中汲取养料，鸟儿把食物藏在裂缝中，榆树、接骨木和其他浆果灌木丛依墙生长，常青藤覆盖其他部分，蔓延至顶部。门窗的边线变得极不规整，加上边框上覆有常青藤的枝蔓，显得更为破旧，也更为如画。（*Picturesque*：46－49）①

普莱斯的描述让人联想起 J. M. 透纳的画作——《丁登寺》（*Tintern Abbey*, 1792—1794）。画家在破败寺庙的拱顶上增添了卷曲的藤蔓，以打破建筑物硬直的线条。废墟古迹、野生藤蔓是自然的杰作，也最为“如画”。带有岁月痕迹的断石残垣体现了人工向自然的复归，恣意生长的藤蔓则凸显了自然环境的原始，它们体现出如画美学的慕古倾向和对自然的追求。

吉尔平也持同样立场，指出“那些古代建筑遗留下的优雅的废墟，被毁坏的塔楼、哥特式的拱门、城堡和修道院的遗迹，它们是艺术最丰富的遗产，经由时间变得神圣，值得我们对这些自然造物加以崇拜”（*Three*：46）。此外，为表明粗糙的物体更加“如画”，吉尔平还依照相

---

① 普莱斯的好友兼邻居、贵族奈特（Richard Payne Knight）曾讽刺普莱斯对非对称性的偏爱。普莱斯以牧师的女儿为例，承认斜眼是她“如画”和“不规则”的魅力所在。奈特说，照此逻辑，斜眼、瘸腿、牙齿不齐、五官不正都成为人体的优点而非缺陷。不过，奈特只是从字面上来理解普莱斯对“如画”的定义，他没有探明的是，普莱斯的如画思想本质上是对“自然”的推崇，非对称性、粗糙只不过是自然的外在表征而已，因为“自然”长成的美女大多拥有对称的五官（see Christopher Hussey, *The Picturesque*: *Studies in a Point of View*, London: Frank Cass & Co. Ltd., 1967, p. 74）。

同的构图方式，用平滑的曲线和粗糙的短折线分别创作了两幅风景画来比较二者的差异。它们的构图完全一样：近景是两山相交，透过两山的相接部分，可以看到一块作为中景的平缓谷地，远处的山峦依稀可见。吉尔平认为，布朗式的仅由平滑曲线创造的风景太过呆板，而由短折线构成的风景更为自然（*Three*：18 - 19）。

吉尔平还提出了“道德美”（moral beauty）和“理想美”（ideal beauty）这两种展现风景的方式。“道德美”蕴含物质上的富足，而“理想美”与不计功利的“如画美”意义相同。随着农业开垦和城市化等人类改造自然的过程，“如画”唤起的是工业时代对“乡野”的怀念，对“未经改造的自然”的渴望。[①] 吉尔平说：

> 当我们发现一座富足的村落，里面有建得很好的房屋，整齐的农场，所有的东西都宽敞实用，喜悦之情会到了无以复加的地步。但这种规则性和准确性却不能激发出想象所带来的愉悦，除非它们能使用一些相反、对立的因素。[②]

这些对立的因素就包括废墟、破屋、流浪者、吉卜赛人、乞丐等与“贫瘠”相关之物。当赤脚的少女从眼前走过，她只会为周围的风景增添诗情画意，而不再与当地的贫困产生关联。观赏者不会从道德、经济、社会或政治的角度介入眼前的风景，他们寻求的仅仅是一种美学体验。从这点上来说，如画是一种“颓废”的审美品位，它美化了乡村的贫瘠。吉尔平强烈反对让“忙于各种营生的农民”成为风景画中的人物。相较于滚滚的金色麦浪、瓜果满枝的果园这些能够与“生产”相关联的图景，如画美学偏爱断壁残垣、古堡废墟、茅屋乞丐这些“贫瘠”的景致。在它看来，高低不平、蜿蜒盘旋、斑驳陆离的景物最具“自然”美感，能让观众一下子就进入令人愉悦的忧郁之中。

---

① See Raymond Williams, *The Country and the City*, Oxford: Oxford University Press, 1973, p. 128.

② William Gilpin, *A Dialogue upon the Gardens of the Right Honorable the Lord Viscount Cobham at Stowe in Buckinghamshire*, London: B. Seeley, Bookseller in Buckingham, 1748, p. 5.

在推崇“自然”的同时，如画美学流露出对“平均主义”的反感，规整的线条体现的是人对自然的改造，而法式园林中的“拉平”法则（levelling）则与法国大革命所提倡的“平均主义”密切相关。如画美学反对启蒙时代所张扬的理性主义，推崇包含“民主”“自由”的自然秩序。与人为秩序强调的整齐划一不同，自然秩序允许个体多样性的存在，它不会强迫个体去遵循相同的法则，而是在个体自由发展的基础上形成一个有机、和谐的整体。于是，带有深刻政治内涵的如画理论为英国的宪政传统提供了美学支持。普莱斯将如画园林与治国术联系在一起，园林中的平整与政治上的平均都意味着去除掉一切差异性：

> 好的风景在于每个部分都是自由的，不受到限制，虽然有的非常突出，处在光亮之中，有的则隐匿在阴影下；有的粗糙，有的光滑富有光泽，但对于整体的美丽、力量、效果与和谐来说，都必不可少。这用来描述一个好的政府再合适不过，且对任何风景也都适用，不管是最朴素简单的还是最辉煌复杂的，这一法则摒除了沉闷和混乱，包含了一切。所有自由的政府都遵循自然秩序，排除了无政府和独裁的状态。值得一提的是，独裁者往往是最极端的平均主义者，他会清理、铲平高大庄园外的一切，在我看来就像在使用土耳其改良主义原则。（*Picturesque*：28）

英式园林体现的是英国自光荣革命以来所传承的宪政传统。君主立宪制让土地贵族在地方上享有较大的权力，每个郡县都有自治的传统。对此曾为首相之子的霍拉斯·沃波尔自豪地写道：

> 只要英国能维护她的宪法，天堂就属于英格兰——这能够顺理成章地解释为什么园林品位在本世纪初［18 世纪］之前没有被发现：因为它是自由的人民组成的帝国和贸易组成的帝国幸福地结合在一起的产物，它靠的不是军事和征服的意志，而是通过英勇地捍卫自由财产权而得以维持。历经美德的抗争，它享受了长久的和平，并用它的富饶和理智来使理性的愉悦变得更为文雅……英国的园林品

位，与英国的宪法同生同灭。[①]

沃波尔在他的《论现代园林》（*On Modern Gardening*）中更是用进化论的眼光来梳理整个欧洲园林的发展史。他将英国园林作为欧洲园林的未来发展方向，认为只有享有独立财产权和良好宪政制度的英国才能诞生现代园林品位，而糟糕的园林品位则来自糟糕的政治制度。[②] 同理，法国王权至上的统治术蕴藏在凡尔赛宫的园林设计中，部分对整体的绝对服从宣示了法王不受任何挑战的绝对权威，也传递出人要为自然立法的征服意志。这种理念在伯克眼中成为法国大革命致命的缺陷：试图利用抽象的原则，而非"自然"的习性来管理人民，最终只能陷入巨大的混乱。人性是复杂的，没有放之四海皆准的先验法则，相沿成习的惯例和政治制度已受到历史的检验，具有存在的合理性。[③] 对英式园林热爱者而言，英式园林对局部的尊重、对"自然"的强调以及不过多进行人为干涉的"无为而治"的造园理念正好迎合了英国的自由思想和权力相互制衡的传统。

这种园林设计理念的兴起与中国园林思想的传入密切相关。[④] 18 世纪欧洲盛行"中国风"。"师法自然"的中国园林追求"虽由人作、宛自天开"的艺术效果，它经欧洲来华传教士、商旅人士传到英国，深刻影响了英国的造园思想。法国人将英国新出现的这种园林风格称为"英中园林"（Le Jardin Anglo-Chinois），该词不仅表明中英园林间高度的相似性，还暗示了它们的传承关系。这一事实严重伤害了英国人的民族自尊心，遭到了以沃波尔为首的爱国者们的极力否认。[⑤] 不过，普莱斯却在《论如

---

① Paget Toynbee ed., *Satirical Poems Published Anonymously by William Mason, with Notes by Horace Walpole*, Oxford: Clarendon Press, 1926, pp. 43 – 45.

② See Stephen Bending, "Horace Walpole and Eighteenth-Century Garden History", in *Journal of the Warburg and Courtauld Institutes*, Vol. 57, 1994, p. 221.

③ See Edmund Burke, *Reflections on the Revolution in France*, London: J. Dodsley, 1790, pp. 87 – 91.

④ See Elizabeth Hope Chang, *Britain's Chinese Eye: Literature, Empire, and Aesthetics in Nineteenth-Century Britain*, Stanford: Stanford University Press, 2010; Yu Liu, *Seeds of a Different Eden: Chinese Gardening Ideas and a New English Aesthetic Ideal*, Columbia: The University of South Carolina Press, 2008.

⑤ See Yu Liu, *Seeds of a Different Eden: Chinese Gardening Ideas and a New English Aesthetic Ideal*, p. 2.

画》的开篇第一句就承认中国园林的崇高地位，认为“世界上除了中国，没有哪个国家在造园术上能与英国匹敌”（*Picturesque*：1）。英国从中国园林那里汲取了抗击法式园林的利器，即对自然的强调，一反法式园林中将树木修剪成规整的几何形状的做法，如画园林中每一株恣意伸展的树木都宣称了英式自由的存在。[①] 沃波尔曾自豪地说：“我们已经提供给世界真正的园林模式，让其他国家模仿或败坏我们的品位吧。我们要让这种品位登上翠绿色的王座统治，它以优雅的简单性独具一格，并以能柔化自然的粗野、模仿它的典雅为傲，使其他艺术难以望其项背。”[②] 沃波尔故意抹去中国园林的影响力，认为英国园林是本国的“独创”，将英国园林的特点概括为“优雅的简单性”，认为自然的粗野需得到柔化，其实就是将秀美作为英国园林的特征。沃波尔心中理想的庄园是体现辉格党精神且秀丽的斯托园，而不是那种让人恐怖的属于崇高类型的园林，虽然他被视为哥特式小说的鼻祖。

吉尔平与普莱斯继承了沃波尔将园林与政治联系起来的做法，并用如画理论进一步阐发了英国宪政制度的优越性，即对多样性的包容。不过，他们没有将视角局限于秀美，而是从如画与秀美及崇高的关系上来考虑这个问题：秀美凸显的是柔软光滑，崇高侧重的是粗粝宏大，二者的结合就产生了如画的效果。不过，作为一个美学范畴，如画概念也经历了一个发展的过程。起初，吉尔平只是把它纳入秀美的范畴。在给首任英国皇家美术学会会长雷诺兹（Joshua Reynolds）的回信中，他同意雷诺兹的观点，认为如画并不适合表现宏大的物体，因为绘画中宏大的物体一般使用单一、整齐的色块和线条来表现，强调“多样性”“变化”的如画只适合表现美学等级上低于崇高的物体。不过，作为一种特殊的秀

① 坦普尔最早将中国园林的特点总结为“sharawadgi”（不规则之美），法国耶稣会士王致诚将圆明园的特点概括为“美丽的无序”，而作为乔治三世帝师的钱伯斯也在《东方造园论》对中国园林类型进行了区分，这些观点都促成了英国风景园林的形成（see William Temple, *The Works of Sir William Temple, Bart*: *Complete in Four Volumes*, Vol. 3, London: S. Hamilton, Weybridge, 1814, pp. 237 – 238; Jean-Denis Attire, *A Particular Account of the Emperor of China's Garden Near Pekin*, trans. Sir Harry Beaumont, London: Dodsley, 1752; William Chambers, *A Dissertation on Oriental Gardening*, Dublin: Printed for W. Wilson, 1773）。

② Horace Walpole, *Gardenist*: *An Edition of Walpole's the History of the Modern Taste in Gardening*, Isabel W. U. Chase ed., Princeton: Princeton University Press, 1943, p. 35.

美，吉尔平还是赋予了如画一项只有崇高物体才具有的美学特质，即粗糙感，为此，他发明了“如画美”（picturesque beauty）一词，在他看来，如画是一种特殊的带有崇高特征的“秀美”（*Three*：34－37）。但是，普莱斯却认为世上还有一种既不同于崇高也不同于秀美的如画景致。“多样性、变化”是如画的独有特征。为了凸显它们，普莱斯干脆把如画单列出来，与秀美、崇高构成三足鼎立（*Picturesque*：39）。结合普莱斯与吉尔平的观点，可以认为，如果秀美是光滑的、柔和的、渐变的，那么如画则是粗糙的、突兀的，具有不规则性，它强调突然的背离、显而易见的对立和变化；如果如画可以与秀美相结合，那么它也可能与崇高组合，而“秀美”与“崇高”所形成的“对撞”恰恰是“如画”追寻的艺术效果。就此而言，如画不追求画面的统一感，也没有统一的法则，它可以被视为英式自由的另一种表现方式，强调局部要给欣赏者带来不同的审美体验和心理变化。

对撞的魅力来自“调和相互对立的形状、色彩、光影和线条”（*Three*：108）。普莱斯曾通过比较鲁本斯与克劳德·洛兰的绘画来阐明如画风景的特点，认为鲁本斯的绘画以崇高和如画著称，其画作中充斥着穿透乌云的光线、出现在暴风雨天空中的彩虹、闪电与雷鸣的效果、突然闪现的微光、白练似的光芒、白云与黑暗的大胆组合等内容，它们完全破坏了克劳德画作的秀美、雅致的格调。克劳德的画作表现的是柔美的意境，鲁本斯则大胆地使用扭曲、怪异的形状，其作品生动活泼，富于变化（*Picturesque*：117－118）。吉尔平在他的高地游记中同样采用了“对撞”手法来打破高地风景由于“崇高”而产生的单调，如让树木出现在绵延数公里的山脉的前景中，或让成簇的植被顺着山坡向上攀爬，在土丘之上建一座城堡，让平静的湖面上泛起木舟，所添之物皆能为崇高的风景增添几分灵动（*Observations*：122）。换言之，崇高之中掺杂秀美，这使得苏格兰的风景具有了“如画”的特质。粗糙的表面、时断时续的线条为单调的崇高注入了生气，丰富了苏格兰风景的表现方式，使它由过去单纯的“崇高”走向了“如画式崇高”。

于是，秀美也逐渐成为高地风景的特征。1765 年，格雷这样描述高地：“山峦令人狂喜，除了造物主上帝，没人知道如何将如此多娇的风景与恐惧结合在一起。”[①] 彭南特通过系统比较高地的各处风光，最终得出洛蒙德湖附近的风景最为如画。[②] 这是因为该地是苏格兰高地与低地的交接处，一边是险峻的高山峡谷，与传说中莪相的诞生地相距不远，另一边是洛蒙德湖与凯特琳湖构成的湖区，游客可以看到被开垦的低地良田。附近的拉斯小镇成为游客的聚集地。巍峨的山峦与平坦的湖区低地、湖光与山色的对撞非常符合如画对景观多样性的要求。正如当时的一首诗所描写的那样：“崇高之景吸引观光者的目光，/而更秀美的风格能带来更大的愉悦，/要知道！游客，拉斯，很好展示了这种差别，/当西风在结满硕果的平原上嬉戏。”[③]

正是由于其独特的地理位置，洛蒙德湖附近地区作为苏格兰堪称如画的地方，才成为众多作家与旅行家的书写对象。吉尔平在其高地纪行中对这样一个美丽“如画”之地进行了描写，并淡化了该地风景中的“崇高”意味，为它增添了秀美：

> 从塔比特出发，走了三英里，路面逐渐上升，为我们提供了开阔的视角，可以回看湖水的狭长部分。眼前左侧的山峦径直进入水中，在山的那边，远处是一座座河湾，湖水消失在远山的最深处。
>
> 这些山峦的颜色非常漂亮。天色尚早，初升的太阳尚未驱散飘荡在山中的蓝色雾气，但它微弱的光晕，透过雾气的间隙，倾泻出最柔弱、最微妙的光芒。湖水也强化了这一效果，某些地方它与山脚的颜色融为一体。(*Observations*：17)

在多萝西·华兹华斯笔下，该地比吉尔平描写的还要秀美。华兹华斯兄妹在苏格兰旅行期间，经过洛蒙德湖，“一幅突然出现的画面让我们停下了脚步，它是如此的独特、美丽，就好像是来自另一个世界”，“环绕岛屿的湖水无边无垠。在阳光下，远山可见，它们有的穿过阳光下的

① Thomas Gray, “415. Gray to Mason”, in P. Toynbee and L. Whibley, eds., *Correspondence of Thomas Gray*, Vol. 2, Oxford: Oxford University Press, 1935, p. 899.

② Qtd. in Peter Womack, *Improvement and Romance: Constructing the Myth of the Highlands*, London: Macmillan Press Ltd., 1989, p. 63.

③ “Verses Wrote at an Inn”, in *Weekly Magazine*, Vol. 37, 1777, p. 137.

薄雾，有的还处在阴暗之中，但已带上太阳的光斑。湖水消失在低矮的远山之间，而岛屿消失在湖水里，它们或与变化的光线一起舞动，或处在积雨云的黑色阴影中”（*Reollections*：72）。在随后的文字中，多萝西·华兹华斯继续描绘着一幅高地湖区风景画，力图证明洛蒙德湖的风景如何“充满了魔法和魅力——是一个用伟大永恒的轮廓和构图组成的崭新世界”（*Recollections*：74）：

> 这些岛屿的形状和外观尽可能地多种多样，平缓的、起伏的、大的、小的、光秃的、岩石裸露的、具有田园风味的、树木葱茏的。首先映入眼帘的是一座比较平缓的绿岛，上面没有树木，由于海拔不高，地势平缓，它只有很少的一部分露出水面。在它突出来的一个岬角上有零散堆积的泥炭和一间孤零零的茅舍。这个小岛呈不规则的形状，非常平整，与它相邻的一个岛屿，离我们更近，岛上长有石南和杂树林，地势更为起伏，前面是伸向水面的缓坡，后面是像摇篮一般的空谷。这两座岛屿，加上我们站立的因茨那—瓦那茨岛，与湖水交融在一起，可以说，它们嵌入湖中，与水相交的形态非常迷人。（*Recollections*：73）

司各特也采用了如画的手法，为高地风景开拓出秀美这个维度。司各特对洛蒙德湖附近区域的出色描绘使该地一举成为旅游和文学胜地，他将多部作品的故事发生地设在此处，如《威弗莱》《湖上夫人》《红酉罗布》等，为此地带来了巨大的文学声誉。苏格兰的第一个国家公园——洛蒙德湖和朝塞斯山国家公园就设立在这里。在《湖上夫人》中，司各特以苏格兰国王詹姆斯五世猎鹿时不慎闯入洛蒙德湖旁边的凯特琳湖为开端，将这个以民风彪悍著称的地方描写得风光旖旎：

> 他登上高耸入云的山巅，
> 夕阳的余晖映红山岭，
> 脚下是一面金子般的明镜，
> 浩渺的凯特琳湖洪波汹涌；
> 洪波涌向遥远的天边，

峡角港湾绰约朦胧，
小岛涂上了血红的色彩，
缥缈在耀眼的晚霞之中，
岛上的山峰如巨人挺立，
守护着令人神往的仙境。
巍峨的文绿峰高耸南天，
起伏的山峦连绵峥嵘，
她将创世初遗留的山岩，
凌乱地抛进凯特琳湖中，
森林用她碧绿的衣衫。
覆盖了山腰和皑皑霜峰，
遥望北方的半天云里，
赤裸的贝安山昂首挺胸。①

司各特如同一位画家，用丰富的色彩绘制凯特琳湖的湖光山色。夕阳西下，为烟波浩渺的湖水镀上了一层金色，而湖中小岛、山崖却被夕阳映成红色，巍峨的山峦守卫着湖区，有的穿上绿色的林衫，有的只露出灰褐色的岩石，从险峻的峡角望去，这里仿若人间仙境。在描写与洛蒙德湖相邻、同处苏格兰中部腰带区域的帕斯郡（Perthshire）时，司各特也采取综合了秀美与崇高的如画方式：

一个国家最有趣的地方，最能完美展示自然美景的千姿百态之处，要数高山逐渐舒展在平原丘陵之间的景象。在帕斯郡也可以找到最如画的山峦，虽然不是最高的。激流从山涧中奔腾而出，穿过浪漫的山隘将高地与低地连在一起。这里气候更为适宜，植被、土壤与壮美的山景融为一体；交织在一起的树林、灌木丛给山麓披上绿衣，并沿峡谷而上，与峭壁连为一气。这块宝地上，就像诗人格

① ［英］司各特：《湖上夫人》，曹明伦译，湖南人民出版社 1986 年版，第 14—15 页。

雷或是其他人所说的，是“恐怖之中怀有秀美”之地。[①]

洛蒙德湖附近的景物由于符合如画的特征而获得了“美丽如画”的赞誉，然而决定风景是否“如画”的，除景物的外表质地外，整个画面的构图方式也极为重要。如画美学从欧洲大陆风景画中获益良多，除了吉奥乔尼、提香、拉斐尔、鲁本斯等众多画家外，克劳德·洛兰、萨尔瓦多·罗沙和普桑的画作都成了英国风景确立自己如画标准的参照。英国风景画家们从克劳德·洛兰的风景画中学习“秀美”，从罗沙那里学习“崇高”，从普桑那里学习近、中、远景的衔接和画面布局。吉尔平更是从典型的克劳德风景中获得了一般风景画的构图模式：山峦和湖水构成画面的远景和中景，前景包括凹凸不平的土地、树木、山石、瀑布和峡谷，远景的浅色调向前逐渐加深；前景要展现自然的活力、景致的丰富、形状的多样和色彩的绚丽，远景和近景借助半遮半掩的湖水、蜿蜒的溪流或露出一个侧面的山坡来过渡，使整个画面极具纵深感。[②]

吉尔平说，“自然总是善于设计……却不善于构图”[③]，它是一座宝库，储存着所有如画美的理念，但同时自然不会屈从于构图、光线、景深这些绘画上的要求，“它会给我们带来谷物，却不会屈尊制作面包”[④]。实际上，自然很少能够通过风景绘画的考试，它缺乏构图意识，景物布局也不够恰当，一个糟糕的前景往往就破坏了整个画面的景深。因此，艺术家需要根据绘画的要求对自然进行“加工”。克劳德镜随即成为画家对风景进行加工的常见工具，它由一块染色的凸面镜构成。作画时，画家要背对所要描绘的风景，观察镜中所呈现的图像。由于凸面镜可以缩短景物的间距，改变景深，捕捉到眼睛无法捕捉的总体效果，所以对初

---

① Walter Scott, *The Fair Maid of Perth, or St. Valentine's Day*, Edinburgh: Adam & Charles Black, 1871, pp. 15 - 16.

② See Christopher Hussey, *The Picturesque: Studies in a Point of View*, p. 116; see also Ian Waites, *Common Land in English Painting*, 1700 - 1850, Woodbridge: The Boydell Press, 2012, p. 83.

③ William Gilpin, *Observations on the River Wye*, London: A. Straban, Printers-Street, 1800, p. 31.

④ 详见［美］马尔科姆·安德鲁斯《寻找如画美：英国的风景美学与旅游，1760—1800》，张箭飞、韦照周译，译林出版社2014年版，第113页。

学者把握画面的整体布局有很大的帮助，也因此深受画家们的喜爱。不过，经过凸面镜呈现的景物已发生了变形，距离越远的景物，变形越严重，它们的细节特征统统会被凸面镜过滤掉，而染色玻璃又为镜中的景物抹上了一层底色，与自然光线下的景致存在着较大差异。当然，从另一个角度来看，克劳德镜的“失真”反而帮助风景艺术家获得了任意“挪用”自然景观的自由。

第五节　皆大欢喜

如画美学赋予了观赏者改变眼前风景的权利。如果自然不能提供可以“如画”的景观，那么就需要借助人的巧思来“提升”自然。《牛津英语词典》在定义“如画”一词时，其中一个释义几乎把它等同于“诗性的想象力”（poetical fancy）：“指在语言、叙述等方面……异常形象或生动；有时候也暗含着为了力求效果而罔顾事实的意思。”[①] 旅游者和艺术家能够通过想象力，从风景里剔除掉所有碍眼之物，只保留下那些和谐、美丽的部分，有选择地吸纳比不加辨别地囊括效果更好。于是，如画美学成为再现、欣赏自然原始风景的“法则”和“密码”，画境游较大的乐趣就在于将有缺陷的景观通过如画的想象组合成一幅完美的图画。换言之，吉尔平提出了一套再现风景的话语，确立了风景的等级，并建立起欣赏风景的视觉霸权，只有掌握了这套话语的人，才有资格成为风景的“鉴赏者”。简・奥斯汀《诺桑觉寺》中的一个片段便足以说明此点：小说中，凯瑟琳与蒂尔尼兄妹一同在山毛榉崖散步，她完全听不懂蒂尔尼兄妹点评山崖风景时所用的术语，而当亨利向她传授了一套欣赏风景的视角和方法，如近景、远景、次远景、旁衬景、配景法和浓浅的色调后，凯瑟琳也能开始对风景评头论足，并做出了巴斯城全景完全没有如画价值的判断。[②]

---

① 转引自马尔科姆・安德鲁斯《寻找如画美：英国的风景美学与旅游，1760—1800》，张箭飞、韦照周译，译林出版社 2014 年版，第 112 页。

② See Jane Austen, *Northanger Abbey*, eds. Barbara M. Benedict and Deirdre Le Faye, Cambridge: Cambridge University Press, 2006, p. 113.

如画美学的初衷是反对自然的人工化，力求更真实准确地反映自然。为了实现这一目的，吉尔平想象出了一幅处于自然状态的理想的风景画面。但是，一旦理想的风景成为文人与画家的追求目标，如画理论就违背了自己的初衷，走向了自己的反面：现实中的自然大多不是创作者想象中的理想的样子，而如画理论在赋予创作者美化、提升自然的自由的同时，也限制了他们对风景的想象空间，让他们只能想象出那种符合绘画原则的风景，与此同时，用如画视角创作出来的自然已不再是自然的本真状态，如画也因此变成一种视觉上的“暴政”。

托马斯·罗兰森（Thomas Rowlandson）的《句法博士寻求如画的旅行》（*The Tour of Dr. Syntax in Search of the Picturesque*）便对这种“视觉暴政”进行了辛辣的讽刺。罗兰森在诗中将吉尔平戏称为“句法博士”，讲述了后者在游览北部湖区时所经历的种种哭笑不得的故事。作品的讽刺力量来自句法博士在处理真实与再现问题上本末倒置，他总沉湎于自己所设计的再现系统而忽视了现实中的对应物。[①] 乔纳森·贝特（Jonathan Bate）点出了句法博士的窘境：“表面上，如画旅行者是为了寻找真正的自然，而他实际寻找的却是由艺术早已设计好的美景。”（qtd. in *Technologies*：43）这就是如画理论的悖论：它本意是要让艺术（人工）服从自然的法则，追求自然的真实，但追求的结果却走向了反面，即人反过来要为自然设立“如画”的标准。这就和法国新古典主义推崇的人为自然立法的自然观没有什么差别，只不过是换了一套评价标准而已。

为了使眼前的景物更为“如画”，画家可以任意添加或移除实景中的景物，让参天大树变成枯木残桩，让河流或道路改向，增高或降低山峦的高度，从而产生严重的景色失真问题。一位名叫约翰·拜因（John Byng）的游客曾抱怨自己去年带着一本画有瀑布的风景画册前往北方，但在那里却根本没有看到画册中所描绘的风景，回到伦敦后，才被告知那些风景离他只有一两英里远（*Technologies*：44）。拜因深感遗憾，因为

---

① Qtd. in Ron Broglio, *Technologies of the Picturesque*: *British Art*, *Poetry and Instruments 1750 – 1830*, Lewisburg: Bucknell University Press, 2008, p. 43. 后文出自同一著作的引文，将随文标出该著名称简称“*Technologies*”和引文出处页码，不再另注。

他没能找对地方，没有看到画册上的风景，可更真实的情况却可能是，虽然他已身处风景中，但现实的风景与画册中的风景已相差甚远。拜因没有觉察到风景再现过程中存在“失真”问题，但从另一个角度看，再现失真的同时又是对自然进行的美化。当欣赏者面对一幅风景画作时，他只会赞叹自然界的神奇，惊叹画家对自然的敏锐观察力，坚信画面上所描绘的就是某个地方的风景，而不会对它的再现方式有所怀疑。如果画面描述之地他曾去过，他会把眼前的图画与印象中的风景之间的差异归结于记忆的偏差，不会去质疑画面是否真实，而未曾亲眼见过实景的人看到图画后，会对此地产生无限的遐想和期待，这等于变相提高了画作所描绘的风景的美学地位。

随着如画美学中“失真”问题而来的是欣赏者与风景所在地的“疏离”。如画风景所展现的多是英格兰的边地区域——威尔士、湖区、苏格兰、爱尔兰，观景者也通常不是这些区域的居民——“画中人”，而是画外的旁观者，即那些从伦敦到这些区域旅游、休闲的游客。如画风景塑造的不是“画中人”与所处风景的生死依存关系，而是“画外人”与眼前风景的“美学”关系。特里·伊格尔顿关于爱尔兰自然的评论也适用于此。他认为，“在爱尔兰，自然经常是一种劳动环境，而不是观照对象，后者说到底是一种典型的城里人与自然发生关系的方式”①。同理，如画理论是一种打着英格兰特有标记的关于自然的美学意识形态，它将风景与当地的实际情况分离开来。1840 年代末期至 1850 年代初期英格兰观景者对爱尔兰风景的如画式描绘，就不会让读者想到这块浪漫的土地上正在发生饥荒，100 万爱尔兰人在饥荒中丧生。

华兹华斯在其名诗《丁登寺》里竟无一句用来描写丁登寺本身，修道院只是一个引发诗人情感与想象的触发器，诗歌的后半部分进一步将现实之景虚化成记忆之景，以掩盖该地的真实情况：当时，破旧的丁登寺已成为乞丐和流浪者的居住地，怀河沿岸工厂林立，河面上往来穿梭的是运送货物的商船，诗中提到的“烟”其实是附近打铁炉燃烧当

---

① ［英］特里·伊格尔顿：《历史中的政治、哲学、爱欲》，马海良译，中国社会科学出版社 1999 年版，第 339 页。

地出产的木炭而排放出的工业废气。但显然，这些景象在诗中统统被"自然化"了。[①] 在《孤独的刈麦女》中，诗人听不出刈麦女悲凉的歌曲到底在唱些什么，却将歌声与阿拉伯的夜莺联系在了一起。[②] 于是，孤独的刈麦女变成了一个能够引起诗人浮想联翩的空洞符号。华兹华斯对高地少女本身并不特别感兴趣，他感兴趣的是她所激发起来的想象。诗人将刈麦女与周围的环境隔离开来，只提到山谷空旷无人，却没有考虑这片无人的风景因何而来，为何只剩下了一名"孤独的"刈麦女？

华兹华斯不会指出导致高地空旷无人的是持续了将近一百年的高地清洗运动（Highland Clearances）。就像借助大饥荒来减少爱尔兰人口一样，英格兰对苏格兰高地也开展了种族灭绝计划。卡洛登战役后，除了对苏格兰进行文化绞杀，英格兰还打着"改良"的旗号对高地进行了长达一百年的清洗，大力推行圈地运动。此外，1747 年世袭司法管理权的废除使传统的高地氏族势力日薄西山，大量天主教徒、高地氏族首领的土地被收为国有。同时，由于北部纺织业发达，羊毛产业利润丰厚，这些被圈占的农田变成大型牧场，喂养哲维山绵羊（Cheviot sheep），使得那些靠租种土地为生的小农（crofter）无地可种。他们或被驱赶到沿海地区靠打鱼、捕捞藻类为生，或前往低地成为产业工人，或加入帝国的军队远渡重洋被派往殖民地。高地清洗运动瓦解了高地氏族的社会统治根基，人口的大量流失使得高地变得人烟稀少。仅 1770 年代，每年前往北美的苏格兰移民人数就高达一万人，其中大部分是高地人。[③] 高地人口的锐减引起了英国政府的高度关注。1773 年根据英国财政部秘书约翰·罗宾逊下传的命令，苏格兰海关当局对向海外移民者进行统计，记录他们

---

① See Marjorie Levinson, "Insight and Oversight: Reading 'Tintern Abbey'", in Marjorie Levinson, *Wordsworth's Great Period Poems: Four Essays*, Cambridge: Cambridge University Press, 1986, pp. 29 - 30; Mary Moorman, *William Wordsworth: The Early Years 1770 - 1803*, Oxford: Clarendon Press, 1957, pp. 402 - 403.

② 详见王苹《告诉我她在唱什么：〈孤独的刈麦女〉的后殖民解读》，《外国文学评论》2011 年第 3 期，第 105—117 页。

③ See David Dobson, *Scottish Emigration to Colonial America, 1607 - 1785*, Athens: University of Georgia Press, 1994, pp. 4, 7.

的姓名、年龄、职业、居住地和移民原因等。① 1801 年的人口普查显示，苏格兰总人口数为 160 万人，主要集中在低地地区，高地人口仅 30 万人，且多集中在从马里湾到邓弗里斯海岸之间的中部腰带地区，其他地方则很少有人居住。②

高地风景中的“荒野”其实并不荒凉，它们是饲养绵羊的大型牧场，“无人”的风景掩盖了“羊吃人”的残酷和租地小农背井离乡的辛酸。可以说，如画风景所暗含的“旁观者”视角将风景与当地的历史和现实隔离开来，旁观者与风景的关系变成一种纯粹的美学关系，而不像当地人那样与风景之间存在着物质上的依存关系。当然，这个“旁观者”不是别人，而是位于帝国中心的英格兰人。18 世纪末至 19 世纪初，英格兰突然对边地产生了浓厚兴趣，一大批诗人、画家、旅行者、考古学家、地质学家、植物学家前往边地进行旅游考察，一些默默无闻的边地景观突然声名显赫起来。例如，吉尔平、华兹华斯、透纳都描绘过的丁登寺，它位于英威地理分界线的怀河岸边；还有处在英苏边界线上的北部湖区，历史上苏格兰军队经常越过边界，在英格兰北部（兰开夏郡、约克郡、坎伯兰郡和诺森伯兰郡）建立自己的统治。

英格兰和威尔士交界处的赫里福德郡，名气虽不及前两者，但它是如画理论家普莱斯的家乡，可以算是如画美学的诞生地。③ 吉尔平的著作更表明了他对边地的兴趣：他于 1782 年出版的对怀河及南威尔士的考察记立刻引发了整个不列颠的边地“画境”旅游热。此后，他又相继出版了多部游记，记载了湖区、苏格兰高地以及英格兰多个郡县的自然

---

① See A. R. Newsome, “Records of Emigrants from England and Scotland to North Carolina, 1774 - 1775”, in *The North Carolina Historical Review*, 11. 1 (January, 1934), p. 39.

② See Micheal Anderson, “The Demographic Factor”, in T. M. Devine and Jenny Wormald, eds., *The Oxford Handbook of Modern Scottish History*, Oxford: Oxford University Press, 2012, pp. 47 - 49.

③ 以往的研究只侧重于普莱斯的如画理论，以及他与同时代的当地贵族奈特、园艺师雷普顿就园林设计展开的论辩，忽视了如画理论与赫里福德郡特殊的地理位置——英格兰与威尔士文化的交界地带——之间的关系。See also Walter John Hipple, *The Beautiful, the Sublime, & the Picturesque in Eighteenth-Century British Aesthetic Theory*, Carbondale: The Southern Illinois University Press, 1957, pp. 238 - 246, 278 - 283.

风光。[①]

这股边地热的兴起与大不列颠的内部整合息息相关。虽然英格兰很早就收服了威尔士，又于1707年与苏格兰实现了合并，并在此之后一直对威尔士与苏格兰采取同化政策，但同化进度缓慢，三地之间依然存在着巨大的文化、语言、宗教以及风俗的差异。七年战争后，英国迅速扩张成一个世界性帝国，其版图延伸至加勒比海、北美洲、印度等地。版图的急剧膨胀让帝国的官员们面临巨大的难题：英格兰该如何掌控这个庞大的帝国？如何平衡帝国异质性和民族纯洁性之间的矛盾？这些问题曾被形象地表述为：

> 当苏格兰人说苏格兰时，他说的就是苏格兰。爱尔兰人说起爱尔兰时，他指的也是爱尔兰，而不是其他地方。而当一位英格兰人说英格兰/英国（England）时，他可能会包含苏格兰、爱尔兰，甚至还包括加拿大！[②]

---

① 吉尔平的著作包括《就如画美对怀河、南威尔士的考察，创作于1770年夏》（*Observations on the River Wye, and Several Parts of South Wales, etc. Relative Chiefly to Picturesque Beauty; Made in the Summer of the Year* 1770，1782）、《1772年就如画美对英格兰部分区域，主要是坎伯兰郡、威斯特摩兰郡的山峦湖泊的考察》（*Observations, Relative Chiefly to Picturesque Beauty, Made in the Year* 1772, *on Several Parts of England; Particularly the Mountains, and Lakes of Cumberland, and Westmoreland*, 1786）、《1776年就如画美对大不列颠一些区域，主要是苏格兰高地的考察》（*Observations, Relative Chiefly to Picturesque Beauty, Made in the Year* 1776, *on Several Parts of Great Britain; Particularly the High-lands of Scotland*, 1789）、《就如画美对森林景色和其他林地景色的评论，并附有汉普郡新森林景色插图》（*Remarks on Forest Scenery, and Other Woodland Views* [*Relative Chiefly to Picturesque Beauty*], *Illustrated by the Scenes of New Forest in Hampshire*, 1791）、《三论：论如画美、论如画旅游和论风景绘画，并附诗一首：〈风景绘画〉》（*Three Essays: On Picturesque Beauty; on Picturesque Travel; and on Sketching Landscape: to Which is Added a Poem, On Landscape Painting*, 1792）、《就如画美对英格兰西部的考察，附有对怀特岛如画美的评论》（*Observations on the Western Parts of England, Relative Chiefly to Picturesque Beauty; to Which Are Added a Few Remarks on the Picturesque Beauties of the Isle of Wight*, 1798）、《1774年夏就如画美对汉普顿、萨塞克斯、肯特海岸线的考察》（*Observations on the Coasts of Hampshire, Sussex, and Kent, Relative Chiefly to Picturesque Beauty, Made in the Summer of the Year* 1774, 1804）、《就如画美对剑桥、诺福克、萨福克、埃塞克斯一些地区的考察，以及对威尔士北部的两次旅行，一次在1769年，一次在1773年》（*Observations on Several Parts of the Counties of Cambridge, Norfolk, Suffolk, and Essex Also on Several Parts of North Wales, Relative to Picturesque Beauty in Two Tours, the Former Made in the Year* 1769, *the Latter in the Year* 1773，1809）。

② Ian Hay, *The Oppressed English*, Garden City: Doubleday, Doran & Company, 1917, p. 6.

帝国版图的扩大使伦敦成为世界各地文化的汇集地。走在伦敦街头的华兹华斯能碰到不同国籍与肤色的各类人——意大利人、犹太人、土耳其人、瑞典人、俄国人、法国人、西班牙人、印第安人、摩尔人、马来人、印度人、鞑靼人、华人，还有黑肤女人。他们聚集在伦敦，使伦敦成为英帝国的象征。伦敦的多元文化使诗人深陷在群“魔”乱舞、混乱无章中，令他感到自己正在丧失民族身份。为了抵御外来文化的入侵，巩固自己的“英格兰性”，华兹华斯毅然回到了家乡。①

英格兰同样需要巩固自己的民族特征才能确保自己对海外殖民地的统治，它把与自己接壤的威尔士、苏格兰纳入帝国核心圈内，用一种大不列颠民族国家的政治文化身份来巩固英、威、苏三方的联合。② 风景是建立民族认同感的较佳方式。如果说变动不居的繁华都市体现的是“帝国”的特征的话，那么乡村则是一个国家民族之根的所在地。英语中，乡村（country）一词本身就含有“国家”的含义。那些地处偏僻的英格兰边地由于没有受到外界的干扰，保持了自己的原初状态，也就因此保留了纯粹的民族文化，适合成为大不列颠民族的祖宗之地。但让英格兰感到尴尬的是，这些边地人的祖先多是凯尔特人，如果对边地开展深入研究，引发凯尔特文化的复兴，那就可能会产生像《莪相集》这样包含反叛与分离主义倾向的文学作品，反倒不利于英格兰对苏格兰、威尔士的整合。因此，英格兰只有借助如画风景，才能跨越威、苏、英三地民族、历史、语言、文化上的差异，找到彼此的共同之处，进而建构出大不列颠这个想象的共同体。

---

① See William Wordsworth, *The Prelude, or Growth of a Poet's Mind*, London: Edward Moxon, 1850, p. 180.

② 有必要区分一下“不列颠”（Britain）、“大不列颠”（Great Britain）和联合王国（United Kingdom）三个概念。中世纪早期，不列颠和大不列颠是威尔士、苏格兰和英格兰三地的合称，支持三地合并的政治家、历史学家经常使用该词；16世纪末，“大不列颠”逐渐成为一个官方词汇，1603年苏格兰玛丽女王的儿子詹姆斯六世继承英格兰王位，成为“大不列颠国王”，虽然苏格兰与英格兰两个国家都承认斯图亚特家族的统治，但却各自拥有议会、宗教信仰、司法教育机构。这种情况一直持续到1707年，该年苏格兰撤销了自己的议会，派遣议员前往威斯敏斯特，但伦敦仍需倚仗苏格兰的氏族首领对该地实行间接统治，苏格兰因此长期处于半自治状态。联合王国这一概念直到1801年英格兰吞并爱尔兰之后才出现，它是对英格兰、威尔士、苏格兰、爱尔兰四岛的官方合称。1916年爱尔兰爆发革命，之前的“大不列颠及爱尔兰联合王国”于1922年缩小成“大不列颠及北爱尔兰联合王国”。

如画风景所蕴含的“旁观者”视角确保观景者只对景物的质地、形状、构图产生兴趣，而不会深入探讨风景所在地的历史与现状。如画风景的疏离效果使观景者不会对当地产生认同，只会通过这些相似的风景与大不列颠产生想象性的关联。借助如画风景，英伦三岛实现了对大不列颠民族国家的建构。合并后，国家的风景特征被定义为“如画”，不论是威尔士的斯诺登峰、怀河河谷，英格兰的湖区和峰区，还是苏格兰高地，都在如画的视角下具有了相似性。吉尔平对全国各地进行考察的目的就是要“用如画美的原则来研究一个国家的面孔”,[①] 他要寻找的不是各地风景的独有特征，而是一般的自然。[②] 因此，他忽视个性、坚持共通性的目的，是要将“如画美”想象成统一的国家景观，通过风景来调动人的视觉、情感和想象力。当吉尔平式公式化的风景能引发观赏者的共鸣时，大不列颠这个共同体就诞生了。

需要注意的是，国家的“认同”过程同时也是“认异”过程：“认同”是对民族国家的内部而言，“认异”则是通过它的对立面来界定自己。在18、19世纪英法争夺欧洲乃至世界霸权的过程中，大不列颠代表了反诺曼的英格兰或者是反法国的英国。推崇“自由”的如画园林与推崇“秩序”的法国几何园林成为英法两国的风景名片。

拿破仑对英国的封锁中断了英国前往欧洲进行文化朝拜的“壮游”(grand tour) 传统，英格兰上层社会只能将旅行的目的地转向历史上与英格兰发生多次冲突的边地山区。他们通过如画风景把凯尔特人的古堡，天主教、德鲁伊教（Druid）的教堂遗址想象成祖宗之地。自称盎格鲁-撒克逊人后代的英格兰人，刻意混淆与凯尔特民族的种族界限，这样既切割了自己与法国诺曼人的血缘关系，也实现了对诺曼领主当代继承人的反抗。于是，大不列颠的民族祖先被英格兰人创造了出来：

> 一方面，种族谱系的神话正被尽情发挥，这个神话追寻“真正

---

① William Gilpin, *Observations on the River Wye*, London: A. Straban, Printers-Street, 1800, p. 1.

② See W. M. Graig, *An Essay on the Study of Nature in Drawing Landscape*, London: W. Bulmer and Co., 1793, pp. 10-11.

> 的”英国共同体……上溯到卑微的撒克逊时代……年复一年，从迷宫一般的学术性和伪学术性研究中拼凑出一个“真正的”英国或不列颠种族共同体的概念，它拥有共同的过去，共同的道德、社会、文化和政治的构成，这一版本与撒克逊祖先理想的道德接榫，迎合了强烈的情感诉求……其政治含义……即凭着天生的道德优越性、大不列颠岛屿历史领先权以及“这些人”对日耳曼制度的继承，他们应该享有更多的合法性和更大的权利，而不是压迫者（“高卢人”、诺曼人、法国人）施舍的那一点点权利。①

如画风景对多样性的强调提高了边地在国家中的地位。在共同体之内，各个成员之间的地位被想象成是平等的。大不列颠的国家风景铲平了启蒙理性所设定的中心与边缘的等级关系，边地不再是英格兰打压、排斥、鄙夷的对象。英格兰对高地崇高风景的态度发生了戏剧性的转变，在启蒙者眼中看起来需要改进和开化的边地，在浪漫派眼中成为共同体的堡垒和文化宝库。约翰逊考察苏格兰时表现出的纡尊降贵的态度，变成了维多利亚女王与华兹华斯兄妹等对高地风景的赞赏有加，虽然这里面也体现了英格兰内部的阶级斗争。英格兰的浪漫派更偏爱高地的古堡废墟、峭岩断壁、沼泽荒野，讨厌伦敦城通透明亮的水晶宫、川流不息的车马和浓烟滚滚的烟囱。相比于城市，高地浪漫的风景不仅更能代表大不列颠国家的民族特性，还体现出对启蒙话语、工具理性的抵制。

对英格兰而言，英格兰只有唤起威尔士、苏格兰对大不列颠的民族认同，才能使自己的“英格兰性”得到捍卫。换句话说，英格兰必须将自己的“英格兰性”让位于“大不列颠性”，把自己变成“不列颠人”，才能使威苏两方有意愿加入这个共同体。英格兰在构建大不列颠国家风景的过程中，一方面要包容边地差异性的地理风光，展现出平等的一面，另一方面又要维护英格兰的中心地位——它必须是规则的制定者。如画美学满足了这两方面的要求，它为大不列颠各地的自然风景找到了美丽如画这个共同点：用如画来融合秀美与崇高间的对立，从而使边地风景

---

① ［美］温迪·达比：《风景与认同——英国民族与阶级地理》，张箭飞、赵红英译，译林出版社 2011 年版，第 79 页。

成为大不列颠国家风景的有机组成部分；但与此同时，它又为风景设立了一套等级标准，边地只有通过如画标准的筛选才能再现自己。例如，威尔士的格温内思郡（Gwynedd）既有爱德华一世在13世纪打败格温内思贵族们后为控制威尔士而修建的城堡和定居点，也有威尔士本地贵族的城堡、当地传奇英雄的坟墓和其他威尔士著名人物的遗迹，但只有那些爱德华式的古堡城镇——波玛里斯、康维、哈莱奇和克里克奇——才成为较受欢迎的旅游胜地，而那些带有威尔士本土文化的风景却很少出现在旅游线路地图上，因为它们不是英格兰统治的象征。[①] 麦克弗森创造的高地的崇高风景，经过华兹华斯兄妹、维多利亚女王等人的如画式处理，被剔除了詹姆斯党人的底色，崇高风景中所夹杂的令人不安的抗争精神因此得以弱化，使高地风景多了几分妩媚；与此同时，高地风景又为大不列颠国家景观增添了崇高的维度，大不列颠再也不用羡慕阿尔卑斯山脉的雄奇景观，而是能自豪地宣称自己壮丽的河山与之不相上下。

如画美学还帮助英格兰对大不列颠的国家领土进行勘测，开启了绘制全国地图的工作。英国的风景绘画最早受荷兰地志绘画（topographical painting）的影响。地志绘画力图准确、翔实地记录某个地方的地形地貌特征，它与其说是一门绘画艺术，不如说是一项地质绘量技术。英国许多如画派画家既是地志画家，也是地质测量员，其中包括桑德比兄弟（Brothers Sandby）。该兄弟二人皆为坎伯兰公爵手下的绘图员和画师。1745年，公爵率兵镇压詹姆斯党人领导的起义，但在部队即将攻入苏格兰之际，他不得不命令大军休整六个星期，只因为手上缺少一张苏格兰地图。桑德比兄弟二人临危受命，加入了公爵组织的地图测绘队。他们将手中的克劳德镜换成了制图用的经纬仪，严格的如画训练使他们能迅速适应地图绘制对比例、精确的要求，三维立体图景被转换成二维的平面视图。弟弟保尔·桑德比（Paul Sandby）绘制了大量的苏格兰地图，其中最大的一幅有3米多长，他将北部边境用地图形式呈现出来，巩固强化了英苏已成为一个统一的不列颠国家这个政治理念。他绘制出的地图帮助英格兰迅速取得了对苏格兰的军事胜利。此后，英格兰又如法炮

① ［美］温迪·达比：《风景与认同——英国民族与阶级地理》，张箭飞、赵红英译，译林出版社2011年版，第99页。

制，展开了全国范围的地质勘测和地图绘制工作，通过绘图以一种具体的、易感知的方式将抽象的国家概念传达出来，并加强了伦敦对各地的掌控。哥哥托马斯·桑德比（Thomas Sandby）则分别使用绘画和制图的方法来再现卡洛登战役，其画作《卡洛登战役》（*The Battle of Culloden*，1746）完全遵照如画的法则，展现了战争发生时的场面，前景是三位奔跑的高地士兵，坎伯兰公爵率领英军位于画面的正中，远景采用的是风景画中常用的远山图景。另一幅《卡洛登战役平面图》（*Plan for the Battle of Culloden*，1746）则更像是一幅军事地图，上面标注了重要的军事地点和两军排兵布阵的地理方位，旁边还记录有双方的伤亡人数（*Technologies*：69－70）。

托马斯记录了英军大胜的辉煌时刻，弟弟保尔则用更加内敛的方式再现了这一题材，他将英军的胜利悄悄融入高地的风景中，将军事占领与风景绘画融为一体。在画作《奥古斯特堡》（*Fort Augustus*，1746）中，保尔·桑德比描绘了一幅高地风景画，裸露着岩石的低矮的山脉和宁静的湖水构成了画面的远景，湖边的古堡被画成带有如画特征的废墟，牛羊在草地上吃草，湖面上泊有帆船，但在位于画面正中的废墟城堡的左侧却有一大片排列整齐的兵营，画面的前景是一群正在玩类似现代高尔夫的九孔游戏的军官，他们身后不远处可以看见两位士兵正赶着一辆四驾马车，通常这类马车主要运送干草，而画面中马车上运载的却是军队使用的火炮。保尔将高地的山川风景、田园牧歌式的娱乐以及英格兰的军事三者融合在一起，用如画的手段将英格兰的军事占领自然化（*Technologies*：70）。

鉴于兄弟两人的卓越贡献，他们都成为皇家艺术学院的创始人，弟弟保尔还于1768年被任命为皇家军事学院的首席画师。保尔身兼二职这个事实证明了艺术与政治、自然与军事之间的密切关联。虽然桑德比兄弟的画作宣扬了英军的骁勇善战，但苏格兰的军事力量却一直不容小觑，历史上高地氏族的武装一直对英格兰构成巨大的军事威胁。1745年前后，英格兰开始组建高地兵团，卡洛登战役后，它调整了对苏格兰的军事政策，老皮特政府有计划地招募尚武的詹姆斯党人，让他们加入帝国的军队，前往海外攻城略地，从而将岛内的叛乱问题转化成对外拓殖问题，之前让英格兰头痛不已的叛乱分子现在成为勇猛的帝国武士。这些苏格兰人穿着印有不同图案的花格呢裙为大不列颠四处征战，在1745年之前因其“野蛮”而遭到鄙视的民族服装在1745年之后又被视为反抗的符号而遭到英格兰的明令禁止，但由于高地兵团在帝国军队中的特殊地位，这一新近才发明出的传统服装才得以免受禁令的约束而保存了下来。之后，随着高地氏族社会根基的瓦解，花格呢裙不再成为苏格兰的日常服饰，而变成了一种象征符号被具有民族意识的苏格兰精英分子和英格兰统治者所征用。经过浪漫化和审美化处理的花格呢裙不再是詹姆斯党人追求民族独立的文化标记，而变成了汉诺威王室与苏格兰臣民的情感黏合剂。1822年，继位不久的英王乔治四世巡访苏格兰，他欣然穿上了之前会被英格兰视为“反叛”、被低地人视为“窃贼”的苏格兰服装，与打扮成高地氏族首领模样的苏格兰贵族们在荷里路德宫上演了一幕高地文化盛典。整个盛典营造了大不列颠团结统一的政治氛围，掩盖了历史上英苏之间的纷争和高地与低地之间的差异。①

这场盛典还以夫妻再聚首、幸福一家人的形式来表现英苏合为一体的国家理念。苏格兰之前“高贵的野蛮人”的男子形象被替换成妻子的形象，她好像是希腊神话中与丈夫奥德修斯分别多年的潘妮洛普。1603年，苏格兰国王詹姆斯六世前往伦敦继承英格兰王位，成为“大不列颠国王”詹姆斯一世后，他抛弃了自己的妻子（苏格兰）和家庭（荷里路德宫）。经过了两百多年的等待，“妻子”苏格兰终于等到了“丈夫”的归来。在为纪念1822年乔治四世巡访苏格兰而制作的纪念章上，印有“苏格兰欢呼她的国王现身”的字样，而上面所刻画的苏格兰正是一位妻子的形象，她与归来的乔治四世双手紧握。② 纪念章所打造的英格兰和苏格兰的夫妻关系将两国合并的时间点向前推到了1603年。作为第一位访问苏格兰的英格兰国王，乔治四世以苏格兰国王詹姆斯六世的后人身份荣归故里，上演了“王者归来”这出剧目。身穿高地传统服饰的他不再是英格兰汉诺威王朝的征服者，而是苏格兰王位的继承人。他既是英格

---

① 详见休·特雷弗－雷珀《传统的发明：苏格兰的高地传统》，收入E. 霍布斯鲍姆、T. 兰格主编《传统的发明》，顾杭、庞冠群译，译林出版社2004年版，第18—40页。

② See Rivka Swenson, *Essential Scots and the Idea of Unionism in Anglo-Scottish Literature, 1603 - 1832*, Lewisburg: Bucknell University Press, 2016, pp. 6 - 7.

兰国王，也是苏格兰国王，是苏格兰人自己的国王。虽然常年生活在伦敦的乔治四世根本算不上苏格兰人，但为了共同体的利益，传统可以发明，历史也可以被重新阐释，国王的身份同样可以进行切换。这次巡访极大地激发了苏格兰对大不列颠的认同感，也实现了英格兰对苏格兰的笼络。作为妻子的苏格兰满心欢喜地迎接丈夫的归来，扮演丈夫角色的英格兰与温柔可人的苏格兰妻子结成了一对幸福的夫妻，双方在家庭内部一目了然的主次关系体现了英苏双方在大不列颠国家内的真实地位。

或许，司各特早在1814年创作《威弗莱》时就已经预见到了这一幕：在小说的结尾，他让来自南方的威弗莱与露丝喜结连理。婚后的露丝“一心想着家，想着恪尽妇道，做一个温柔、贤淑的女人。她会像现在对待她父亲那样，对她丈夫倾注全部关心和爱。对于外界，除了靠他，或通过他，才有所了解、接触而外，一概不闻不问”①。露丝对威弗莱的顺从与依赖既显示了苏格兰对合并后的大不列颠国的热爱，也显示出共同体内苏格兰的从属地位。威弗莱最终没能与自己更为心仪的对象、更具独立反叛精神的弗洛娜结合，而是选择了没有个性却对自己崇拜有加的露丝。退而求其次的婚姻不免留有遗憾，但却能带来真切的幸福与实惠。

威弗莱与露丝的结合表明了司各特对英苏合并成大不列颠国持支持态度。虽然他也像麦克弗森一样带有强烈的民族主义倾向，但苏格兰的现实处境使他清醒地意识到，只有登上英格兰这艘巨轮，苏格兰才能拥有未来，只是苏格兰仍旧是一个民族，却已不再是一个国家。对此，司各特写道：

> 为了联合，我们做出了痛苦的牺牲，现在到了慢慢收获果实的时候。我们可以更加冷静地比较联合后的利弊：平等的法律和权利、扩大了的商贸、经过改良的农业、个人安全、内部的和平，这些好处要与那些无用的虚荣心，虽维持了摇摇欲坠的国家独立性，但却面临内部分裂带来的种种灾难和议会代表的压迫进行权衡。带着这

---

① ［英］司各特：《威弗莱或六十年的事》，石永礼译，人民文学出版社1987年版，第171页。

> 些情感，我们来看苏格兰王室，首先要对祖辈们的英勇无畏表达崇敬之情，不过，他们虽有不屈的勇气，却没有能与勇气相匹配的智谋。经过十个世纪不间断的征战，他们保持了苏格兰的自由与独立。承蒙造物主英明决断，经历了一千年的血战，最终把两个国家合并成一个牢不可破的整体，操着相同的语言，信仰相同的宗教，有着共同的利益，团结在一起。上帝和自然把我们合并成了一个民族。①

司各特写下这段话时，大英帝国正处于上升的鼎盛时期。广阔的殖民地不仅为苏格兰提供了产品倾销市场和有利可图的大洋贸易，还为苏格兰人提供了大量的就业机会，他们纷纷前往海外淘金。同时，爱丁堡和格拉斯哥也发展成了可与伦敦一较高下的大都市。此时，苏格兰人已乐于将自己称为“北不列颠人”（North Briton），刊载伦敦新闻的苏格兰报纸通常使用“大不列颠”来代替“英格兰”这个狭隘的称谓。

不过，这些苏格兰人多是低地人，他们说英语、信奉清教、从事商业活动，帝国的扩张事业让他们获利颇多。高地人则依然保持着古老的传统，说盖尔语、信奉天主教、以畜牧业为生。当低地越来越与英格兰趋同时，高地文化逐渐成为苏格兰文化的代表，且这一文化符号作为苏格兰的民族特征被日益凸显出来。苏格兰也因此逐渐形成了在文化上认同苏格兰（高地）、在政治上认同大不列颠的双重认同模式。逐渐步入蜜月期的英苏双方在完成国家的内部整合之后，转而将目光投向海外，帝国的士兵们、殖民者、探险家、传教士、商人纷纷前往新征服或即将征服的广袤土地——印度、海峡殖民地、澳洲、南非以及中国，他们用“如画”的眼光来看待那些“荒野”，通过对异域风景进行美学编码来消除自身与陌生环境之间的疏离关系，继而在之前从未涉足的土地上发现自己熟悉的“故乡”。

---

① Walter Scott, *Description of the Regalia of Scotland*, Edinburgh: Ballantyne and Company, 1824, pp. 33 - 34.

第三章

华兹华斯：湖区是“国民的财产”吗

第一节　反对湖区建铁路

难道英国土地上的任何一个角落
都无法在鲁莽的攻击中幸存下来？青年产生的隐世的计划，
要在这个嘈杂的世界中保持纯真，
如同最初绽放的希望之花被风吹落一般，
都毁灭掉了。它们如何才能承受住这样的摧残？①

1844 年，伦敦和西北铁路公司（London & North Western Railway）宣布了要将肯德尔（Kendal）的支线铁路并入兰卡斯特（Lancaster）与卡莱尔（Carlisle）的主线铁路并向北延伸到温德米尔（Windermer）的消息。听闻此消息的华兹华斯在 10 月 12 日愤而写下《关于肯德尔与温德米尔铁路规划的十四行诗》，开篇引用的几行就出自这首诗歌。诗人痛心于铁路要打破自己心爱的湖区的宁静，主张湖区要保持自己的原初状态，在游客“狂喜的注视下”抵制住“虚假的功利主义的诱惑”，用“吹拂的清风、激流、洪亮而持久的声响，来抗议错误的行径”，让“明丽的景色挫败这个威胁”。（*Guide*：146）

在写下这首十四行诗的 3 天后，华兹华斯上书给时任商务部部长

---

① William Wordsworth, *A Guide Through the District of the Lakes in the North of England with a Description of the Scenery for the Use of Tourists and Residents*, Kendal: Hudson and Nicholson, 1835, p. 146. 后文出自同一著作的引文，将随文标出该著名称简称“*Guide*”和引文出处页码，不再另注。

(President of the Board of Trade) 的格莱斯通 (W. E. Gladstone), 声称所有在湖区居住的“有品位和有情感的人”都“万分震惊”于铁路要从肯德尔延伸到温德米尔的消息。诗人希望商务部长对此决议慎之又慎, 就铁路给湖区带来的负面影响给予更多的考虑, 因为一旦修建铁路, 不但会破坏湖区的风景, 扰乱乡村的宁静, 还会给当地的道德水准带来极大的损害。[①]

这三条反对理由在随后华兹华斯写给《晨报》(*The Morning Post*) 编辑的两封信中得到了详细的阐述。诗人将湖区铁路线的延伸视为城市对乡村“具有威胁性的入侵”(*Guide*: 160)。本地人几乎没有出行的需求, 手工业可以忽略不计, 也没什么可开发的矿产, 采石业基本处于停工状态, 加之土地贫瘠、可耕种的区域面积有限,“没有什么东西值得向外输出, 对外界也没有什么需求”, 整个地区处在一种与世隔绝、自给自足的封闭状态, 居民很少与外界交流, 邮局开通后每天一班的邮政马车基本就能满足一年四分之三的出行需要 (*Guide*: 148)。“风景秀丽、与世隔绝、归隐避世”是湖区最大的特点, 而铁路的出现会让这些优点荡然无存。

在第二封信中, 华兹华斯进一步阐发自己反对的理由。铁路的修建不仅会破坏地表, 使道路交错、机器轰鸣、煤烟滚滚, 还会带来大批的投机分子和享乐主义者, 从而使城市中的“实用主义”侵蚀乡村古朴的民风。在诗人眼中,“ 条宽阔的马道在某些地方都会损坏乡村的优美”, 更不用说铁路会给湖区带来什么样的破坏了 (*Guide*: 162 - 163)。

收到华兹华斯来信的格莱斯通非常欣赏诗人的才华。这位商务部长曾声称, 除弥尔顿的诗作外, 最美的诗行当属华兹华斯那句“听, 老特里顿的海螺号角长鸣”[②]。这句让他印象深刻的诗句出自华兹华斯的一首十四行诗, 诗歌的主要意思是说人类之所以会受到惩罚, 是由于无休止的社会交往、城市生活消磨了人们的精力和才能, 对自然的疏远和忘却

---

① William Wordsworth, *The Letters of William and Dorothy Wordsworth: The Later Years (1841 - 1850)*, Vol. 3, Ernest De Selincourt, ed., Oxford: Clarendon Press, 1939, p. 1232.

② 特立顿 (Triton): 希腊神话中半人半鱼的海神。John Morley, *The Life of William Ewart Gladstone*, Vol. 3, London: Macmillan, 1904, p. 424.

会钝化人对外界的感觉。“收入支出浪费着我们的才能”，“蝇营狗苟使我们舍弃了自己的性灵!”面对绮丽的自然，“我们却格格不入，无动于衷”。[①] 诗句传达出的对喧嚣的城市生活的厌恶引发了格莱斯通的共鸣，但文学上的热爱并没有影响他作为商务部长对铁路运输事业的支持。他很快给出了回信。在信中，他并没有跟诗人辩论铁路给湖区带来的变化究竟是好是坏，而只是就事论事地从技术的角度回应了华兹华斯：

> 我希望奥瑞斯特山（Orrest Head）与地面上的其他项目一样，向工程师和投资者证明其具有施工的可行性，换句话说，之前对肯德尔与温德米尔之间交通情况的调查，低估了现实中需要打通的自然阻隔的难度，这一计划无法实施。不过，你发现我不会因此而支持你的观点，虽然上述理由带来的实际结果却是你所期待的。[②]

从格莱斯通的回复中可以看出，湖区是否要修建铁路，他与华兹华斯思考的角度并不同。对前者而言，铁路能给当地带来巨大的好处，这是不言而喻的。造成修建计划最终搁浅的是工程技术原因，而不是华兹华斯所谓的社会影响。诗人的反对看起来有些不合时宜，因为 1844 年的英国正处在铁路修建的狂热时期，在此之前，英国的铁路运输产业已经取得了突破性进展。1814 年，乔治・史蒂文森成功研制出世界上第一台以蒸汽为动力的铁路机车。1825 年，斯托克顿和达林顿开通了第一条铁路。1830 年，曼彻斯特到利物浦的铁路线投入使用。该线使用史蒂文森设计的“火箭号”作为动力牵引，标志着“铁路时代”的到来。截至 1835 年，议会批准了 54 条铁路修筑计划，1836—1837 年又批准了 44 条铁路议案，到 1843 年英国的铁路总里程数已经达到 2036

---

① William Wordsworth, “The World Is Too Much with Us; Late and Soon”, in *The Complete Poetical Works of William Wordsworth*, Andrew J. George ed., Boston: Houghton Mifflin Company, 1904, p. 349. 后文出自同一著作的引文，将随文标出该著名称简称“*Complete*”和引文出处页码，不再另注。

② William Wordsworth, *The Letters of William and Dorothy Wordsworth: The Later Years Part IV (1840 – 1853)*, Vol. 7, Alan G. Hill ed., Oxford: Clarendon Press, 1988, 616, footnote 3. 后文出自同一著作的引文，将随文标出该著名称简称“*Letters*”和引文出处页码，不再另注。

英里。英国迎来铁路修建的黄金岁月，1845—1847 年间，576 家铁路公司被批准设立，筑路里程达到 8731 英里。① 技术的革新加上股份制的资金融资方式让铁路这个伴随工业革命而来的新的交通方式迎来了发展的黄金时期。铁路公司如雨后春笋般涌现出来，每年的筑路里程获得了爆炸性的增长，各大工业、商业城市和港口、矿区通过铁路网陆续连接在一起。随着铁路运输业的蓬勃发展，政府开始加强对铁路的监管工作。1844 年，格莱斯通推动议会通过了《铁路规章法案》（Railway Regulation Act），要求铁路公司提高客运服务质量，每天必须对开一条时速不低于 12 英里的三等舱列车，列车要为乘客提供座位，且票价不得超过每英里一便士。②

此时湖区的周边已经发展成北部著名的工业基地，拥有发达的纺织业、矿业和机器制造产业，也是交通运输较为发达的地区。如果能把自然资源丰富、风景秀丽的湖区与附近工业城市连接起来，那么，既能将湖区的矿产资源向外输送，同时也能方便城里人前往湖区旅游观光。一举两得的生意自然受到铁路投资人的青睐，格莱斯通笔下的技术困难很快就被克服。肯德尔到温德米尔的修建计划经由商务部递交给议会。1845 年 4 月 16 日，商务部在呈给议会的公文中，写道：

> 这项工程耗资不大，且未来的交通利润丰厚可期，为工业区前往湖区提供了一条非常合适的通道。我们不是没有注意到反对之声，但其实表示强烈反对的只有一个人。他认为铁路一旦开通，当地的隐私权会遭到侵犯，沿线居民舒适的物质生活会受到影响。但我们不应从单个人的私人利益的角度来考虑问题，而应当关注当地大多数人的普遍态度，虽然公众的态度也是由单个个人组成，也存在个人私利。我们必须在此声明：应该让那些有手艺的工匠，偶尔摆脱拥挤的住宅、狭窄的街道、劳累的工作和不健康的环境，去呼吸一下新鲜空气，享受一下健康的假日，然后再精力充沛、精神焕发地回到工作中去。而上面那些持反对意见的人只是自己在独享这片风

---

① 钱承旦、许洁明：《英国通史》，上海社会科学院出版社 2007 年版，第 220 页。

② https：//www. railwaysarchive. co. uk/docsummary. php？ docID =58，2020 -8 -20.

> 景，而**风景本应向所有人开放**。认为欣赏风景不应侵犯私人的权利，在我们看来是完全站不住脚的。我们希望肯德尔到温德米尔的铁路议案可以得到议会的批准，而反对意见从公众的角度来看是完全站不住脚的。①

碍于华兹华斯 1843 年刚刚加封为“桂冠诗人”，商务部的公文上没有直接点出那个“唯一”的反对者的名字，而实际上反对者还包括那些因铁路修建而被迫搬迁的当地乡绅，只因华兹华斯的赫赫声名以及他积极介入此事，使反对者看起来只有他一人。② 商务部认为湖区不应成为当地少数居民的私产，而应“向所有人开放”。城市居民也有享受这片美丽风景的权利。华兹华斯的理由“铁路一旦开通，当地的隐私权会遭到侵犯，沿线居民舒适的物质生活会受到影响”，只会凸显他的自私自利与狭隘排外。

商务部的批评切中要害，华兹华斯也算是铁路修建的利益受损方。他在安布尔赛德（Ambleside）拥有田产，一直担心铁路会对自己的财产构成威胁。1844 年 10 月 15 日，在给格莱斯通写信之余，诗人还给自己的朋友，时任铁路总检察长（Inspector General）的帕斯利（Charles William Pasley）将军写信，在信中提道：“居住在附近所有的绅士和有产者，除极个别外，都极度讨厌铁路要从肯德尔延伸到温德米尔。目前，筹措资金的股票已经开始发行，长势正猛，你对此可能并不感到震惊，因为你比其他人更了解铁路狂潮下的资本泛滥。”③ 在铁路建设的狂热时期，连接科克茅斯（Cockermouth）和凯西克（Keswick）的铁路已经建成，铁路最终还会将湖区西边的怀特黑文（Whitehaven）、沃金顿（Workington）与东部的彭里斯（Penrith）连接起来。如果再加上从肯德尔到温德米尔的这条线路，那么湖区只剩下南北走向的凯斯克和温德米尔之间没有铁

---

① Great Britain, Parliament, House of Lords, Great Britain, The Sessional Papers of the House of Lords, Session 1845, Victoria, Vol. 8&9, (Vol. 39), 1845, p. 248.

② Juliet Barker, *Wordsworth: A Life*, Harper Collins, 2005, p. 491. 后文出自同一著作的引文，将随文标出该著名称简称“*Wordsworth*”和引文出处页码，不再另注。

③ William Wordsworth, Dorothy Wordsworth, *The Letters of William and Dorothy Wordsworth*, VII, The Later Years, Part IV, 1840 - 1853, Alan G. Hill ed., Oxford: Clarendon Press, 1988, p. 617.

路连接。(*Wordsworth*: 491)

在信中，华兹华斯已经预见到湖区未来的铁路网格局。“交通在此地受到众人鄙视，这里的乡村风景秀丽，但如果让铁路这个令人讨厌的家伙穿过狭长的山谷，乡村的美丽就会毁于一旦。目前还没有公开的信息说铁路会延伸至距安布尔赛德一英里的范围，但这靠不住，铁路一定会继续延伸，在不远的将来，到达凯西克、马丽波特（Maryport）虽然最后高地屏障会将威斯特摩兰郡与坎伯兰郡分隔开。”①

华兹华斯深知自己在为一项最终会失败的事业而努力：“我一点也不抱有希望，认为可以阻止议会通过该提案”，“但我的信可能会阻止紧随而来的另一个提案，即从安布尔赛德到凯西克的铁路修建计划”。(*Wordsworth*: 492）诗人忧虑如果不加阻止一直让铁路修下去，不久就会越过波尼斯（Bowness），向北延伸至安布尔赛德、赖德尔（Rydal）和格拉斯米尔（Grasmere），最终在凯西克与另一条科克茅斯到凯西克的铁路汇合，从而打通湖区东西和南北两脉，而科克茅斯到凯西克的这条线路也的确给华兹华斯一家带来了烦扰。②

这条铁路要横穿华兹华斯的长子约翰牧师的家宅，“距离他家餐厅窗户的距离不到10英尺”(*Letters*: 635)。消息传来，约翰又恰巧陪妻子在罗马养病，华兹华斯不得不替儿子处理搬迁之事。铁路不仅毁了约翰的房子、花园、娱乐场地，“还波及他作为牧师薪俸来源的很大一块土地”(*Letters*: 640)。华兹华斯希望朗斯代尔伯爵（Lord Lonsdale）能够出面阻止铁路的修建，至少能将线路改到房子的另一侧——教区的入口和收费公路之间，为此他甚至提出愿将所得的补偿款来支付线路改迁的费用。(*Letters*: 658)

然而，华兹华斯的诉求最终还是落空了。科克茅斯市政府根据1845年的土地兼并条款（The Lands Clauses Consolidation）对约翰牧师的住宅

---

① William Wordsworth, Dorothy Wordsworth, *The Letters of William and Dorothy Wordsworth*, VII, The Later Years, Part IV, 1840 – 1853, Alan G. Hill ed., Oxford: Clarendon Press, 1988, p. 617.

② William Wordsworth, *The Prose Works of William Wordsworth*, Vol. 3, W. J. B. Owen and Jane Worthington Smyser eds., Oxford: the Clarendon Press, 1974, p. 331. 后文出自同一著作的引文，将随文标出该著名称简称“*Prose*”和引文出处页码，不再另注。

用地进行了补偿。[①] 华兹华斯在给一名不知名的记者的信中愤愤地写道，对牧师而言，“毫无疑问，铁路在任何情况下都是极其令人讨厌之物”（*Letters*：643）。约翰牧师只得接受政府的赔偿另择他所。火车的到来不仅摧毁了牧师、乡绅的宅邸，甚至让湖区的历史古迹也面临灭顶之灾，如著名的弗内斯修道院遗址（Furness Abbey）就因为要修建铁路而险些被夷为平地。所幸人们发现在此处稍稍改变一下线路并非难事，才使修道院侥幸逃过一劫。铁路紧贴着遗址而建。1845 年，华兹华斯和友人一同前往该遗址进行参观，却痛苦地发现：“这座古老的修道院被一群在此吃饭的‘筑路工人’（Navys）占据，铁轨距离修道院如此之近，以至于人在修道院内可以通过东边的窗户与车上的乘客握手!”（*Prose*：365）事后华兹华斯写道：“我们祖先祭祀的遗迹是神圣的，理应得到保护，那里是自然的神庙，是万能的上帝建造的神庙，具有更高的、不可违背的永恒价值。”（*Guide*：162）返回家中的华兹华斯写下《在弗内斯修道院》一诗，他和友人举目仰望，惊叹：

> 宽阔的圆拱，是如何建造起来，
> 高高耸立在空中，其力量和典雅，
> 都让人感到此地的灵气，
> 对上帝的赞美与崇敬，
> 不要谴责站在那儿的亵渎神灵的掠夺者们，
> 不过，这些头脑简单的人会因此被感动吗？（*Complete*：781）

华兹华斯认为筑路工人正在“亵渎神灵”，他对这个震耳欲聋、口吐浓烟的钢铁怪物异常反感，并把与铁路相关的投机行为视为“对黄金的渴望，它像一颗有毒的行星悬挂在不列颠之上”[②]。这位浪漫派诗人对铁路建好后湖区的未来忧心忡忡，因为城市资产阶级在湖区修建的别墅已

① G. Britain, *A Collection of the Public General Statues Passed in the Twenty-eighth and Twenty-ninth Years of the Reign of her Majesty Queen Victoria*, London: George Edward Eyre and William Spottiswoode, 1865, p. 154.

② Michael J. Freeman, *Railways and the Victorian Imagination*, New Haven and London: Yale University Press, 1999, p. 17.

经破坏了当地的风景。他们品位低下，为了炫耀财富、彰显身份而建造的乡间别墅太过扎眼，不但与周围的自然景观格格不入，还破坏了整体的和谐。华兹华斯曾提及英格莱先生（Mr. English）建造的宅邸，它坐落于贝尔岛（Belle Isle）上，由当时著名的建筑师约翰·普拉（John Plaw）设计而成。普拉没有采用湖区传统的茅屋式建筑形式，而是仿照了古希腊万神殿（Pantheon）的建筑样式。宏伟的穹顶、宽阔的走廊，一览无余的视野，普拉试图在湖区再现克劳德风景绘画中的图景。[①] 但在华兹华斯看来，建筑太过奢华宏伟，围墙不仅丑陋无比，更让人无法忍受的是围墙竟将自然排斥在外。诗人认为湖区建筑不应扎眼、突兀，不能成为整个风景的焦点，而应该作为自然的附属。建筑物不应刷成过于醒目的白色，与周围的色调形成剧烈的反差。湖区也不需要光洁高耸的围墙，长满青藤、野花、苔藓和蕨类植物的土墙更适合这里的自然环境。而城里人的审美情趣往往会破坏湖区的自然之美，例如庭院中一块形状独特的巨石，上面长有古老的橡树，周围还有灌木花丛点缀，别有一番自然情趣，可一位曼彻斯特的商人竟然指着这块石头说：“如果把那块丑陋的疙瘩移开，这院子该多漂亮啊!”（*Guide*：150，151，76）

在华兹华斯眼中，这些在湖区定居的城市资产阶级的审美品位亟须得到提高。不过，他们还不至于给湖区带来毁灭性打击，最令他忧虑的，是那些将来会搭乘铁路而来的城市观光客。蜂拥而来的游客对湖区造成的危害肯定要比有限的几个定居者大得多，但华兹华斯还是没能阻止在湖区修建铁路。1845 年 6 月 30 日，议会通过了修建肯德尔到温德米尔的铁路的计划。1847 年 4 月 21 日，该线路正式通车，将伦敦到达肯德尔的时间缩短为 12 个小时，5 年后，又进一步缩短到 8 个小时。[②] 来自英格兰北部约克郡和兰开郡的工业城市中的白领们，实现了当天可以从湖区往返的计划。交通的便利大大刺激了湖区旅游业的发展。（*Wordsworth*：490）华兹华斯已经听闻许多约克郡和兰开夏郡的工厂主打算组织员工前

---

① Roger White, *Cottages Ornés, The Charms of Simple Life*, New Haven and London: Yale University Press, 2017, p. 133.

② Saeko Yoshikawa, *William Wordsworth and the Invention of Tourism, 1820 – 1900*, Farnham: Ashgate, 2014, p. 72.

往温德米尔湖畔观光（*Guide*：158）；附近约克郡、达拉谟郡、坎伯兰郡、诺森伯兰郡的居民也应声而来（*Wordsworth*：492）。参观客的涌入无疑增加了湖区酒馆、旅社、餐馆的数量，助长了赌博、酗酒、摔跤、斗殴的风气。浓厚的商业氛围破坏了湖区的古朴民风，激起人们心中的各种欲望：一旦这种超出寻常的诱惑力无法得到控制，湖区将会受到严重的亵渎。（*Guide*：155）

华兹华斯的忧虑并没有阻碍湖区成为英国著名的游览胜地。现如今，当地有一半人从事与旅游相关的行业，而务农者只占人口的十分之一。[①] 虽然诗人本人并不支持湖区旅游业的发展，但旅游业的繁荣却要归功于他。华兹华斯不仅为湖区的各个景点写下大量的诗作，如《致乔安娜》（*To Joanna*）中的头盔岩（Helm Grag）、《兄弟》中的恩那代尔山谷（Ennerdale）、《迈克尔》中的绿源溪（Green-head Gill）、《忠贞》（*Fidelity*）里的赫尔维林山（Helvellyn）、《抒情歌谣集》（*Lyrical Ballads*）中的温德米尔湖，以及《远游》中的赖德尔山（Rydal Mount），甚至连那些叫不上来名字的地方，华兹华斯也写下《对一些地方进行命名的组诗》（*Poems on the Naming of Places*）来加以描述。诗人还专门出版了《湖区指南》介绍当地的地理环境和风土人情。该书面世后又经过多次再版印刷，极大地带动了旅游业的发展。马修·阿诺德记载过一则逸事，一位牧师曾当面询问华兹华斯除了《湖区指南》是否还写过其他东西，诗人谦逊地回答说他还写过诗歌，足见该书在当时的风靡程度甚至压过了华诗。[②] 华兹华斯让湖区成为“华兹华斯之乡”，对他钦慕有加的牧师罗恩斯利（Rawnsley）热衷于收集诗人的逸事和遗物。他根据华诗里的内容，拼贴出诗人在湖区的行走路线。罗恩斯利根据收集整理出来的资料，出版了《英国湖区的文学关联》（*Literary Associations of the English Lakes*）和《英国湖区的过去与现在》（*Past and Present at the English Lakes*）等著作，将湖区风景与华兹华斯的诗文关联起来，为山山水水赋予了文学魅力。

---

① Jules Brown, David Leffman, *The Rough Guide to the Lake District*, Apa Publications, 2017, p. 4.

② G. E. Mingay ed. , *The Victorian Countryside*, Vol. 1, London, Boston and Henley: Routledge & Kegan Paul, 1981, p. 154.

此后，在所有介绍湖区景色的书籍中，华兹华斯成为不可或缺的人物。大批观光客慕名而来，他们随身携带诗集和介绍湖区的小册子，想要按图索骥，亲眼见识诗人所描绘的风景。①

既然湖区的旅游业得益于华兹华斯，他的诗文也为故乡的风景创造出极大的象征价值，那么诗人为何还要强烈地反对修建铁路？这似乎与他在《湖区指南》中宣称湖区是“国民的财产”（National Property）、“任何能用眼睛来看、心灵来感受的人都能来此地观光”的观点相互矛盾。（*Guide*：92）诗人为何要阻止外来者进入湖区？他所谓的湖区是“国民的财产”究竟是何含义？社会各个阶层又是如何理解这一表述？

所有这些问题还得从湖区的地质条件谈起。英格兰西北部的威斯特摩兰郡（Westmorland），现今的坎布里亚郡（Cumbria），也称“湖泊之乡”（Lakeland County），简称湖区。它大体呈环形，穹隆形状，占地面积不到900平方英里。地形特征最早形成于15000年前的第四冰川纪。冰川的凿蚀形成了开阔的U形峡谷，随着气温的升高，沉淀下来的冰碛石围住了融化的冰川雪水，形成了大小形状各不相同的湖泊，这些湖泊以最高峰斯科菲峰（Scafell）为中心向四周发散分布。华兹华斯曾将湖区比作一个车轮，设想如果站在大山墙（Great Gable）和斯科菲峰之间的云端之上向下俯视，湖区的八个山谷如同车轮的辐条由中心点向四周延伸出去。（*Guide*：46）其中，南部地势较为平坦，小型湖泊星罗棋布。在火山喷发与冰川凿蚀的共同作用下，湖区的地表形态丰富多变，拥有瀑布、湖泊、高山、峡谷、山洞等多种地貌②，还蕴藏丰富的铜、铁、煤、石墨、木材等自然资源。

长期以来，地处英、苏边境的湖区偏安一隅，鲜为人知。在笛福的印象中：“在我去过的英格兰地区中，该地［威斯特摩兰郡］是最荒凉、最贫瘠、最恐怖的地方，甚至连威尔士都比不上。该郡的西部与坎伯兰接壤，被重重山峦包围。”“很多地方都只剩下不可穿越的山峦，山峰被

① 关于华兹华斯与湖区旅游业的关系，参见 Saeko Yoshikawa, *William Wordsworth and the Invention of Tourism, 1820 – 1900*。

② Jules Brown, David Leffman, *The Rough Guide to the Lake District*, Rough Guides, 2017, p. 257.

积雪覆盖，似乎告诉我们英格兰的一切美好到此结束。”[①] 继笛福之后，来过湖区的格雷也着意强调其“崇高、险峻、荒凉”的特点，甚至连华兹华斯也承认自己的故乡“在地图上所占面积不大，土壤较为贫瘠、经济相对落后、人口稀少。在英国的单个县市中，三四线城市的人口数目也比它的要多”[②]。由于地理条件的限制，该地一直实行农牧混合型经济，人们在山坡上牧羊，在山脚开辟出小块土地用来耕作，以家庭为单位的羊毛纺织业较为兴旺。对华兹华斯而言，在这种经济模式下，湖区完全是一个由“自然创造出的乡村社会”（*Guide*：46），一座真正的世外桃源：

> 在过去的六十年中，社会状况毫无疑问得到了缓慢和渐进式的改良，但却没有发生任何实质性的改变。峡谷地带种植的粮食（在马道还未铺设前）刚好能养活庄子里的各家各户，既不多也不少。尽管他们共同拥有一些契约公地，但每个居民只能分得很小的一块，同一块地上可以看到种有不同的作物。耕田的大小受到碎石、密林、沼泽的限制，劳作者既无时间也无资金将它变得更为平整。风暴和潮湿的空气让村民在高地上用最原始的巨石建造小屋为羊群遮风挡雨。如果遇到暴风雨，他们还要为羊群提供粮食。每家每户都穿着自家羊毛纺织而成的衣物，织工随处可见，所需的日常用品也靠纺羊毛来换取。（*Guide*：59－60）
>
> 邻里之间平等相处，互敬互爱，村民们与世无争，生活虽然简朴，但品性高贵。在这个由**完美的牧民和耕农组成的共和国里**，耕作可以满足一家人的生活所需，偶尔还可以接济一下四邻。两三头奶牛足以供给每家所需的牛奶和奶酪。教堂是俯瞰整个村落的唯一高大建筑，它是整个淳朴共和国的至高管理机构，村民们其乐融融地生活在这个繁荣的国度之中，有良好的社会组织，就像是一个理

---

① Daniel Defoe, *A Tour Through the Whole Island of Great Britain*, Vol. 3, London: S. Birt, T. Osborne, et al., 1748, p. 258.

② William Wordsworth, *Prose Works of William Wordsworth*, William Knight ed., London: Macmillan and Co., Ltd, 1896, Vol. 2. p. 284，后文出自同一著作的引文，将随文标出该著名称简称“*Works*”和引文出处页码，不再另注。

想国——而治理、塑造这个理想国的宪法就是保卫它的群山。这里既没有显赫的贵族、骑士，也没有乡绅，有的只是大山养育的众多谦卑的子民，他们知道自己走过和耕种的土地五百多年前就被祖先拥有，他们身上流淌着祖宗的鲜血，叫着和祖先同样的名字。(*Guide*：67－68，粗体由本书作者所加)

诗人在《湖区指南》中对当地贫困的乡村生活进行了诗意描述。这些生活场景在《抒情歌谣集》中也有所体现。诗集出版后，华兹华斯还专门将它寄给福克斯（Charles James Fox），着重向这位推崇“自由、独立”精神的辉格党领袖推荐其中的两首诗歌：《迈克尔》和《兄弟》。华兹华斯把迈克尔看作湖区“statesmen”的代表，并对该词做出解释：“他们居住在英格兰北部，独立地拥有小块土地”，“受人尊敬，拥有文化，每日在自己的土地上耕作。他们居住在人口不多的乡间，生活水平在贫困线以上，对家庭都怀有深深的爱意”，“他们拥有的小块土地成为凝聚家庭情感的永恒纽带，这些土地像刻有他们名字的碑石一样，在无数的场景中会让他们成为追忆的对象”。①

华兹华斯所说的“statesmen”，其实就是乡村的自耕农阶层（yeomanry），这个阶层主要由土地自由持有者（freeholder）和公簿持有农（customary tenant）组成。在封建时代，公簿持有农虽然是大地主的封臣附庸，需向领主缴纳土地押金和租地继承税，并从事一定的徭役工作，但由于受惯例法的保护，他们租种的土地好像完全属于自己所有一样。而大部分土地自由持有农除了耕种自己的土地外，通常还会租种别人的土地，因此，土地自由持有农和公簿持有农这两种身份在自耕农身上一般是重合的。在乡村，自耕农的地位仅次于地主和乡绅，而高于没有土地的雇农阶层，他们的年收入一般在30—40英镑之间。由于在经济上能够自给自足（常常以独立自主为傲），他们一直以来颇受人尊敬。②

---

① William Knight ed., *Letters of the Wordsworth Family from 1787 to 1855*, Vol. 1, Boston and London: Ginn and Company, Publishers, 1907, p. 138.

② ［法］保尔·芒图：《十八世纪产业革命：英国近代大工业初期的概况》，杨人楩、陈希秦、吴绪译，商务印书馆1983年版，第107、108页。

虽然华兹华斯没有明确提及湖区的自耕农阶层，而是在给福克斯的信和《湖区指南》（*Guide*：91）中更多使用“statesmen”和“estatemen”两词，但研究者普遍认为这两个词对应的都是湖区的自耕农阶层。[①]《牛津英语词典》（OED）指出，“statesmen”与“estatesmen”两词含义相同，造成差异的原因可能是在拼写中丢失了字母“e”。[②] 本书也认同上面的观点，华兹华斯笔下的“statesmen”和“estatesmen”与湖区的自耕农是同一类人。他们践行传统的父子、夫妻、兄弟以及邻里之间的乡村伦理，但随着铁路的到来，这一阶层组成的“完美共和国”（a perfect commonwealth）却岌岌可危。“工厂遍及乡村的每个角落，邮政被征以重税，济贫所、勤业所以及新发明的粥铺，进一步加剧了劳务价格与生活必需品价格之间的失衡。穷人之间内在的情感纽带，以及这些情感纽带产生的效果，都已经减弱，很多时候已经被完全破坏掉了。”[③]

华兹华斯哀叹湖区自耕农的消亡，觉察到湖区正面临的危机：前工业时代的父权制乡村社会结构正在瓦解。城市文明给湖区带来了铁路、大机器以及资本主义的生产方式，它们摧毁了自耕农得以存在的基础——地理上的与世隔绝和以家庭为单位的生产方式。金钱点燃了人们心中的欲望，家庭成员间的亲情观念日益淡漠：“父母与孩子分离，孩子脱离父母，妻子不再亲手为丈夫准备饭食，而这本是对丈夫劳作的回报，家中很少有能让丈夫感动的举动，也没剩下什么东西值得他留恋。”[④] 华兹华斯将乡村的败落归罪于以铁路为代表的城市工业文明的到来。但在支持工业发展的人看来，与世隔绝、自给自足、安贫乐道这些被诗人津津乐道的“优点”恰恰是湖区贫穷落后、保守愚昧的根源。一成不变的湖区在信奉“进步”话语的人眼中就是一片未曾开化的蛮荒之地，没有任何浪漫可言。相反，湖区的故步自封、自满僵化恰恰可以通过修建铁路来

---

① 对这两个词的具体分析，详见 Mark Keay, *William Wordsworth's Golden Age Theories during the Industrial Revolution in England, 1750 - 1850*, London: Palgrave Macmillan, pp. 3 - 5, 21 - 27.

② Mark Keay, *William Wordsworth's Golden Age Theories during the Industrial Revolution in England, 1750 - 1850*, p. 212.

③ William Knight ed., "William Wordsworth to Charles James Fox", in *Letters of the Wordsworth Family from 1787 to 1855*, Vol. 1, New York: Haskell House Publishers, 1969, pp. 136 - 137.

④ William Knight ed., *Letters of the Wordsworth Family from 1787 to 1855*, New York: Haskell House Publishers, 1969, Vol. 1, p. 137.

打破，而这也是与华兹华斯比邻而居的哈里特·马蒂诺（Harriet Matineau）对铁路修建持欢迎态度的原因。

1845年，马蒂诺来湖区休养，并将家安在了安布尔赛德。深受启蒙思想影响的她并没有将铁路视为洪水猛兽，反而认为环境的闭塞造成了湖区村民的愚昧无知，铁路的修建恰恰能提升当地居民的道德水平：

> 我们不要害怕最近伴随铁路而来的巨大变化会给道德、经济造成的损害。任何变化都不会使现有的乡村地区的道德水准变得更糟。目前酗酒和乱伦随处可见，知识资源极度贫乏：没有任何地方像湖区那样酗酒现象如此普遍以至于酗酒成为最令人绝望的诅咒对象。城里人的智慧与多种利益的结合看起来一定会给这里带来极大的好处：铁路工人的秩序井然就是其中之一。经济上的影响更是不可估量，这里最为匮乏的就是精神上的激励和教育的提升。过去由于与世隔绝，当地人的物质需求处在不断萎缩中，而唤起他们欲望的最佳办法就是让他们尽可能地与所处同等社会地位的其他阶级进行交流，后者在智力和学识上更胜一筹。①

1859年，马蒂诺在《每日新闻》上撰写了华兹华斯夫人的讣告，她在讣告里不合时宜地提及华兹华斯夫人生前对公路的反感，进而又将指责的矛头对准华兹华斯，认为他不该反对铁路的修建。华兹华斯所做的那首《没有虔敬之心的普通陌生人会亵渎湖区》的十四行诗也受到了马蒂诺的批评。正是由于诗人的巨大影响力，马蒂诺痛心于受他的影响，“傲慢与怨恨的情绪在湖区年轻人当中蔓延开来，他们赞同华兹华斯的观点，认为峡谷与湖泊作为自然的财富，只应属于他们这些已经接受过自然启蒙的人”②。

由于接受了“自然的启蒙”，湖区的年轻人自诩高“城里人”一等。

---

① Harriet Martineau, *A Complete Guide to the English Lakes*, London: Whittaker and Co., 1855, pp. 141 – 142.

② Qtd. in John Edwin Wells, “Wordsworth and the Railways in 1844 – 1845”, in *Modern Language Quarterly*, 1945, Vol. 6, No. 1, p. 39.

而在马蒂诺看来，这恰恰印证了他们的狂妄自大。除了马蒂诺，批评华兹华斯的还大有人在。1847 年在铁路顺利通车的开幕式上，工程师赫尔德（George Heald）还专门戏仿了华兹华斯的诗作，讽刺诗人妄图对修建计划进行阻挠。《观察家》指责华兹华斯傲慢排外的精英主义思想，将他写给《晨报》第一封信的中心思想归咎于诗人“讨厌普通人，并避而远之”①。

面对“狭隘、反民主、排外、精英主义”的指责声浪，华兹华斯颇感委屈，他辩解道：“任何人都不应受到这样的指责，说他自私自利，不关心［城市］穷人和他们纯真、健康的娱乐，如果他不庆幸自己能从其中获得特殊好处的话。”② 诗人向友人伊莎贝拉委屈地写道：“我知道他们［媒体舆论］会，而且确实已经对我进行了不绝于耳的中伤，那些来自报社的中伤——伦敦、格拉斯哥以及其他地方的，既卑鄙无耻又粗鲁野蛮，但这也给我提供了一个机会，让我把注意力引向一些至关重要的真理上，我对这些充满恶意的谩骂，由自负和愚蠢无知产生的自然发作毫不在意。”③

在给《晨报》的第一封信上，华兹华斯已经预见到自己反对湖区修铁路的意见会遭到他人的攻击。他将攻击者分为三类：一是从赌博投机中赚取利益的人，他们会把欺诈带到湖区；二是热衷于将物理科学转化为实用技术的人，他们会不加区分地将科技视为时代精神；三是致力于找出并消除贫困的人，但对现实中的穷人却无动于衷。（*Guide*：155）从华兹华斯的用词就能看出他对这些反对者的道德品性存有疑虑。面对自己引发的舆论声讨，指责自己将城市广大贫苦阶级拒之门外，剥夺他们进入湖区的权利，华兹华斯还是做出了回应。在写给《晨报》的第二封信上，他进行自辩，站在湖区底层民众的角度来摆脱自己“狭隘的、反民主、排外的精英主义立场”的嫌疑。与马蒂诺的观点相反，华兹华斯

---

① Qtd. in John Edwin Wells, “Wordsworth and the Railways in 1844 – 1845”, in *Modern Language Quarterly*, 1945, Vol. 6, No. 1, p. 40.

② Dewey W. Hall, *Romantic Naturalists, Early Environmentalists: An Ecocritical Study, 1789 – 1912*, London and New York: Routledge, 2014, p. 101.

③ William Wordsworth, *The Letters of William and Dorothy Wordsworth: The Later Years (1841 – 1850)*, , Ernest De Selincourt, ed., Oxford: Clarendon Press, 1939, Vol. 3, p. 1241.

认为，铁路的修建会改变整个乡村的面貌。自耕农的住所遍布整个湖区，当铁路穿越整个湖区时，他们会和当地乡绅一样反感轰鸣的火车声和滚滚黑烟对环境造成的破坏。修建铁路对当地穷人造成的损失最大。他们在经济困难时能得到乡绅的救济，孩子也能接受乡村教育。铁路的到来迫使他们离开湖区，另谋出路，而填补进来的则是那些在制造业、商业、金融业攫取大量财富的人。他们只不过将湖区作为休闲度假的场所，每年来此小住一段时日，不会与四邻产生过多的交集。虽然他们也乐意做些善事，但这远远弥补不了驱赶当地贫民给湖区造成的损失。(*Guide*: 161－162）因为这些城市来的定居者不会像之前被驱赶出去的小农一样，对土地、对乡村怀有强烈的依恋之情，他们仅仅把自己的乡间别墅看作城市的一块“飞地”。新定居者对湖区土地的情感日益淡漠，华兹华斯心目中的“完美共和国”正在分崩离析。诗人不由得产生一股强烈的怀旧之情，情不自禁地陷入对前工业时代湖区乡村生活的追忆中，并创作出大量描写湖区质朴简单生活的诗篇，《迈克尔》就是其中的一例。

主人公迈克尔是格拉斯米尔谷地森林边上的牧羊人，他通晓自然界各种山风的深意。每当风暴来临，他总能为羊群寻找到栖身之所。他的妻子在家纺线贴补家用，老来得子让这对夫妇喜出望外，他们将儿子卢克视为珍宝。每到傍晚，干完户外的活计，回到家中的父子二人仍继续劳作，直到：

> 一家人走到干净的餐桌旁，
> 每人一碗粥，兑有脱脂的牛奶，
> 环坐在装满燕麦饼的篮子旁，
> 还有他们自制的普通奶酪。
> 晚饭结束后，卢克和他的老父又开始
> 从事一些力所能及的简易的劳作
> 他们坐在火堆旁，要么
> 为主妇的纺锤梳理羊毛，要么
> 修理损坏的大小镰刀、连枷，
> 或家里或田地上的其他器具。(*Complete*: 239)

迈克尔一家三口保持着湖区古老、粗朴的乡村风俗，劳作虽然艰辛，却甘之如饴。脱脂的牛奶、燕麦饼和自制的奶酪，这些简朴的食物都是一家人辛苦劳作的产物，也是家庭成员间质朴情感的纽带。《废毁的农舍》（*The Ruined Cottage*）中，在玛格丽特的亡夫罗伯特身上也体现出这种勤勉劳作的美德。他是一个勤快人：

> 一早起来就在织布机上忙碌，
> 当夏日割草的镰刀还未扫过带有露水的青草，
> 当早春时节最后一颗星辰尚未隐去。
> 那些傍晚经过花园篱笆后面的路人，
> 可以听见他忙碌的锄地声，
> 干完白天的工作，
> 他又拿起铲子一直干到暮色苍苍，
> 所有的树叶和花朵都消失在黑暗的篱笆上。
> 他们的日子平和又舒适，
> 除了天堂中的上帝，
> 两个漂亮的孩子，
> 是他们最大的希望。①

自耕农所具有的完美人格得到了自然的馈赠，风光旖旎的自然风景将繁重的乡村劳作浪漫化了。华兹华斯借鉴先前田园诗的创作手法来美化乡村生活。在《索尔兹伯里平原》（*Salisbury Plain*）中，年轻女子回忆起在秀美的德文特河边（Derwent）与父亲共同生活的场景，虽然此处不是湖区，但这里无忧无虑的生活与湖区自耕农的生活无异：

> 一小群羊和汛期河中鱼鳞闪闪，
> 这些对他来说比金矿还要珍贵。

---

① Stillinger, Jack, Deldre Lynch, Stephen Greenblatt, M. H. Abrams, eds., *The Norton Anthology of English Literature*, Vol. D, *The Romantic Period*, New York: W. W. Norton & Company, 2006, p. 283.

我睡梦轻盈，日子一天天地度过，
无忧无虑地沿着河岸，
收放父亲的渔网，或从羊圈里，
把羊赶到高高的悬崖上，从那往下看，
下面的深度令人眩晕！父亲的小船和闪烁的船桨。

我怎会忘记在山楂树下的座椅，
我的花园种有豌豆、薄荷和百里香，
还有玫瑰和百合来装饰安息日的早晨。
悦耳的钟声邀请人们前去教堂，
还有剪羊毛时节的欢笑与歌声，
我养的母鸡的窝巢长草蔓生，
在最美好的清晨采撷莲香报春花，
榛子林中挂满棕色的成串的榛子。①

河中闪亮的鱼鳞、花草的香气、悦耳的钟声、剪羊毛时节的欢声笑语、榛子林中的累累果实，这些都是自然对辛苦劳作的小农们的“馈赠”。华兹华斯用诗人的语言再造了由自耕农组成的完美的乡村共和国，然而这幅图景只不过是已经破产的自耕农们对往昔岁月的追忆，现如今难以延续。迈克尔为了替侄子还债不得不变卖祖传土地，前往伦敦另谋出路的儿子在“放荡堕落的城市里步入歧途”，最后不得不逃亡海外。《废毁的农舍》中丈夫参军阵亡，陷于悲伤凄苦中无法自拔的玛格丽特疏于料理家务，不仅失去了婴孩，荒颓了农舍，自己最终也郁郁而终。《索尔兹伯里平原》中年轻女子的丈夫和三个孩子皆命丧热病，她只能孤身一人落脚在荒原上的一间破屋中。华兹华斯把他们的家庭悲剧要么归咎于天灾、疾病、贫困以及个人过失这些偶然因素，要么归咎于城市带给人的堕落，却唯独没有从乡村内部寻找酿成悲剧的客观必然原因。历史上的湖区并不像华兹华斯描写的那样是一个没有压迫、没有剥削的“乌

① William Wordsworth, *William Wordsworth: The Major Works*, Stephen Gill ed., Oxford: Oxford University Press, 1984, p. 20.

托邦”，也不是一个仅由自耕农阶层组成的扁平社会。真实的湖区存在一个金字塔型的权力架构，土地贵族和乡绅阶层位于金字塔的塔尖，他们高高在上，牢牢把控乡村的政治、经济和文化资源，而自耕农和无地雇农则位于金字塔的塔身和塔底。虽然他们能够维持自给自足的生活，但这种“独立性”却非常地脆弱，导致他们破产的罪魁祸首是湖区正在经历的圈地运动，而这一原因却被华兹华斯有意无意地回避了。

第二节 湖区圈地

英国乡村的圈地现象早在17世纪就开始出现，被圈占的土地多为敞田（open fields）和公田（common fields）。敞田是几个所有者共同拥有的土地，所有者们有的以土地自由持有者的资格占有土地，有的凭借土地世代持有人的资格通过永久租赁的方式来占有。一般来说，敞田中所有者各自持有的土地面积都不大，而且往往混杂交错在一起，平日大家一同劳作，逐渐形成了中世纪的集体耕作制度。公田又常称作公地（common lands）、公用荒地（common wastes）和公用牧场（common pastures）。与敞田不同，公田是无主的土地，多为沼泽地、泥炭地和沙石地。之所以没有主人，是因为它们缺乏被开垦的价值。公地里长满荆棘、杂草、灌木、芦苇和树木，能为村民提供不少“福利”：他们可以在公地上放养牲畜，拥有放牧权或放养权（pasture）；可以砍伐公地上的树木来建造房屋或栅栏，即伐木权（estover）；如果公地上有池塘或溪水流过，他们还可以在里面捕鱼，即捕鱼权（piscary）；如果是沼泽地和泥炭地，他们还可以挖掘泥炭作为燃料，即采泥炭权（turbary）。[①]

18世纪，城市工业人口的快速增加带动了粮食价格的飞涨，乡村的粮食生产不再是为了满足农民自己的需要，而是为了获取利润。农业的资本化促使英国的土地贵族和乡绅开始圈占土地，建立起大型农场，对土地实行集中化的管理。为了提高粮食产量，他们引入和培育了新的作

---

① Simon J. White, *Romanticism and the Rural Community*, Palgrave Macmillan, 2013, p. 5；保尔·芒图：《十八世纪产业革命：英国近代大工业初期的概况》，商务印书馆1997年版，第112、117—118页。

物品种，兴修水利，建立了新的农业轮作制度。1793 年，英国成立了全国性的农业组织——农业协会（the Board of Agriculture）。这是一个旨在传播农业新思想、促进提高农业生产技术的半官方的机构，苏格兰著名的农业改革家约翰·辛克莱担任主席，阿瑟·扬（Arthur Young）担任秘书。该协会覆盖了 30 多个地区，成员大多数是贵族，其中包括 3 位公爵、1 位侯爵、7 位伯爵和 3 位男爵。农业协会存在了 30 年，于 1821 年解体。但在第二代斯潘塞伯爵的建议下，皇家农业协会（the Royal Agriculture Society）又于 1838 年成立了。①

一些土地贵族对农业改良怀有极大的热情。1783 年加封为第一代伯莱斯特伯爵（1st Earl of Leicester）的威廉·科克（Thomas William Coke）在诺福克郡积极推行四轮耕作制，他在土地上轮流种植小麦、苜蓿、大麦和萝卜来增加土壤肥力；而对威廉·科克产生重要影响的第二代汤森子爵（2nd Viscount of Townshend），另一个绰号"萝卜汤森"更广为人知；国王乔治三世曾自称为"农夫乔治"，为农业协会主办的《农业年鉴》撰稿。米德兰地区的第三代斯潘塞伯爵、兰开斯特的第五代贝德福德公爵也积极投身圈地运动。1800 年，贝德福德公爵向上院递交请愿书，要求简化议会圈地程序，降低圈地成本。议会迅速批准了他的提议，于 1801 年颁布了《一般议会圈地法令》。此后，土地兼并的步伐大大提速，圈地法案的数量有了大幅度提高。土地的集约化管理为英国的地主和乡绅阶层带来了巨大的收益，他们不仅可以获得高昂的粮价，还能索要高昂的地租。与乡村底层民众纷纷破产、无家可归的凋敝景象不同，在乡村统治者的眼中，此时的乡村完全是一片欣欣向荣的盛景。

对土地所做的种种"改良"是为了帮助乡村摆脱野蛮愚昧的状态。豪利特（Howlett）在他的《圈地：农业改良的原因》中将未圈占的土地看作"一块潮湿、不健康的荒沼地"，经过修建排水设施、改良土壤后，土地会变得"干燥、健康和肥沃"。② 除了从欧洲启蒙思想借用"进步"

---

① 何洪涛：《近代英国贵族地产开发研究》，中国社会科学出版社 2018 年版，第 43 页。See Rosalind Mitchison, "The Old Board of Agriculture (1793 - 1822)", in *The English Historical Review*, 74. 290 (January 1959), pp. 42 - 46.

② J. Howlett, *Enclosures, a Cause of Improved Agriculture*, London: W. Richardson, 1787, pp. 22 - 23.

话语为农业改良提供合法性支持外，圈地运动的支持者们还为这个追求经济利益的行为寻找美学上的支持。小皮特首相坚信圈地可以给乡村带来进步、富足和美丽。圈地后的乡村景观也具有多样化的秀美和高度的如画特征，同样可以悦人心目。[①] 较能再现乡村美丽富饶图景的是庚斯博罗的绘画《安德鲁夫妇》（*Mr. and Mrs. Andrews*, 1750）。画面的前景描绘的是新婚夫妇秋日午后打猎休息的场景，罗伯特·安德鲁身穿猎装站在衣着华丽的妻子弗朗西斯身旁。他们位于一片刚刚收割过的麦地旁边，麦田里还堆有捆绑成束的谷物。中景是一块建有围墙的牧场，一大群绵羊正在里面悠闲自得地吃草。远景是一片非常开阔的田野和橡树林。庚斯博罗将安德鲁夫妇和他们的田产描绘在一起，将乡间娱乐与农事生产结合起来，展示了圈地运动后贵族富足、悠闲的乡村生活。画家模仿克劳德和普桑的新古典式的绘画风格来再现英国乡村新近才出现的图景，画面一方面清晰地表明了贵族与土地的产权关系，另一方面却遮蔽了农民与土地的劳作关系，整个庄园看不到一位农民。丰收的谷物、成群的绵羊、广袤的农田以及茂密的树林，它们仿佛是大自然的馈赠，是作为贵族的财产而不是劳作的成果出现在画面上。乡村的圈地景观同样出现在庚斯博罗的继任者康斯太勃尔的画作上。两位画家还是同乡，皆生活在当时农业发达、圈地盛行的萨福克郡。作为磨坊主的儿子，康斯太勃尔在《白马》《斯特拉福特磨坊》《水闸》《英国的运河》中，将水车、磨坊、水闸、运河、运粮船这些促进农业商品化进程的事物植入自然风景之中，展现了农业改良后萨福克郡恬静、祥和的乡村画面。

与愈加富有自信的地主相对，圈地运动却成为自耕农的噩梦。马克思认为圈地运动的实质是“对农村居民土地的剥夺”。他引用普莱斯博士的话来概括圈地运动的结果：“下层人民的状况几乎在各方面都恶化了，小土地所有者和小租地农民降到短工和雇工的地位；同时，在这种情况下谋生变得更加困难了。”[②] 历史学家约翰·汉莫德（J. L. Hammond）和

---

① William Pitt, *General View of the Agriculture of the County of Northampton*, London: Richard Phillips, Bridge-street, 1809, p. 10.

② 马克思、恩格斯:《资本论》第一卷，载《马克思恩格斯全集》第 23 卷，人民出版社 1972 年版，第 784、795 页。

芭芭拉·汉莫德（Barbara Hammond）更是直截了当地说：“圈地对三个阶层：小块土地所有者、茅舍农和无家可归者（Squatter，他们没有自己的合法住所，只得栖身于公地之上）造成了致命的伤害”，他们失去的比得到的要多得多。圈地带给他们的补偿无法弥补之前能在公地、荒地上享有的种种好处。[①] 在这三类人中，茅舍农和无家可归者由于没有土地，往日靠租地或者打工为生。土地集中后，改良后的现代农业不需要之前那么多的劳力，他们由此沦为被驱赶的对象；在圈地过程里能够获得补偿，分得少量土地的只有自耕农阶层，但这种补偿对于身处困境的他们来说可谓杯水车薪，因为议会要求他们在新分得的土地四周建起篱笆，这是一笔不小的花费。此外，他们还要分摊整个圈地过程中所产生的费用，如果再加上后续对土壤的改良、修建排水设施的开销，叠加起来的花费让他们负债累累，不堪重负的自耕农只得把祖传的土地抵押出去。虽然粮价的飞涨让他们有投资土地的意愿，但战争期间粮价的剧烈波动往往成为压倒骆驼身上的最后一根稻草，任何风吹草动都能使他们多年的辛劳付诸东流。因此，大多数自耕农在圈地过程中不但无法保住分得的土地，反而会因为负债而破产。自耕农的悲剧在《迈克尔》一诗中得到了呈现。牧羊人迈克尔辛劳一辈子才还清祖辈遗留下的债务，成为一名自由持有农：

> 过去的六十年所获甚微，
> 这些田产传到我的手上还带有抵押债务，
> 在我四十岁之前，我的一半
> 遗产还不属于我，
> 我不辞辛苦，上帝保佑我的劳作，
> 直到三个星期前这块土地才完全归我所有。[②]

---

① J. L. and B. Hammond, *The Village Labourer, 1760 – 1832, A Study in the Government of England Before the Reform Bill*, London: Longmans, Green & co., 1920, p. 73.

② Stilligner, Jack, Deldre Lynch, Stephen Greenblatt, M. H. Abrams, eds., *The Norton Anthology of English Literature*, Vol. D, *The Romantic Period*, New York: W. W. Norton & Company, 2006, p. 299.

然而要为侄子支付罚没的钱款，迈克尔不得已只能忍痛卖掉田地。土地很快就落入“陌生人的手中”，他居住的“长庚星”农舍也被拆毁，犁铧耕过了它所在的宅基地。附近的一切都发生了巨大的变化，唯一不变的只剩下门前的橡树。《兄弟》中，两兄弟的父辈先祖们世代居住在一间茅屋中。

> 旁边还有几块绿油油的田地，
> 但他们的心比家产更加宽宏大度，
> 他们劳作不息，然而从父辈到儿子，
> 一代代挣扎着，每一代都像上一代，
> 失去一点，再失去一点。老沃特，
> 他们留给他家族的心和土地，
> 土地承载着庄稼，也承载着别的负担。
> 一年又一年，这老人依然保持乐观，
> 与债务、利息、抵押相搏斗。
> 然而他终于沉沦，最终死去。①

这片几代人相继劳作的土地却未能在两兄弟的祖父老沃特那里继续传承下去，他在“与债务、利息、抵押相搏斗”中败下阵来，最终悲惨地死去。自耕农失去了祖传的土地就等于失去了自己安身立命的根基。列维（Hermann Levy）指出，农业革命消灭了小农场和自留地，辛勤劳作的小农场经营者不得不向财大气粗的大农场主屈服，从而激化了乡村内部的阶级对立。②

华兹华斯在《布莱克婆婆与哈里 · 吉尔》（*Goody Blake and Harry Gill*）中展现了土地私有化后乡村巨大的贫富差距和邻里间的紧张关系。布莱克婆婆年迈体衰，缺衣少食，孤身一人，而哈里 · 吉尔则身穿华服，

---

① ［英］威廉 · 华兹华斯：《华兹华斯叙事诗选》，秦立彦译，人民文学出版社 2018 年版，第 196 页。后文出自同一著作的引文，将随文标出该著名称简称《华》和引文出处页码，不再另注。

② Hermann Levy, *Large and Small Holdings: A Study of English Agricultural Economics*, Cambridge: Cambridge University Press, 1911, p. 44.

“上好的呢布，细密的法兰绒”，马甲、背心、毛毯应有尽有。冬日，耐不住寒冷的布莱克婆婆希望找点木柴取暖，这个愿望在圈地运动前不难实现，因为村民有从公地攫取木柴的权利，可现如今，布莱克婆婆却只能偷偷到哈里·吉尔的矮树篱那里“抽取”几根木棍，不料被早已起疑的哈里抓了个正着。哈里认为布莱克婆婆侵犯了他的财产，矮树篱是用来阻隔他的羊群进入大麦地，保护庄稼而立的。虽然布莱克婆婆采取的动作只是“抽取”（pull）——她并非要将整个树篱毁掉，这种完全符合传统习俗中获取公地木柴的行为，却在土地被圈占后被认作“非法入侵”，侵犯了哈里的财产。哈里“大叫一声”，从麦秸堆后面跳了出来，朝布莱克婆婆“扑了过去”，并“恶狠狠地抓住她的胳膊”。受到惊吓，倍感屈辱的布莱克婆婆对哈里发出了诅咒：“愿这个人永世不再暖和!”此后，哈里即使坐在火炉边，身披数件华服、挂毯，也依旧全身寒战不止。诅咒的应验彰显了传统的乡村正义（country justice），也表明了乡村穷人对富人的仇恨。与上文提到的《迈克尔》《兄弟》只侧重自耕农的家庭悲剧不同，《布莱克婆婆与哈里·吉尔》揭示了圈地运动、农业资本化带来的乡村内部的阶级对立。（*Complete*：77－79）

虽然华兹华斯的诗歌里，尤其是叙事诗中会涉及乡村的圈地问题，不过诗人似乎并不愿意直面这个重大的乡村议题，他总是采取迂回含蓄的方法进行影射。更确切地说，华兹华斯对圈地运动采取了回避的态度。例如，湖区的圈地运动从1770年开始，华兹华斯将其称作“由牧民和耕农组成的完美共和国”消失的时间。在1810年的第一版《湖区指南》中，华兹华斯承认那种村民之间的平等互惠、以马匹作为交通工具、自给自足的乡村经济“在过去的40年里”都发生了改变。（*Guide*：67）后来《湖区指南》再版多次，但1770年这个“完美共和国”消失的时间却固定了下来。1820年的版本中，华兹华斯将该句变更为“在过去的50年里”，1830年的版本中又改成“在过去的60年里”。（*Wordsworth*：281）1770年，这个年份既是华兹华斯的出生年份，也是湖区圈地运动的开始时间。1767年，议会批准了对158英亩的肯德尔荒地进行圈占的议案，由此拉开了湖区的圈地序幕。从1770年算起，湖区共经历了3次圈地高潮，分别是18世纪70年代（圈占土地9618英亩）、反法战争期间以及战后10年、19世纪中叶（1840年代圈占10629英亩土地，19世纪50年代圈占 20788 英亩土地）。由于湖区以丘陵山地为主，土地较为贫瘠，相比于地势平坦的英格兰东南部和米德兰地区，这里的圈地进程显得相对滞后。一直到 1800 年，威斯特摩兰郡的荒地比重仍居英格兰首位，达到 79.7%，其中仅高地公地牧场的规模就超过 129000 英亩，大量还未圈占的土地使得湖区成为英国自耕农的最后保留地。但反法战争开始后，湖区的圈地进程迅速提速，19 世纪头十年就圈占了 14515 英亩土地，第二个十年圈地数值达到顶峰，圈占了 25375 英亩土地。[①]

1770 年代湖区第一波圈地浪潮对华兹华斯的童年产生较大影响。这一时段的圈地主要集中在两个地方，其中一个就是彭里斯的周边地区。彭里斯是华兹华斯的外婆家，诗人有一半的童年时光在这里度过。1774 年位于彭里斯东边 5 英里处的坦普尔索尔比（Temple Sowerby）被圈占了；第二年，距离彭里斯 3 英里的凯尔盖斯（Culgaith），大、小斯坦顿（Stainton）、纽比金（Newbiggin）和大布伦考（Great Blencow）教区的土地也相继被圈占；1776 年，圈地扩展到彭里斯周围的布鲁厄姆高沼地（Brougham Moor）和桑德沃斯（Sandwath）；1779 年东南方向相距 5 英里的金斯米尔（King's Meaburn）也兴起了圈地浪潮；两年之后，7 公里外的博尔顿（Bolton）教区也出现了土地圈占的现象。到了 80 年代，彭里斯附近的圈地现象逐渐减少，但 1790 年以后，彭里斯周围又兴起第二波圈地浪潮，1795 年西北方向相距 3 英里的约翰比（Johnby）发生了土地圈占，紧接着是西边 2 英里外的格列斯托克（Greystoke）。[②] 年幼的华兹华斯在外婆家喜欢做的事就是到周边的田间去嬉戏玩耍。他曾说："彭里斯和自己的出生地科克茅斯对自己未来成为一名诗人影响颇大。"（*Wordsworth*：5）显然，幼年的华兹华斯一定会觉察到附近乡野因土地圈占而发生的改变。

除了华兹华斯的外婆家彭里斯周边，18 世纪 70 年代湖区第一波圈地狂潮中的第二个中心是布兰普顿（Brampton）和阿普比（Appleby）之间

---

① Ian Whyte, " 'Wild, Barren and Frightful' – Parliamentary Enclosure in an Upland County: Westmorland 1767 – 1890", in *Rural History*, No. 14, 2003, pp. 22, 25.

② Helena Kelly, William Wordsworth and Enclosure: 1793 – 1803, https://www.academia.edu/14327776/The_politics_of_space_enclosure_in_English_literature_1789 – 1815, 2020. 9. 13.

的区域。1772 年布兰普顿被圈占，次年被圈的是位于布兰普顿南边大约 1 英里的奥姆赛德（Great Ormside）。东南方的斯坦福德（Standford，1773 年）以及阿普比（1774 年）也相继被圈占。在接下来的十几年里，相对较为平静。第二波圈地高潮到来后，1791 年，布里塔（Bleatarn）被圈占；1800 年，上登顿和下登顿地区（Upper and Nether Denton）也相继被圈占。[①] 历史上这些地方一直是劳瑟家族的地盘。这几起圈地案的鼓动者，甚至是幕后策划人很可能是朗斯代尔家族的族长詹姆斯·劳瑟（James Lowther）。他贪婪成性，臭名昭著，人们称其为“夺取一切的吉米”（Jimmy Grasp-All）、“邪恶的吉米”（Wicked Jimmy）。詹姆斯·劳瑟不仅肆意侵占小农的土地，还敢于因为土地问题与第 3 代波特兰公爵发生正面冲突。1768 年，他发现英格尔伍德林地（Inglewood Forest）以及卡莱尔的农地租赁权并没有被授予给波特兰公爵的祖先，但该家族却一直长期持有这些权益。为了从公爵手中夺取该地，詹姆斯对土地的所有权质疑，波特兰公爵援引《默认法》（The Quieting Act）来说明超过了追诉期限的实质性占有同样具有合法性。詹姆斯随即弄到了一张王室对该地的土地授权，宣称王室土地不受追诉期限的制约。双方的争执一直闹到了下议院，最后劳瑟家族败诉，《默认法》的漏洞也得到了填补。作为报复，恼羞成怒的詹姆斯将生活在英格尔伍德林地上的 400 多名租地农驱赶了出来。虽然这场纷争不涉及对无主土地的霸占，但两个家族对土地所有权的争夺却酿成了与圈地运动相同的后果，大批契约租地农被迫离开自己的生存之地。

华兹华斯的父亲约翰·华兹华斯（John Wordsworth）就是执行詹姆斯驱逐租地农命令的负责人。此外，他还是劳瑟家族的土地代理人和法律顾问，不仅为詹姆斯处理土地交易事务，还帮助他拉拢当地选民，赢得议会席位。虽然被“委以重任”，但约翰逊对这位东家却多有抱怨，指责他权势熏天，是当地令人恐怖、招人憎恨的贵族。[②] 华兹华斯的父亲曾在

---

① Helena Kelly, “William Wordsworth and Enclosure: 1793 – 1803”, https://www.academia.edu/14327776/The_politics_of_space_enclosure_in_English_literature_1789 – 1815.

② Kenneth R. Johnston, *The Hidden Wordsworth: Poet, Lover, Rebel, Spy*, New York and London: W. W. Norton, 1998, p. 19.

一次土地交易中为东家垫付了 5000 英镑，而这笔欠款却由于自己的突然离世而遭到了詹姆斯的断然否认。[①] 父亲去世后，贪婪的詹姆斯·劳瑟将华兹华斯兄妹赶了出来。身无分文的华兹华斯不仅被迫要与妹妹分离，更无力抚养远在法国的私生女儿，孤苦无依的个人境遇让他深刻体会到背井离乡的破产农民的困顿。1793 年，他孤身一人在野外度过一夜，这一经历激发他创作出诗作《索尔兹伯里平原》。华兹华斯将自己的个人经历投射到诗中流浪女子（the female vagrant）的身上，让她遭受了与自己相似的苦难：父亲的离世、背井离乡、瘟疫、疾病、饥饿等种种不幸，最后在荒野的破屋中与诗人相遇。

华兹华斯对这些流离失所的乞丐、流浪者、寡妇、疯女人、痴童、退伍军官、收水蛭的老人给予了无限的同情，提倡要对他们进行施舍救助，但诗人的主张却遭到了信奉自由竞争者们的反对。在后者看来，个人的生死得失与他人无关，底层民众的家庭惨剧是自身原因造成的，他们缺乏自我完善的上进心、容易自暴自弃，对他们进行救助，反倒会纵容他们好吃懒做的秉性。马尔萨斯将这些人称作“过剩人口”，是整个社会进步的“包袱”和“隐患”。为了消灭这些“过剩”的人口，他将自然界残酷的竞争法则引入社会管理中来，提出战争、疾病、饥荒以及道德上的禁欲等方法来解决人口过剩问题，并指出根本的解决方法是要消灭穷人的肉体，减少他们的数量。马尔萨斯弄错了贫困现象日益严峻的原因，他认为在自然环境中的人口快速增长一旦超过了环境的承载能力就会导致生活状况的普遍恶化，这是一个不可避免的“自然”过程，但造成贫困人口突然“暴增”的真正原因却不是马尔萨斯所谓的人口自然繁衍的规律，而是乡村正在进行的农业资本化进程，自耕农被迫将自己的土地转让给土地贵族和乡绅阶层，这些土地和被圈占的公地与荒地合并到一起，形成了乡村土地的相对集中，为农业新技术的普及创造了条件。伴随资本增密、技术升级而来的是对乡间劳动力的排斥，进行集约化经营的大农场因为生产效率的提高并不需要之前小农耕作时代那么多的劳动力，失去土地后的自耕农和原本的无地雇农都沦为无业游民，他

---

① Kenneth R. Johnston, *The Hidden Wordsworth*: *Poet*, *Lover*, *Rebel*, *Spy*, New York and London: W. W. Norton, 1998, p. 782.

们成为农业资本化过程中的牺牲品，并承担了农业产业升级所需付出的制度成本。

马尔萨斯将农业产业升级所产生的失业人口和贫困现象看作一场“生态环境危机”，从而将在农业资本化过程中的既得利益者，即拥有大量土地的贵族、乡绅以及租地农场主们所应承担的责任转嫁给破产失业的小农阶层，并且声称他们的失败源于自身旺盛的繁殖能力和道德上的不知节制。① 马尔萨斯进而提出应该改变英国旧济贫法的“慈善”性质，济贫不是为了给需要救助的人带去安全感，而是要羞辱和惩罚他们。乡村的饥荒导致的人口减少有利于刺激经济活力，而每次经济扩张的失败，以及就业增长乏力都是受传统济贫制度的拖累。马尔萨斯提倡大规模地拆毁乡间村舍，禁止教会对有劳动能力的教民提供援助。②

马尔萨斯在1798年提出的“人口理论”其实针对的是1795年英格兰推行的斯宾汉姆兰济贫体系（Speenhamland system）。18世纪90年代，战时的通货膨胀和连续数年的粮价暴涨引发了全国饥荒和乡村暴动。正值英国与法国交战的关键时刻，为了稳定国内局势，顾及乡村贫民的生存权利，几名乡绅和牧师自发聚集在斯宾汉姆兰，根据市场上的面包价格对贫民提供救助，以此来消灭由于饥饿引发的社会暴乱。它最先在波克郡（Berkshire）施行，后来推广到整个英格兰地区。经济学家卡尔·波兰尼对这种旨在保护社会转型过程中受害者生存权益的举措大为欣赏，认为它体现了兼顾多数人的“社会原则”对自私自利的“市场原则”的矫正，同时也意味着传统乡村社会中“道德经济学”的胜利。不过，波兰尼没有看到这种济贫制度只能算是战时“维稳”的权宜之计，也没有意识到它是英国乡村从传统自给自足式经济向现代商品经济过渡时所采用的临时性政策。斯宾汉姆兰制度并没有损害农业资本家的经济利益，也没有阻止资本主义对乡村社会关系的改造，市场经济原则对传统乡村

① 马克思在《1857—1858年经济学手稿》中专门就马尔萨斯的人口论进行了深刻的批判，详见《马克思恩格斯全集》第46卷下，第104—111页。

② Nigel Everett, *The Tory View of Landscape*, New Haven: Yale University Press, 1994, pp. 212 - 213.

社会的“嵌入”这个大的趋势不仅没有发生逆转，形成“脱嵌”，反而在拿破仑战争后呈现加速的状态。反法战争期间推出的斯宾汉姆兰济贫法充其量只是缓和了乡村的阶级矛盾，对农业资本化的进程按下了暂停键而已。

支撑斯宾汉姆兰济贫体系的是乡村传统的道德经济学（moral economy）。它是乡村土地贵族与底层民众在传统父权制经济体制下达成的一种妥协：要求作为统治阶级的贵族需承担救助贫民、确保民众生存的义务，而村民在接受施舍救助的同时也要拥护贵族的统治。[①] 当这种制度设计伴随着农业资本化进程被逐步瓦解后，封建贵族摇身一变成为农业资本家，而依附于贵族的底层民众成为“自由”的劳动者，传统社会中两个对立阶级之间的默契现已荡然无存。施加在贵族身上的道德约束也完全失效了，而底层民众在新的制度下却无力捍卫自己的生存权益。英国战时推行的济贫制度只能算是乡村传统的“道德经济学”短暂的回光返照。当代表大资产阶级、大贵族的辉格党重新掌权后，这个旨在维持传统乡土社会结构的斯宾汉姆兰济贫制度毫无悬念地被废除了。1834 年，议会颁布了更为冷酷无情的《新济贫法》（The Poor Law Amendment Act）。[②] 此法令完全遵照马尔萨斯人口论的思想，停止向有劳动能力的人和他们的家庭提供救助，禁止公开乞讨，所有的救助行为都被局限在济贫所（workhouse）内。在济贫所里面，丈夫被迫与妻子分离，生存条件极其恶劣，它成为臭名昭著的“穷人的巴士底狱”。

1835 年听闻《新济贫法》获得议会通过的华兹华斯在《1835 年后记》（*Postscript of 1835*）中表达了自己的不满。他认为《新济贫法》冷酷无情，违反了人的自然天性，斩断了人对弱者的怜悯之心。华兹华斯不赞同《新济贫法》中济贫院对贫民所采取的集体救助方式，而是提倡个人的施舍行为，认为面对面的个人救助维护并增强了人与人之间的情感纽带。布施者对受赠者的同情以及后者对前者的感激增强了乡村社

① 汤普森在《英国工人阶级的形成》《共有的习惯》中认为，在双方博弈的过程中，农民产生了阶级意识。传统的“道德经济学”有助于后来英国城市工人的阶级意识的形成。

② G. Britain, *Report from His Majesty's Commissioners for Inquiring into the Administration and Practical Operation of the Poor Laws*, London: B. Fellowes, Ludgate Strett, 1834.

会的内部和谐。华兹华斯从道德而非效率的角度出发，认为富有阶层对穷人的自愿帮扶要远远胜过《新济贫法》中毫无人情味的救助。此外，《新济贫法》在具体实行过程中将救济对象划分为“值得救济”和“不值得救济”的做法也招致了华兹华斯的批评。标准过于严苛，无法帮助那些勤劳善良的可怜人，而他们理应得到救助，即使是斯宾汉姆兰济贫体系也存在这样的问题。这也是华兹华斯对相继推出的两套济贫制度都不认同的原因。他的诗作《最后一只羊》（*The Last of the Flock*）讲述的就是一位牧羊人因无力养活一家人而被迫卖羊的悲剧。走投无路的他也曾向教区乞求救济，却遭到了断然拒绝，因为他还有自己的羊群，达不到济贫标准。但每卖一只羊，牧羊人的心头就滴血不止。随着羊群数目的减少，他对儿女的爱也一天天减弱。（*Complete*：85－86）华兹华斯认为，一个好的济贫制度，“要从广大的民众的利益考虑，宁可让十个本不该接受救济的人获得救助，也不能让一个好人，由于得不到救助而自甘堕落、丧失活力，坠入歧途，甚至陷入绝境”（*Works*：358）。牧羊人的悲痛只能靠他人的帮扶才能减轻，而面对面的施舍能够让整个举动充满“人情味”。

华兹华斯支持公开乞讨和施舍，认为这是乡邻互助精神的重要体现，他无法理解此类行为为何会遭到《新济贫法》的禁止。在《坎伯兰的老乞丐》（*The Old Cumberland Beggar*）中，华兹华斯效仿福音书传教的方式对《新济贫法》的制定者言道：

> 不要觉得他［老乞丐］是多余的！
> 你自命不凡，这样焦躁不安，
> 手中总拿着一把扫帚，要扫除
> 这世上的碍眼之物；你踌躇满志，
> 当你骄傲地思量着你的才干，
> 权势，智慧，不要把这乞丐看作
> 世上的负担。（《华》：第51页）

在政策制定者看来，乞丐就是“碍眼之物”，允许当众行乞就是对不劳而获行为的肯定，但华兹华斯却在老乞丐的沿街行乞中发现了他的社

会价值:

> 他就这样维系着
> 村民的为善之心，否则岁月流逝，
> 不完整的经验给予的不完整的智慧，
> 让他们钝于感受，必会让他们
> 一步步屈从于自私和冷漠的思虑。
> ……
> 只要是这老乞丐走过的地方，
> 习惯的温和力量就驱使着人们
> 必然做出爱的举动；习惯的作用，
> 不啻理性，也引致事后的愉悦。(《华》：第 51 页)

老乞丐的行为能够激发人们的同情心，促使“那些目不识字的村民做出善举，”让他们发现“自己与那个充满匮乏与悲哀的世界的亲缘”(《华》：第 52 页)，并为自己所特有的幸福感到庆幸。华兹华斯发现施舍能“让我们都共同拥有一颗人类的心灵”。对公开乞讨和施舍行为的肯定，表明诗人希望传统的乡村道德经济学还能继续发挥作用，乞丐的悲惨困境可以激发施救者的悲悯之心，公开场合面对面的施舍可以让在场的人都能学会仁慈、珍惜和感恩。诗人想通过个人的善举来树立乡村社会充满脉脉温情的有机形象，营造出乡村内部成员团结互助、同舟共济的氛围。华兹华斯呼吁：

> 但愿收容所不要以恪尽职守之名
> 囚禁他——那逼仄之地的吵嚷，
> 空气中充斥的摧残生命的喧嚣。
> 让他继续流浪吧！(《华》：第 54 页)

华兹华斯的提议看似充满悲悯和同情，但细细想来，他的解决之道如果实行起来，会比马尔萨斯的方案还要冷酷无情。马尔萨斯认为残酷的自然界只会消灭穷苦人的肉体，所以采用社会圈禁的方式来确保他们的生存。相比之下，华兹华斯的救济方法过于理想和浪漫，靠个人善举来纾难解困无异于杯水车薪，根本无法解决乡村的贫困问题。他将乞丐置于自然界之中，任其自生自灭，其实就是放弃了社会对贫民的救助责任。这种极端不负责任的丢包袱行为不但比马尔萨斯的方案成本更低，而且听起来更符合人性。相比把乞丐圈禁在牢笼一般的济贫院中，把他驱逐出社会并放逐到自然之中，不仅“无人责备，也无人伤害他”，他还能得到一个“老人应有的宁静”，与林鸟为伴，一同分享偶然获得的食物，华兹华斯说我们应该祝福这位老乞丐：

> 只要他还能够流浪，就让他
> 呼吸山谷的清新，就让他的血液
> 与寒霜、与严冬的风雪搏斗，
> 让我们允许席卷着荒野的风，
> 把花白的头发吹在他憔悴的脸上
> 尊重他的希望吧，他带来的生机
> 与焦思，是他对人世最后的牵挂。（《华》：第 54 页）

“就如他在大自然的注视下活着，就让他在大自然的注视下死去。”诗人为老乞丐的最终归宿设置了一个浪漫而又如画的场面。华兹华斯将马尔萨斯式的那个令人恐惧的自然变得极富有人情味，肉体的死亡并不可怕，因为那意味着回归自然，最终与自然融为一体。在《远游》中，他说：

> 大自然对我们最钟爱的地方，
> 并没有豁免，而是将它可畏的权利
> 执行到最极端，并且要求着
> 不可避免的痛苦，作为对她的献祭。（《华》：第 246 页）

但所有这些痛苦，与自然的馈赠相比，又算得了什么！华兹华斯接下去笔锋一转，说这壮丽、纯洁、辽阔的天空、深谷包围着我，让我神智清明。这种情绪上的反转经常出现在他的诗作中，当作者情绪低落之时，突然会得到自然的恩泽，一下子又感到无上的喜悦。在《废毁的村舍》中，故地重游的诗人还沉浸在女主人去世的悲痛之中，他清楚地记得：

> 那些羽毛，
> 那些杂草，那堵墙上高高的针茅，
> 雾和无声的雨点将它镀上银光。(《华》：第46页)

成为废墟的茅屋让诗人感到无限的“哀痛和绝望”，而与此同时，这些恬静的景象又平静了他“纷乱的思绪”，使得“所有的悲伤仿佛都是一个虚妄的梦想”。沐浴在落日余晖之中的诗人，

> 感受到美好的时刻正在降临，
> 一只红雀在大榆树上啼鸣，画眉鸟
> 发出清脆的歌声，各种悦耳的声音，
> 从远处传来，充满在温和的空气里。(《华》：第47页)

破旧的茅屋周围优美的景色抚慰了诗人的悲痛，钝化了他对乡村悲剧的感受，这些具有慰藉作用的自然景物同时也产生了精神鸦片的作用。它麻痹了人的精神，剥夺了人的抗争意志，使得造成乡村悲剧的农业资本化进程不再被追责。这种消极无为的寂静主义充斥着华诗，不仅自然景物处于永恒的凝滞状态，就连生活在自然界中的人也保持着静止不动。《果敢与自立》(*Resolution and Independence*) 中收水蛭的老人像“横卧光秃山脊上的一块巨石”“平坦礁岩上的一头海兽”一般，一动也不动。这种缺乏“活力”的人却成了诗人精神上的导师和楷模，他们用永恒的静止来代替易逝的变化，用消极无为来抚慰物质上的匮乏。不论是破产的自耕农，还是无家可归的乞丐，抑或是家徒四壁、惨遭遗弃的女子，他们虽然遭受了命运的打击，但却不会哀叹世道的不公，产生怨愤不平之情，更不会有揭竿而起的革命冲动，所有人只会选择默默地忍受。《兄弟》中，诗人提到湖区的山民能够非常平静地接受死亡，这种平静甚至可以用“淡漠”来形容。有的教堂墓地里甚至连一块墓碑都没有，而大

部分也只有寥寥的几块。[1]

但这些卑微、麻木的村民却成为自然的代言人，华兹华斯赋予他们“独立、坚韧、高洁”的道德品行。于是，一种奇妙的“暧昧感”出现在他的诗歌之中。每当诗人对这些孤苦无依的失意者给予深切同情时，又会情不自禁地感觉他们能与自然心意相通的生存状态是多么令人向往。自然中的人既悲惨又幸福，既值得怜悯又令人羡慕，两种互相对立的情感交织在一起，混淆了人们对乡村贫困问题所做的道德判断和美学判断。

这些在自然中安分守己的乡村底层成为华诗中的主人公。1798 年第一版《抒情歌谣集》的推销词中，华兹华斯说自己试验了一种新的文体风格，来检验“在多大程度上中间和底层阶级交流所使用的语言可以用来产生诗的愉悦”[2]。在 1800 年第二版《抒情歌谣集》的序言中，诗人希望平凡的乡村生活在语言和观念上都能成为矫揉造作、虚伪欺骗的解毒剂，只有在乡村穷人中间，内心基本的情感才能获得成熟，说出更朴质、更具感染性的话语。由此，诗人对浪漫主义的诗歌内容和诗歌语言进行了重新概括：

> 诗歌应该选取低微的乡村生活，因为在那种情况下，心灵最根本的情感找到了更好的土壤，达到了成熟状态。这些不受拘束的情感能采用更加直白、有力的语言；因为在那种状态下，我们初始的情感能够在更简洁的状态中和谐共处，也就更能进行准确的沉思和有力的交流；这些初始情感和乡村职业的基本特点产生了乡村生活的各种行为准则，这些准则也因此变得更加容易理解，延续得更为持久。在这种情况下，人的情感与自然那美丽与永恒的形式结合在一起。（*Lyrical*：Vol. 1，10 – 11）

将乡村底层民众写入诗歌，认为诗歌语言与散文语言无甚差别，华

---

① William Wordsworth，*Lyrical Ballads*，*with Other Poems. In Two Volumes*，Vol. 2，London：T. N. Longman and O. Rees，Paternoster-Row，1800，p. 226. 后文出自同一著作的引文，将随文标出该著名称简称“*Lyrical*”和引文出处页码，不再另注。

② William Wordsworth，*Lyrical Ballads*，*with New Other Poems*，London：J. & A. Arch，Gracechurch-Street，1798，p. i.

兹华斯这种想要打破乡村等级秩序、语言等级秩序的做法无疑是一次“革命”，遭到了对手杰弗里（Francis Jeffrey）的激烈批评。杰弗里是 19 世纪较具影响力的杂志《爱丁堡评论》的创刊人和编辑，他和史密斯（Sydney Smith）以及劳瑟家族的政治对手亨利·布鲁厄姆一起创办了这份刊物。他批评华兹华斯弄错了对象，把崇高、温情或充满激情的观念与卑微的人物和琐碎的事件连在一起。乡村底层民众一旦说出他们根本无法理解的文化精英的思想，就会显得滑稽可笑、不伦不类。《乞丐》是“愚蠢与造作的典范”，《爱丽丝·菲儿》（*Alice Fell*）亦属此类。“用高雅的风格描写一位四处兜售绒布和手帕的小贩，必将吓跑他的客人。他不是被当作疯子，就是当成装模作样的学究，在嬉戏玩闹时以拙劣的演技假扮而成。”[①]

勃兰兑斯也说哪怕是华兹华斯最好的诗篇，如《露丝》（*Lucy Grey*）、《迈克尔》和《兄弟》，“许多主要人物并不是地道的农民或农村居民，而且我们还能够觉察到，他的自然主义激情和如此密切相关的试图通过美化下层阶级进行说教的倾向，常常驱使他赋予某个地位低下的男人或女人以他或她很少有可能具备的品质和才能”，“在虚构的作品中，把自然主义发展到这样极端的地步，会由于缺乏可信度而令人反感”。[②] 华兹华斯无限度地拔高底层村民招致了这二人的批评，就连诗人亲密的战友柯勒律治，也不认同华兹华斯的做法。他认为华氏笔下的人物被刻意拔高后反倒表现出不可思议的愚蠢，并给读者造成负面的印象：读者会产生卑微的小人物和乡间发生的琐事是低级的、愚蠢的和无趣的印象，例如诗歌《痴儿》（*The Idiot Boy*）与其说表现的是母亲在日常生活中对傻儿子的疼爱，倒不如说是对她错误决定的一个滑稽的讽刺，母亲显得和她痴呆的儿子一样愚蠢、幼稚。[③] 柯勒律治还对华兹华斯的诗歌语言论提出质疑。他认为乡村居民的文化素养较低，存在知识上的缺陷，他们只能表达一些碎片化的事实和表层经验，而不能像受过良好教育的人那样

---

① 详见徐晓东《华兹华斯的言不由衷》，《外国文学评论》2013 年第 1 期，第 80 页。

② ［丹麦］勃兰兑斯：《十九世纪文学主流（第四分册）：英国的自然主义》，徐式谷等译，人民文学出版社 1997 年版，第 70—71 页。

③ S. T. Coleridge, *Biographia Literaria*, Vol. 2, London: William Pickering, 1847, p. 51. 后文出自同一著作的引文，将随文标出该著名称简称“*Biographia*”和引文出处页码，不再另注。

揭示出事物之间的普遍联系，并进而归纳出内在的规律。最好的语言是哲学家的语言，而非小丑或牧羊人的行话。乡村日常交流的语言并不能像华兹华斯声称的那样，可以直接成为优秀的诗歌语言。（*Biographia*：55，286，41）柯勒律治认为华兹华斯从村民中发现的“人类的真正语言”只不过是诗人自己发明的冒牌货。

> 这位诗人［华兹华斯］使用了不合逻辑的词语，或通过一种无根据的新奇，来激发低级、多变的好奇趣味。他使用一种愚蠢和空虚的语言，非但没有替换掉质朴的语言，却把含有鉴别力和自然情感的语言给替换掉了。（*Biographia*：58－59）

除了语言表达，柯勒律治还发现华诗中风格不统一的问题。“特别精妙的诗句（往往具有冲击力和原创性）会令人毫无准备地突然转换成一种不仅无趣而且平庸的表达。”（*Biographia*：132）他认为文风的突变是华兹华斯诗文的一大败笔，这个失败源于诗人试图将深邃的哲理与浅显的乡村生活串联在一起，但效果却不尽如人意。

杰弗里和柯勒律治对华诗内容和文体风格都进行了尖锐的批评。他们认为诗歌采用下里巴人的俗语并不合适。诗歌语言是高雅的艺术语言，应该守住艺术语言与生活语言的等级界限。然而，华兹华斯并没有凸显湖区的“地方性”，他没有像苏格兰诗人那样大量使用地方方言进行创作；相反，他把带有地方性特征的表达、拼写全部剔除出去，只采用规范的英语进行创作。事实上，华兹华斯的批评者们不能容忍的是他诗歌中所体现的“民主”思想，他们不能理解诗人为何要模仿小农的语言来表述精英的思想。他在等级森严的艺术领域反其道而为之，歌颂乡村下等阶层，这在法国革命思想席卷英国的敏感时刻，如此“亲民”的举动往往被理解成带有煽动性质的激进主义。

不过，华兹华斯早年虽然受法国大革命和戈德温思想的影响，但创作《抒情歌谣集》时，他已经转向了保守主义。他笔下的乡村小人物，要么近乎痴愚，要么近乎麻木，长期与自然打交道使他们也几乎变成一个个静止不动的“景观”。（*Complete*：804）与揭竿而起的法国小农不同，他们根本就不具备推翻现有秩序的革命精神。排除了政治上的激进主义，华兹华斯在文学领域引发“革命”，决意要打破英国奥古斯汀时代新古典主义文学传统，目的是制造一个“有机”的概念来团结乡村社会。在《抒情歌谣集》的序言中，华兹华斯说创作这些诗歌的目的是使用真正的语言来叙述日常生活里的事件，“同时给这些事件和情景蒙上一种想象的色彩，使日常的事物在不平常的状态下呈现在心灵面前；最重要的是从这些事件和情景中真实地而非虚浮地探索我们的天性的根本规律”。诗人对这些细琐、微不足道的事物如此关注的原因是他要从不同之中发现共同之处，找出对人类重要的价值：

> 新近的情感会受到过去情感的修正和指引。对自然的细致观察能够激发内心的思绪，让人回忆起过去曾经引发相似情感体验的事物，通过比较，人才会发现对自己真正重要的东西。这些重要的刺激物引发的情感彼此不断地相互印证，产生了绵延感，如果最终能让人拥有“有机的感受力”并形成习惯，那么，个人会自动地遵从习惯引发的刺激，将产生刺激的外在事物与内心自发形成的情感联系在一起，进而加深对人类自身的理解。一旦人能够处在这种积极的普遍联系之中，他的心智会得到启蒙，品位得到提升，情感变得更为细腻。(*Lyrical*：Vol. 1，14－15)

强调共同性、普遍联系的华兹华斯力图通过自然、情感和想象来构建湖区的“有机性”[①]：这里的村民听得懂自然的语言，他们与风云、山川息息相通，能从自然万物中发现共通的天性，学会以“同情”的心态对待其他村民，以“敬畏”的心态看待传统。他们虽然过着辛勤而俭朴的生活，但不必依附他人，也不必被迫为他人工作，个人与自然、社会既和谐相处，又保持独立。利用有机体的概念，华兹华斯将湖区已经消逝的乡土社会浪漫化为一个平等、互助的共和国，从而遮掩了过去真实存在的乡村金字塔型的权力结构。华兹华斯让位于塔尖的统治阶级隐身起来，只保留了中间的自耕农阶层和塔底的无地雇农来代表整

---

① 关于浪漫派成员柯勒律治有机体的思想，详见 M. H. 艾布拉姆斯《镜与灯：浪漫主义文论及批评传统》，郦稚牛等译，北京大学出版社 1989 年版，第 341—353 页。

个乡土社会，这一做法不仅有助于遮盖圈地运动中统治阶级压榨、驱逐弱小村民那段辛酸的历史，消除乡村内部阶级之间的紧张对立，又能顺理成章地将村民的悲惨遭遇归结为外部原因；更重要的是，这种处理方式美化了传统的乡村社会，贵族统治下的“良治”社会对目前处在水深火热的民众产生了巨大的吸引力。农业现代化进程、圈地运动把他们从赖以生存的土地上驱赶出去，面对日益恶化的生存条件，他们渴望回到过去，继续生活在封建贵族的统治之下，让他来保护自己。就像马克思说法国保守的小农会支持路易·波拿巴一样，英国的破产农民“不能以自己的名义来保护自己的阶级利益，无论是通过议会或通过国民公会。他们不能代表自己，一定要别人来代表他们。他们的代表一定要同时是他们的主宰，是高高站在他们上面的权威，是不受限制的政府权力，这种权力保护他们不受其他阶级侵犯，并从上面赐给他们雨水和阳光”①。

于是，英国历史上吊诡的一幕出现了：变为农业资本家的土地贵族理应是圈地运动中破产农民憎恨的“敌人”，而现在，他们却被想象成小农阶级的“拯救者”。当下的悲惨生活放大了昔日的美好，小农们对现状的否定就是渴望回到过去，继续生活在“仁慈”的土地贵族的统治下。这正好为土地贵族打击城市资产阶级提供了广泛的民意基础。土地贵族把自己包装成传统乡土社会的守护者，将他们与破产民众的内部矛盾外化为城市与乡村的矛盾，把传统乡土社会的解体归结于外部城市工业文明的入侵，这不仅悄无声息地免除了自己在圈地运动中所要承担的责任，还为本阶级继续统治乡村提供了道德上的合法性。对此，马克思在《共产党宣言》中将其称为“封建的社会主义”：

> 为了激起同情，贵族们不得不装模作样，似乎他们已经不关心自身的利益，只是为了被剥削的工人阶级的利益才去写对资产阶级的控诉书。他们用来泄愤的手段是：唱唱诅咒他们的新统治者的歌，并向他叽叽咕咕地说一些或多或少凶险的预言。“这样就产生了封建

① 马克思、恩格斯：《路易·波拿巴的雾月十八日》，《马克思恩格斯全集》第8卷，人民出版社1972年版，第217页。

的社会主义，半是挽歌，半是谤文，半是过去的回音，半是未来的恫吓”。“为了拉拢人民，贵族们把无产阶级的乞食袋当做旗帜来挥舞。但是，每当人民跟着他们走的时候，都发现他们的臀部带有旧的封建纹章，于是就哈哈大笑，一哄而散。”①

在马克思眼中，小农阶层是落后生产力的代表，是注定要被历史淘汰的阶级，因此，他们不能像代表先进生产力的工人阶级一样，能够看破贵族的伎俩，“哈哈大笑，一哄而散”。虽然都不被马克思看中，但英国农民似乎比法国农民更显“愚昧”。与法国农民在大革命期间对地主的普遍痛恨不同，英国农民一直对贵族阶层恭敬有加，这可能与英国贵族一向强调“内敛、克制”有关。此外，英国贵族的宣传也极具欺骗性，通过建构乡村有机社会这个乌托邦神话把自己隐藏起来，《安德鲁夫妇》中赤裸裸的“炫富”行为到了 18 世纪末就逐渐销声匿迹。轰轰烈烈的圈地运动在英国的艺术领域成为一个少有人问津的创作题材。华兹华斯对湖区的塑造只不过是迎合了这种文化需求，他创作的大量自然诗中鲜有对圈地景观的描绘，即使有，也多是一笔带过。如在《丁登寺》中，诗人远眺，发现：

在这个季节，树上的果实还没有成熟，
身披绿色，将自己隐身于
灌木和树丛之中，又看见
这些篱笆树丛，也许并非树篱，而是一行行，
欢快的、野性难驯的杂树。（*Complete*：91）

诗人描述了果树林被树篱圈围的景象，但他巧妙地用野生灌木杂树掩盖了树篱作为圈识标志的人工痕迹，使读者很难留意到其中隐藏的圈地信息。18 世纪末兴起的如画理论更是将注意力转向没有人工痕迹的自然风景。到了 19 世纪，特纳（J. M. W. Turner）、威尔森（Richard Wil-

① 马克思、恩格斯：《共产党宣言》，《马克思恩格斯选集》第一卷，人民出版社 2012 年版，第 423 页。

son)、德比(Joseph Wright of Derby)、卢瑟博格(Philip James de Loutherbourg)完全放弃了对生产性良田的描绘,转而描绘充满自然之气的风景。土地贵族也开始脱离农事活动,把生产性的农田完全排除在自己生活、休闲区域之外。他们在乡间豪宅的四周建起巨大的花园来再现自然风光。文学界亦是如此,浪漫派诗人选择集体噤声,知名作品中很少会涉及圈地议题,对乡村的描写仍照搬传统的牧歌、田园诗的写作套路,将其美化成一座“人间乐园”或是“忘忧谷”。除了戈德史密斯、克雷布(George Crabbe),大多数作家不愿直面乡村的真实图景,甚至连贫农出生的克莱尔(John Clare)也没有详细提及故乡赫普斯顿(Helpston)的圈地进程,他关注的是对现如今遭到严重破坏的童年风景的追忆。[1] 也就是说,整个文化界都不愿意得罪他们重要的买主和资助者,他们只敢用前工业化时代的乡村风景来间接影射正在进行的圈地运动,而这恰恰是乡村统治阶级希望看到的结果。

于是,另一个有趣的“悖论”出现了:土地贵族在经济上积极推动圈地运动和农业改良;但作为艺术的资助者,他们又将圈地运动排除在审美领域之外。态度上的一正一反其实都与法国的局势密切相关。大革命爆发前,法国旧制度极大地推动了资本主义的发展,法国王室的激进反而加快了自身的灭亡。无套裤汉们对大贵族的极端手段让海峡对岸的英国贵族心有余悸、居安思危,法国由“暴民”引发的无政府主义的乱局让英国贵族按下了改革的暂停键,由激进转向保守,推崇秩序、传统和等级。他们越来越意识到资本主义生产方式在带来巨大财富的同时也蕴藏着对社会结构的巨大颠覆能力,在享受农业资本化带来的高额利润的同时如果不对资本加以限制,最后反而会削弱自己的统治根基和统治的合法性。在圈地运动成功瓦解了自耕农阶级后,18 世纪末英国贵族结束了与城市资本家的蜜月期,开始将资产阶级视为竞争对手和挑战者。这种敌对情绪在艺术上表现为对带有资本主义性质的圈地运动的否定,在政治上体现为托利党与辉格党之间的争斗。1818 年的湖区选举成为

---

① 关于克莱尔与赫普斯顿的圈地内容,详见 John Barrell, *The Idea of Landscape and the Sense of Place 1730 - 1840: An Approach to the Poetry of John Clare*, Cambridge University Press, 2011, pp. 189 - 215。

1832 年议会改革的前奏，代表托利党的劳瑟家族与代表辉格党的亨利·布鲁厄姆就威斯特摩兰郡的议员席位开展了声势浩大的竞选活动，而作为劳瑟家族的幕僚，华兹华斯也卷入其中。

第三节 湖区议员选举

1803 年，威廉·劳瑟（William Lowther）继承了叔叔的家产。他不仅偿还了家族之前所欠华父的债务，还补足了这笔久拖不决的欠款所产生的利息。此举让华兹华斯感恩戴德。华兹华斯和妹妹多萝西用这笔赔偿金资助他们的弟弟约翰·华兹华斯（John Wordsworth）前往印度从事鸦片贸易。约翰将自己的商船命名为阿伯加文尼伯爵号（the Earl of Abergavenny），这个名字源于他们的一个亲戚。华兹华斯的奶奶玛丽·罗宾逊（Mary Robinson）是阿普比的议会议员杰克·罗宾逊（Jack Robinson）的姑姑，杰克的女儿（也叫玛丽·罗宾逊），1781 年嫁给了第二代阿伯加文尼伯爵（2nd Earl of Abergavenny）。[①] 以贵族的名号来命名自家的商船透露出华兹华斯一家人内心的渴望：他们希望能与贵族结亲，甚至有朝一日也能晋升为贵族阶层来光耀门楣。偿还完欠款后，新继位的朗斯代尔伯爵继续笼络华兹华斯。1805 年，他默默资助诗人购置了在布罗豪（Broad How）的房产，[②] 1813 年又让他担任了威斯特摩兰郡印花税票的发行官，这一职位据说每年能给诗人带来500 镑的收入。后来，又为了增加诗人的收入，劳瑟家族 1818 年提议扩大税票的征收范围（鉴于正处在竞选期间，已经担任公职的华兹华斯不应参与地方党争，因此他谢绝了这一提议），1842 年又同意华兹华斯退休后可以把职位传给自己的儿子。可以说，相比于老东家对待父亲的苛责吝啬，新东家的慷慨大度足以让华兹华斯感激涕零。他迅速投入劳瑟家族的门下，成为一名智囊，并很快找到了报效东家的机会。

---

① Eric Bobertson, *Wordsworth and the English Lake Country*, New York: D. Appelton Company, 1911, p. 13.

② Richard Gravil, Daniel Robinson eds., *The Oxford Handbook of William Wordsworth*, Oxford: Oxford University Press, 2015, p. 123.

1818 年，辉格党人亨利·布鲁厄姆（Henry Brougham）与朗斯代尔伯爵的长子威廉·劳瑟（William Lowther）一同竞选威斯特摩兰郡的议员席位。此时距离该郡上一次的议员选举已经过去 44 年了。按照英国议会的规定，每个郡和自治市镇都可以推举 2 名议会议员。湖区以及周边的姊妹郡都是著名的腐败选区，这些地区的议员选举一直都牢牢把控在劳瑟家族的手中。例如，在 1761 年的选举中，詹姆逊·劳瑟一举拿下了英格兰北部坎伯兰郡、威斯特摩兰郡和科克茅斯 3 个地方的 6 个议会席位，外加已有的阿普比和卡莱尔（Carlisle）2 个自治市的各一个议席，劳瑟家族实际控制了 8 个议会席位，可谓风光无限。由他推举的议员成为家族重要的政治资源。例如，他曾将阿普比在议会的席位先后赠予小皮特（William Pitt the Younger）和詹金斯［Robert Banks Jenkinson，未来的利物浦爵士（the future Lord Liverpool）］，二人日后都成为英国首相。通过这个渠道，劳瑟家族与伦敦政府内阁的高官建立起深厚的友谊，并成为托利党坚定的支持者。①

从 1774 年开始，威斯特摩兰郡内无人敢挑战劳瑟家族的权势。1784 年，詹姆斯·劳瑟受封为第一代朗斯代尔伯爵（1st Earl of Lonsdale）。1802 年去世后，他的侄子威廉·劳瑟继承了他的家业，成为子爵（viscount），7 年后受封朗斯代尔伯爵。1812 年，朗斯代尔伯爵先让自己的小儿子亨利·劳瑟（Colonel Henry Lowther）成为代表威斯特摩兰郡的议会议员。第二年，由于该郡另一名议员突然亡故，伯爵随即让自己的长子威廉·劳瑟（Viscount William Lowther）顶替了这个位置。一个郡仅有的两个议会席位被亲兄弟一同把持，这在当时也算是前所未闻。与之形成鲜明对比的是达拉谟郡（Durham）的选情，1813 年辉格党人约翰·朗姆顿（John Lambton）当选达拉谟郡的议会代表后，他的叔叔拉尔夫·朗姆顿（Ralph Lambton）就自动放弃了议员身份，认为一个家族如果占据达拉谟郡及其自治城市仅有的 4 个议席中的 2 个，于情理不合。对比同时期

① William Anthony Hay, *Henry Brougham and Whigs in Opposition, 1808 – 1830*, (PhD. dessertation) University of Virginia, 2000, p. 140. 后文出自同一著作的引文，将随文标出该著名称简称“*Henry*”和引文出处页码，不再另注。参见 Brian Bonsall, *Sir James Lowther and Cumberland & Westmorland Elections, 1754 – 1775*, Manchester: Manchester University Press, 1960。

邻郡发生的事情，不难感受到劳瑟家族在威斯特摩兰郡的霸道和无所顾忌。(*Henry*：139)

劳瑟家族的权势终于遭到亨利·布鲁厄姆的挑战。1818 年，亨利宣布要竞选威斯特摩兰郡的议会议员，这场选举也由此拉开了英国议会改革的序幕。辉格党新秀与劳瑟家族的较量吸引了全国的注意力，成为反法战争后反对党与执政党的第一次正面交锋。[①] 为了扭转劳瑟家族在湖区长期一家独大的局面，布鲁厄姆在湖区积极扩大自己的影响力并争取当地辉格党人的支持。湖区历史上是布鲁厄姆家族的发源地，家族城堡(Brougham Castle)距离彭里斯不远。虽然亨利·布鲁厄姆出生在爱丁堡，从小深受苏格兰启蒙运动的影响，但他一直没有忘记自己的祖宗之地，并置办了大量的地产。他在威斯特摩兰郡拥有 985 英亩土地，在坎伯兰郡拥有 1369 英亩土地，虽然数量上比不上劳瑟家族，后者在威斯特摩兰郡拥有土地 39229 英亩，在坎伯兰郡拥有 23228 英亩土地，[②] 但在湖区也颇具声望。此外，布鲁厄姆在伦敦也积累了大量的政治资源。福克斯(Charles James Fox)去世后，他与福克斯的侄子、霍兰德家族（Holland）的亨利（Henry Richard Vassall Fox）以及后来成为朗斯多恩勋爵（Lord Lansdowne）的亨利·佩蒂（Henry Petty）交往甚密。在湖区，他的支持者主要来自萨内特伯爵（The Earl of Thanet)，宗教上的教友会信徒(Quakers)，湖区市镇中从事生产、贸易的小作坊主、小店主、乡村底层民众以及圈地运动和《狩猎法》的反对者。(*Henry*：154)

第 9 代萨内特伯爵萨克维尔·图尔顿（Sackville Tufton）是湖区的辉格党领袖，也是威斯特摩兰郡的世袭行政长官。他一生致力于削弱劳瑟家族在湖区的权势。1815 年，萨内特伯爵与查尔斯·格雷（Charles Grey）一道帮助布鲁厄姆进入下议院，1818 年更是倾尽全力为布鲁厄姆在湖区营造声势，筹措竞选资金。反法战争结束后，经济萧条使工商业从业者举步维艰。这些商人和手工业作坊主大多集中在当地最大的市

---

① William Anthony Hay, *The Whig Revival, 1808 - 1830*, New York, Palgrave Macmillan, 2005, p. 67. 后文出自同一著作的引文，将随文标出该著名称简称“*Whig*”和引文出处页码，不再另注。

② John Bateman, *Great Landowners of Great Britain and Ireland*, Leicester: Leicester University Press, 1971, pp. 279, 60.

镇——肯德尔，该市也是整个威斯特摩兰郡发达和重要的工业中心，生产的鼻烟和名为“肯德尔绿”的羊毛纺织品远近闻名。(*Wordsworth*: 358) 1818 年经济的不景气使肯德尔成为湖区反对托利党的政治中心。当地著名商人詹尼斯（William Jennings）在政治上是一名激进分子。在他的影响下，新联合建筑协会（The New Union Building Society）中的许多会员把选票投给了辉格党。此外，无法在乡村立足的大大小小的非国教派也纷纷落户肯德尔，成立了教会组织，托利党对非国教派的打压迫使他们在政治上支持提倡宗教自由的辉格党。1767 年，非国教派就成立了肯德尔荒野基金会（The Kendal Fell Trust,），帮助附近穷人处理圈地运动中的权益受损问题。由于议会颁布的《效忠测试和市政机关法令》(The Test and Corporation Acts）排除了非国教教徒入职政府机构的可能性，他们只能间接参与政治，通过基金会为辉格党争取民心。唯一神教的牧师从 1796 年就开始让自己的教徒加入布鲁厄姆的阵营。(*Henry*: 144 - 145)

虽然对劳瑟家族的不满情绪在肯德尔与日俱增，但该市规模不大，人口也仅有一万人，受乡村势力的影响较大。1761 年，劳瑟家族牵头在肯德尔成立读书俱乐部，会员主要是附近的乡绅阶层，他们控制了该市的文化生活。华兹华斯搬到肯德尔后，与这个小圈子的成员关系日渐亲密。“出于对朗斯代尔伯爵的恭维”，诗人经常参加俱乐部举办的年度宴会。[①] 工商业与农业、城市资产阶级与贵族乡绅、非国教派与国教派，几股势力汇集在一起，注定肯德尔成为 1818 年两党交锋激烈的战场。(*Whig*: 68 - 70)

1818 年 1 月 26 日，詹姆逊·布鲁厄姆（James Brougham）抵达肯德尔为哥哥竞选助威。他到达肯德尔的当天旋即引发了集会群众对劳瑟家族支持者的攻击。《信使报》报道说，辉格党的支持者们搞错了对象，错误地袭击了穿着体面的布鲁厄姆的支持者。(*Whig*: 76) 三天后，华兹华斯也到达肯德尔，他立刻投入劳瑟家族的竞选活动中。在当天给劳瑟的信中，他写道：“我不喜欢城里最近出现的状况，如果阁下败选了，原因要归结于小人们的敌意，他们被偏见遮蔽双眼且情感过于强烈。”(*Words-*

① Richard Gravil, Daniel Robinson, eds., *The Oxford Handbook of William Wordsworth*, Oxford: Oxford University Press, 2015, p. 123.

worth：358）妹妹多萝西对布鲁厄姆的支持者们的社会地位之低感到震惊："除了塔沃兹和药剂师看起来像绅士外，布鲁厄姆被一群衣衫破烂者拖着穿过肯德尔市，人群里还有孩童和无家可归的流浪者。"多萝西在穿过市镇时无法避免地会碰到"一群拿着蓝色飘带的脏兮兮的儿童，当地制梳、制帽厂的少女和仆从"，"很多长相丑陋的妇女高喊布鲁厄姆的名字和独立的口号"，[①] 而布鲁厄姆本人在多萝西的眼中变成一位激进的法国人。"我很确定他的长相一点也不像威斯特摩兰郡人，有些时候我会把他想象成法国恐怖法庭内一位善于蛊惑民心的政客，当他脸上聚起特别令人恐怖的表情时，他真的像一个法国人。"[②]

华兹华斯赞同多萝西的描述。他多次将布鲁厄姆的竞选活动和自己在法国大革命中的所见所闻进行比较，并把布鲁厄姆比作罗伯斯庇尔式的人物。"B 先生［布鲁厄姆姓名的首字母］现在成为这个国家最能蛊惑人心的政客。""我相信，现在这些社会等级比较低的人：仆役、打短工者、手工业者、小店主，还有许多受过教育、生活条件较好，本该更明事理的人，他们怒气冲冲，如果按人头算的话，B 先生一定会把他们全部收入囊中，并取得出人意料的胜利。"（*Wordsworth*：359）

这些人的怨气来自布鲁厄姆对劳瑟家族丑闻的爆料。他指责劳瑟兄弟从利物浦爵士组建的"腐败内阁"里大捞油水，在政府和军队中谋得肥差，每年从财政部和东印度公司董事会获得的年金数目就高达 2600 英镑和 3200 英镑。经过计算，截至 1818 年，7 年间，兄弟二人共从政府那里获得了 4 万多英镑的薪金。坐享高官厚禄的劳瑟家族根本没有为湖区作出任何贡献，只不过是利用政治权势为自己谋利。（*Henry*：157－158）他们还利用当地税款来贿赂选民。2 月 11 日，兄弟二人到达肯德尔后依照惯例向选民派发啤酒，这个举动一下子点燃了之前已经沸腾的民怨。一群爱尔兰河工将劳瑟的马车拉到大街上，民众随即朝马

---

① 蓝色是布鲁厄姆的竞选颜色，与劳瑟家族钟爱的黄色相对。William and Dorothy Wordsworth, *The Letters of William and Dorothy Wordsworth*：*The Middle Years*, Vol. 2, Ernest De Selincourt, Mary Moorman and Alan G. Hill eds., Oxford：Clarendon, 1970, pp. 807－811.

② William Wordsworth, "To Lord Lonsdale", letter 485 of *The Letters of William and Dorothy Wordsworth*：*The Middle Years*, Vol. 2, Ernest De Selincourt, Mary Moorman and Alan G. Hill eds., Oxford：Clarendon, 1970, p. 441.

车投掷粪便和石块，损毁了好几辆马车，狼狈不堪的兄弟二人只能落荒而逃。虽然日后肯德尔市对这场大规模的民众骚乱展开了调查，结果却不了了之。[①] 但这场骚乱并没有为布鲁厄姆争取到多少选票，因为那些痛恨劳瑟家族的民众的手中往往没有选票，而拥有投票权的选民大多从祖辈、父辈开始就效忠劳瑟家族。布鲁厄姆不停地向底层民众发表演说，揭露劳瑟家族的累累恶行，试图通过强大的社会舆论压力来争取选民。在阿普比，附近村庄的一大群自耕农成为布鲁厄姆的追随者。劳瑟在信中向父亲抱怨道：布鲁厄姆前往每个村落、每个酒馆发表演说，煽动活动往往要持续将近一个小时。所到之处，他都能轻而易举地掀起一场暴动。“看起来布鲁厄姆随时准备带领一帮罗伯斯庇尔式的暴徒去推倒劳瑟家族的城堡，并连同装饰城堡的树木也一同拔掉。”不过，随后劳瑟却发现布鲁厄姆的竞选策略反倒对自己有利，因为他的演说大大激怒了当地的乡绅，使他们更加坚定地支持自己。(*Whig*：80 - 81)

布鲁厄姆转向乡村，争取草根民众支持的竞选策略称得上战后辉格党政治路线的一次重大调整。在此之前，辉格党的势力一直盘旋在大城市，而乡村社会一直是托利党的天下。华兹华斯曾将自己的诗作《兄弟》和《迈克尔》呈送给福克斯，希望他能关注一下乡村自耕农的困境，防止局面进一步恶化，而福克斯的冷淡回复表明乡村问题尚未引起辉格党人的兴趣。[②]

事实上，他们更关注英帝国的海外贸易和城市的工业发展。18 世纪末，辉格党与乡村渐行渐远，他们将伦敦作为活动的中心，吸纳了大量工厂主、商人、银行家、非国教徒的加入。这些新加入的辉格党人信奉自由贸易，推崇宗教宽容，提出降低关税和废除奴隶贸易等诸多主张。除了要求进行议会改革，增加城市议席在议会中的比重外，他们还积极推动《新济贫法》的实施（亨利·布鲁厄姆为《新济贫法》在议会的通

---

① William Anthony Hay, *The Whig Revival, 1808 - 1830*, New York, Palgrave Macmillan, 2005, p. 76.

② William Wordsworth, *Prose Works of William Wordsworth*, Vol. 2, Alexander B. Grosart ed., London: Edward Moxon, Son, and Co., 1876, p. 205.

过做了大量的游说工作）。不过，这种重城市、轻乡村的策略在法国大革命爆发后，尤其是辉格党下台后变得无从落实。新上任的小皮特（William Peter the Younger）首相用“爱国”的旗号镇压城市中的激进团体，英国由此进入了一个反动时期，曾经同情、支持革命的辉格党人发现自己的处境越来越尴尬。为了重新激发改革的动力，也为了再次执掌内阁，布鲁厄姆试图从底层寻找突破口。1818 年的湖区选举之所以受全国关注，正是因为它在某种程度上算是辉格党向基层转战的一次尝试。布鲁厄姆改变了福克斯生前只走上层精英路线的策略，转而寻求下层阶级的支持。1819 年彼得卢事件是这种策略的杰作，1832 年的议会改革、1846 年《谷物法》的废除亦是如此。

为了获得民意支持，布鲁厄姆还与劳瑟家族在报纸上打起了新闻战。布鲁厄姆本人是《爱丁堡评论》的创刊人之一，他还得到好友托马斯·巴恩斯（Thomas Barnes）旗下《泰晤士报》（*The Times*）和《利兹信使》（*Leeds Mercury*）两大报纸的支持。（*Whig*：77）除此之外，一向保持中立的《肯德尔记事报》（*Kendal Chronicle*）最终也倒向布鲁厄姆。而劳瑟家族这边，支持他们的有托利党人创办的报纸《新时代》（*New Times*）和《卡莱尔爱国者》（*Carlisle Patriot*）。（*Whig*：76）华兹华斯曾尝试拉拢《肯德尔记事报》的编辑，希望获得他们的支持，却遭到了失败，他转而向劳瑟家族建议创办自己的刊物《威斯特摩兰郡公报》（*Westmorland Gazette*）和《肯德尔新闻》（*Kendal Advertiser*），并举荐德·昆西担任《威斯特摩兰郡公报》的编辑。

和布鲁厄姆一样，华兹华斯没有就事论事，而是将 1818 年辉格党与托利党对湖区的争夺上升到国家层面，从英国整个城市与乡村大框架中考虑选举的意义。他将布鲁厄姆的竞选视为辉格党对英国整个旧制度发出的挑战。1818 年 1 月 21 日，华兹华斯在给劳瑟的信中点出了布鲁厄姆参选所带来的真正威胁：

> 除了大地产的稳定性、重要性以及在下议院拥有相匹配的影响力能够抵御富裕的商业区、工业区的民主活动外，还有什么力量能够抵挡得住后者呢？对于浅薄的旁观者，他们从对宪法的反思中得到启发，认为大地主的政治权利应该受到每一个真正热爱自己家乡

的人的顽强抵抗。但是我要问那些怀有良好意愿却坠入错误泥潭的威斯特摩兰郡和坎伯兰郡的当地人，除了肢解某些特定家族世代相传的大地产，削弱他们在议会相应的权势外，他们能否再举出雅各宾主义取得成功的其他筹划?①

华兹华斯认为辉格党除了蛊惑人心搞破坏外，一事无成。为了不让湖区的选民听信谣言，华兹华斯亲自操刀，以“真理之友”的名义在报纸上相继向湖区选民发表了支持劳瑟家族的演说，合集成册为《向威斯特摩兰郡不动产自由持有者的两次演说》（*Two Addresses to the Freeholders of Westmorland*）。（*Prose*：147）拥有投票权的不动产自由持有者主要由比较富裕的乡绅和相对贫穷的自耕农阶层组成。（*Works*：302）诗人利用选民们对土地所有权的看重之心，劝说他们不要听信辉格党的蛊惑，继续支持劳瑟家族。在讲稿中，华兹华斯着重强调了地产的重要性：地产既是进入议会的法定准入条件，也是个人行为的抵押物。既然无法完全证明一个人的道德品行，也无特定的方法来检测他的辨别力和学识，而唯一确定的是一个人的不当行为可以造成他的财产损失。即个人品性可以通过拥有财产的多寡得到间接的证明。财产还能让人不受制于基本的需求，接受文化教育，产生责任感。（*Works*：310－311）因此，拥有财产的人更值得信任。

拥有地产的人不仅有维护既定社会秩序的愿望和能力，地产还与爱国情结连在一起。“劳瑟家族在威斯特摩兰郡的政治影响力是长期持有大地产自然而然的结果，英明的贵族作为首领，能够全力支持、捍卫和弘扬郡里的理性爱国主义精神。”（*Works*：305）华兹华斯将威斯特摩兰郡比作溪流，而流水的方向取决于朗斯代尔伯爵。伯爵已经证明了他是“理性自由的守护者”，“国家秩序的忠实捍卫者——是那些危险发明的反对者——是异想天开理论的谴责者——他理解人性，知道人性所能达到的高度和水准，决定了社会运动究竟朝何方流动”（*Works*：284）。

除了保护土地所有权，体现爱国主义精神，在华兹华斯眼中，劳瑟

① Mark Keay, *William Wordsworth's Golden Age Theories during the Industrial Revolution in England, 1750－1850*, London：Palgrave Macmillan, pp. 119－120.

家族还是历史传统的延续者。他们继承祖先传承下来的优良传统，在长期艰苦的斗争中一直站在政府这边，拥有良好的公众形象，深受选民的信任。(*Works*：290）此时的华兹华斯已经完全成为伯克的信徒，一名鼓吹封建主义的保守主义者。他用等级、秩序来否定法国启蒙运动中产生的平等观念和大革命带来的无政府状态，用财产自由来对抗政治自由，用爱国主义来熄灭革命的火焰。在两篇演说词中，他使用大量的篇幅来批评辉格党人的不切实际，认为他们与法国的雅各宾分子无异，在大城市和工业区推行民主运动。一旦那些大地产主不能依靠祖辈几代人积攒下的实力与之抗衡，国家的法律和宪政制度将无法承受这些反对力量的冲击而面临崩溃。华兹华斯认为，在威斯特摩兰郡，有人却不懂得珍惜，抱有一种非常奇怪的偏见，他们没有意识到能让一个强有力的个人来维护法律和宪政是一件多么幸运的事。这个人可以利用自己在政府中的影响力，为了一般公众，尤其是为了威斯特摩兰郡的福祉，将政府的计划付诸实施。(*Works*：290)

1818 年 6 月 30 日，纷纷攘攘的选举终于告一段落，劳瑟兄弟分别获得 1211 张和 1156 张选票，成功当选议员，而布鲁厄姆获得 890 张选票落败。[①] 不甘失败的他试图卷土重来，1820 年、1826 年又两次竞选湖区议员，但还是不敌劳瑟家族铩羽而归。直到 1830 年，布鲁厄姆才终于得偿所愿，赢得了约克郡的议员席位。(*Henry*：9）布鲁厄姆与劳瑟兄弟在湖区竞选过程中夸大了托利党与辉格党之间的不同，而实际上，两党之间还有很多相同之处。辉格党的领袖大多也是贵族出身，而托利党贵族往往同时也是大资本家。其实，英国从近代早期开始，乡村地租的形式就由实物逐渐过渡到货币，农业生产比工业生产更早出现资本化的特征。在工业革命发生之前，土地贵族就已经开始向农业资本家转变了。

第四节　湖区的所有者

罗伯特·布伦纳认为英国的资本主义最早起源于农业，他通过比较 15—17 世纪英国、法国和东欧地区农业生产结构的变化，认为黑死病过

---

① http：//www. histparl. ac. uk/volume/1790 - 1820/constituencies/westmorland.

后英国农村劳动力的短缺和相对丰富的自然资源使得土地兼并的成本变得较为低廉。当土地慢慢集中到贵族手中后，他们又把农田租给愿意支付地租的农民，这个过程意味着土地贵族只提供土地，而不再过多地介入农业生产活动，地租的形式开始由实物向货币转变。中世纪以贵族庄园为单位的农业生产方式逐步变为由大土地所有者、租地农场主和农场雇佣工人组成的新的生产模式。[①]

英国的乡村先于城市产生了资本主义，这在文化上也有所体现。伊格尔顿在《美学意识形态》中说：“英国拥有土地的精英们很早就成为主要资产阶级分子，他们早在16世纪就已习惯于佣工付酬和商品生产了。相当早的时候，他们就已完成了从封建农业向资本主义农业的转变。英国贵族阶级是全欧最稳定、最富有的庄园主，他们极其成功地把高度资本主义化的农业生产能力与令人羡慕的文化稳定性和连续性结合起来。这种非常有利的基础条件为资本主义的进一步发展和维护这种发展的宽松政治结构提供了先决条件。”[②] 作为一名资本家，英国的土地贵族除了投资农业，还积极参与了国家的工业化进程。

19世纪上半叶，他们向铁路建设投入了大笔资金。1826年修建的从利物浦到曼彻斯特的工程中，贵族和乡绅的投资额占到总额的40%。19世纪30年代，第一条东米德兰铁路（East Midlands）的建设投资中，贵族成为最大的投资者，他们的投资额占资金总额的41%。1833年，大枢纽铁路（Grand Junction Railway）的建设资金中有20%来自贵族，到1845年他们的投资比重又上升到34%。从1833年到1837年，贵族陆续追加伦敦到伯明翰的铁路投资，投资比重由16%上升到31%。1834年，伦敦到南安普顿的线路中，贵族的投资比重是27%，到1839年这个数字变成40%。[③]

劳瑟家族除了在英格兰北部拥有庞大的产业，还拥有大量的矿山资源。为了将自己的矿产资源运往各大城市，他们建造了怀特黑文港口作

① Robert Brenner, “Agrarian Class Structure and Economic Development in Pre-Industrial Europe”, in *Past and Present*. 70.1, (February, 1796), pp. 30 – 75.

② ［英］伊格尔顿：《美学意识形态》，王杰等译，广西师范大学出版社1997年版，第20页。

③ 贺鹭：《维多利亚时期伦敦社会分层研究》，江苏大学出版社2015年版，第30页。

为商品货物的中转基地，并大力支持湖区铁路的修建。按照英国的审批流程，修建铁路的提案首先要取得商务部的同意，才能递交给英国议会，而朗斯代尔伯爵的长子威廉·劳瑟在1834—1835年曾担任过商务部的副部长。肯德尔到温德米尔的铁路支线修筑计划经由伯爵次子亨利·劳瑟之手提交给下议院，在下议院通过提案后又呈送给上议院报批，在之前的竞选对手布鲁厄姆的游说下很快予以通过。（*Prose*：358）可以说，劳瑟家族在湖区铁路修建上起着举足轻重的作用。听闻铁路要横穿儿子家宅的华兹华斯还曾考虑请劳瑟家族出面干预，让铁路改变线路，绕过约翰的家宅。

伊格尔顿认为英国的土地贵族完美地将资本主义的生产方式与自己在文化上享有的特权结合起来，为资本主义的进一步发展提供了宽松的条件。土地贵族在经济和文化领域都取得了巨大的成功，进一步强化了统治地位，但同时，时代大变革也造成了贵族阶级内在自我的分裂，主要体现在经济理念与文化理念的对立。在经济领域，土地贵族与积极进取的资本家毫无差别，他们遵循相同的商业逻辑，并且配合默契。例如，在圈地运动中联手将自耕农和小佃农从土地上驱逐出去，并逼迫他们前往城市谋生，成为工业发展所需的必要劳动力；但同时，乡村贵族与城市资产阶级也存在竞争关系，围绕《谷物法》的制定和废除展开了激烈的辩论。随着资产阶级的羽翼日益丰满，感受到威胁的土地贵族开始利用象征资本来打击竞争对手。贵族创造出一套与经济理念完全背离的美学话语来改变城市资产阶级的认知方式，让资产阶级感到城市生活无法忍受，并为自己辛苦工作、努力挣钱的生活状态感到羞愧。马丁·威纳（Martin Wiener）将英国在第二次工业革命中逐渐落伍、德国和美国后来居上的战略失误归咎于贵族的乡村美学。英国的乡村文化造就了企业家们不思进取、丧失斗志、一心追求恬静的乡村生活，让他们整日流连于湖光山色之中，使英国在与其他国家的竞争中败下阵来。①

能够让英国资产阶级自惭形秽的乡村美学的建立离不开华兹华斯的巨大贡献。他帮助土地贵族在美学上确立了乡村高于城市、自然高于人

① ［美］马丁·威纳：《英国文化与工业精神的衰落：1850—1980》，王章辉、吴必康译，北京大学出版社2013年版。

工的等级关系，凸显了风景教化人心的功能。持有“泛神论”思想的华兹华斯认为，人与自然亲近可以获得超自然的感知能力，有点类似于哲学上康德的“先验直观”，这种能力能够从日常不起眼的事物中挖掘出新奇魅力。通过亲近自然，领会自然中传递出的美学价值和伦理价值，人可以提升自己的品性，获得真正的幸福。例如，在《序曲》中，诗人写道：

> 群山、湖泊
> 轰鸣的瀑布，雾气和清风
> 停留在我出生的山谷中
> 如果说我在青年时有颗纯洁的内心，
> 如果在凡尘中，我能满足于
> 自己微小的喜悦，并与
> 上帝和自然相通，摆脱
> 琐碎的怨恨和粗俗的欲望，
> 这皆源于你［自然］恩赐的礼物。(*Complete*：137－138)

麦克·甘曾评论华兹华斯“为了获得不朽的灵魂而舍弃了整个世界”①，并将这种有意回避社会历史语境而只关注个人内心的做法称为“浪漫主义的意识形态”。华兹华斯将风景先去历史化，复又精神化的目的是要强化风景的普世价值。他抽取掉风景中的社会因素，将人与自然的关系简化成个人与风景一对一的关系。他擅长描述的是天真纯朴，甚至有些痴愚的孩童，例如《我们是七个》(*We Are Seven*)，《痴儿》(*The Idiot Boy*)、《露西·格雷》(*Lucy Gray*) 等，这些孩童尚未受到人世间的污染，从而能与自然保持一种无间状态。华兹华斯说，“儿童是成人之父”(The child is father of the man.)，成人应该像孩子一样，摒除社会因素的困扰，保持一颗赤子之心。而要让人回归到自己的原初状态，就要凸显风景对人的教育功能。诗歌《丁登寺》将风景对心灵的教育作用推

---

① Jerome, J. McGann, “Romanticism and Its Ideologies”, in *Romanticism*: *Romanticism and History*, Vol. 2, Michael O'Neill, Mark Sand ed. , London and New York: Routledge, 2006, p. 115.

向了顶峰，有形的风景逐渐褪去自身的物质性，转变成记忆中值得追忆的对象。当人身处闹市之中，身心俱疲之时，翩然而至的景象会使心灵得到安恬的康复。华诗中充溢着诸如“自然有使万物变得高贵的内在力量”(《华》：第 223 页)、自然能让人获得“独立的精神、和谐和平静的精神”(《华》：第 223 页)、“居住在神圣之所在的人们，自身必定也是圣洁的”(《华》：第 229 页）这样的诗句。

在与自然的交往中，个人还可以超越自我而融入一个更宏大的整体，他不会觉得自己只是单个的原子，而是与整体产生了有机关系。华兹华斯把它称作个体向整体的“复归”。在《家在格拉斯米尔》(*Home at Grasmere*）中，诗人写道：

一种庄严、美丽、安详的感觉，
是天与地相融合的一种神圣，
是它，使这唯一的一处地方，
这个许多人居住的小小地方，
成了终点，成了最后的退居之所，
成了中心（不论你从哪里来)，
一个独立自足、没有缺陷的整体，
为自身而存在，因自身而欢愉，
无瑕疵的安宁，无缺憾的完整。
很久以前，我们重聚而永不分离。(《华》：第 222 页)

这种完整性的获得源于自然的教导。《丁登寺》中，诗人“从自然和感官的语言中，找到自己纯真信念的依托，自然是我心灵的乳母、导师和守卫者，是我全部精神的灵魂”(*Complete*：92)。与如画艺术家强调自然的视觉效果不同（诗人在《序曲》中曾将“如画”理论称作“视觉的暴政”)，华兹华斯更强调自然对人心灵的作用，尤其关注独自一人在湖区漫步时内心的感受和情绪的变化。他创作出大量以第一人称“我”为视角的自然诗歌（《远游》中漫游者、牧师、商贩、孤独者等人都可以看作诗人的化身)。不过，华诗中与自然融为一体的“我”并不是一个从事农业生产的劳动者，而是以一种审美的眼光来看待风景的漫游者。不论在现实中还是在诗歌里，华兹华斯始终与乡村劳作保持疏离的关系。华兹华斯不是“农民诗人”，他不会描写春种秋收的农事活动，但也不会像政治经济学家那样描写乡村生活的单调乏味；诗人像一名能与上帝直接沟通的新教徒，摆脱了社会群体的压力和现实中的社会历史条件而与自然发生个人冥想式的关联。华兹华斯创造出一幅幅“无人之景”“记忆之景”，他不再关注风景的具体形态，转而关注自然风景对人心灵的影响。诗人强调心灵能与自然发生共鸣、获得慰藉、增长智慧，且自己从自然中得到的恩惠可以惠及他人。当读者吟诵他的自然诗歌时，潜意识地会将诗中的“我”替换成自己，将诗人的视角变为自己的视角，将诗人从风景中所感悟到的“真理”转化成风景向自己传递的信息，也就是说，通过阅读华兹华斯的诗歌，读者与其说自己在主动地想象湖区，想象自然，不如说他们正在接受乡村的美学教育，华兹华斯建构出的“自然”概念正悄无声息地被灌输到他们的意识当中。在《序曲》的结尾，华兹华斯以“自然的预言师”自居，要向众人传递：

> 永恒的启示，经由理性
> 得以神圣，经由信仰得到赐福，
> 别人也将会爱我们所爱的，
> 我们要教会他们如何做。（*Complete*：221 – 222）

都市生活却钝化了人们对美好事物的感知能力，内心的焦虑让人对外界事物视而不见、听而不闻。华兹华斯在1800年《抒情歌谣集》的序言中说：

> 以前从未听过的各种原因和与之相伴的力量一起混淆了头脑的辨别能力，人们无法应对所有自发的情感，陷入一种野蛮的迟钝状态。其中最主要的原因是每天发生的国家大事和城市人口的不断增长。城市里职业的整齐划一产生了对非常事件的渴望，这种渴望只能靠及时的信息交流才能满足……一想到强烈的刺激激发出的粗鄙的欲望，我都不好意思提及自己也曾做出一些微薄的努力来试图进行抵制。鉴于普遍的罪恶波及之广，一种并非让人感到羞耻的忧郁

> 压抑着我。好在我深深觉得人的心灵有着与生俱来不可毁灭的品质，且能够影响心灵的那些存在于伟大和永恒事物中的力量同样也具有天生的无法被毁灭的品质，我坚信这样的时刻正在到来，力量更为强大的人们会行动起来，对邪恶进行整体围剿，并取得显著的成功。①

从 1798 年创作《抒情歌谣集》到 1810 年写作《湖区指南》，再到 1814 年发表《远游》，华兹华斯对湖区的塑造隐藏着抵制城市工业文明这条暗线。为了贬低城市，华兹华斯把湖区推向了美学和道德的至尊地位。湖区是大自然造物主的杰作，造物主不仅创造了美丽的风景，还创造了由牧民和耕农组成的理想的乡土社会。在这个封闭的圈子内，村民们由于没有受到外界的污染而品行高尚。这种话语带来的美学和道德高压成功地帮助乡村建立起对城市的文化领导权，大批城市人涌入乡村进行"朝拜"，接受灵魂的洗涤。华兹华斯巧妙地让城市人在乡村所创建的美学等级中永远处于"求而不得，寤寐思服"的状态。一方面，宣扬湖区风景至高无上的美学地位，强调乡村美学价值的普世性，湖区是"国民的财产"，它能够帮助每个人提升自我，成为"完人"；另一方面，又话锋一转，承认审美品位存在不可跨越的阶级差异。华兹华斯听闻约克郡和兰开夏郡富有而又仁慈的工厂主准备自掏腰包请厂里的工人搭乘火车前往湖区游玩的消息后，认为这些工厂主多此一举，好心办坏事，"富人也无法让穷人获益，正如地位高的人无法施惠于地位低的人"，组织假日旅游其实是把工人当作小孩子，降低了他们的独立性，不管是出发还是返回，都要听从主人的意志，否则就会被视为"不守规矩的人"。（*Guide*：158－159）之所以要抽象地讨论工人的独立性，华兹华斯是想阻止乘坐火车的城市穷人进入湖区。他说品位绝非一朝一夕可以提升，而是需要长时间的学习和累积（*Guide*：151），城市贫民没有必要非要到湖区才能提升自我，城市博物馆反倒是他们接受美学教育的较佳场所，因为前往博物馆"花费不高且无须劳累"。第一次去博物馆，他们可能茫然

---

① William Wordsworth，"Preface" in *Lyrical Ballads*，*with Other Poems. In Two Volumes*，Vol. 1，London：T. N. Longman and O. Rees，Paternoster-Row，1800，pp. 18－20.

不知，只得到一个模糊的印象，但随着参观次数的增加，他们会逐步加深对展品的理解。品位的提升除了需要降低参观学习成本，还要增加个人的闲暇时间。这个过程往往要耗费大量的金钱和劳力成本。长期生活在城市的参观者并不懂得欣赏湖区之美，偶尔一次的乡村旅游对他们审美品位的提升也无太大作用，反过来还会玷污乡村的纯朴民风。华兹华斯忧心忡忡地写道：“波尼斯和安布尔赛德的安息日，还有湖区的其他部分，都可能会面临更多的亵渎。”（*Guide*：155）作为“国民的财产”，湖区的纯洁性当然不容玷污，“国民财产”的公有性主要体现在精神层面。为了保卫这块山水圣地，华兹华斯认为有必要提高进入湖区的门槛，并给出了自己的理由：

> 批评我的人实际上指责我想要干涉穷人们正常的娱乐，阻止他们通过铁路进入该地。我现在认为对这个阶级来说，湖区的景观并不是最有益身心的，也不是最吸引他们的地方。对于穷人来说，自然之主已经仁慈地将《圣经》传播到各个地方：平日的阳光，绿地、蓝天、波光粼粼的河流，在这个国家里随处可见。未受教育的阶层里有不少人能深刻理解关于湖水和山峦诗篇的深意，但他们情愿在乡间随意四处游荡，也不愿坐火车走马观花一番，因此，［城市］穷人作为一个阶级无法通过铁路交通得到道德和心灵的提升；而对于那些受教育的阶层，这些景色可以给他们带来最纯粹的享受，但这种效果却因铁路而消失殆尽。（*Prose*：360－361）

铁路会破坏乡村美丽的风景，既然“城市穷人”到湖区旅游的目的是要提高个人品位，那么选择新的交通方式就注定这个目的无法实现，因为乡村美学从根本上反对一切现代化事物。既然他们无法从铁路旅游中获益，那还不如待在城市寻找亲近自然的机会。诗人口中的“城市穷人”，含义要比马克思、恩格斯所认定的没有生产资料的“无产阶级”要宽泛得多。城市穷人的出现源于城市工业化的发展和资产阶级的异军突起。小店主、工厂主、律师、公司职员、银行家虽然在经济上算不上“赤贫”，但却和“无产阶级”一样，需要拥有“专业技能”，并以“工作”为生。他们与生活悠闲、一心培养“业余爱好”的贵族不同，也不同于不知“闲暇”“工作”为何物的农夫，生活在城市的穷人与资产阶级共同组建了代表城市的“劳动阶级”（working class）。

华兹华斯在划分品位时考虑到受教育程度和拥有财富两个因素，但同时，他又指出教育程度、财富多少与品位的高低没有必然的关系，决定品位的是城乡差别。湖区只属于乡村社会，不论是富有的贵族阶级，还是未受教育的底层民众，他们都能理解自然的深意。而相反，城市贫民还有受过教育的上流人士，只要他们和“铁路”沾上关系，带有城市现代性的特征，就无法读懂自然界中的各种“秘语”，从湖光山色中得到心灵的提升。在《迈克尔》中，华兹华斯说外来者“即使看到也不会留意”绿源溪边一堆未曾开凿的乱石，更不会知道这些乱石背后发生的故事，他无法解读出这堆乱石在自然中的真正含义。即使是土生土长的湖区人，一旦与故乡脱离联系，也无法应对乡村发生的巨变。《兄弟》中，在外漂泊多年的列奥纳多回到故乡后，发现记忆中熟悉的景致现在完全变了模样，自己在故乡“竟然迷了路!”连永恒的山峦似乎都异于从前。列奥纳多一直以“半个牧羊人”自居，但当地的老牧师却是相见不相识，问他从何处而来。最终，列奥纳多自己也感觉到无法在这个曾给他带来无限喜悦的山谷中继续生活下去，于是放弃了落叶归根的初衷，继续当一名水手。①（*Lyrical*：200，21，24）

《迈克尔》和《兄弟》里的故事暗示出湖区是“国民的财产”的真正含义：作为一种象征符号，湖区在精神上属于所有人，而实际上，这里的“国民”——湖区的所有者，有具体的地理限定条件。湖区是当地人的财产，只有当地人才能真正理解湖区的价值。精神上的普世性与空间上的排他性二者的结合让城市永远处在对乡村的顶礼膜拜中。虽然乡村内部也存在阶级区分，华兹华斯却有意淡化了乡村统治阶级与下层农民之间的差异和矛盾，谎称它们共享同一套美学编码。格雷在格拉斯米尔与当地人的一番交谈拆穿了诗人的谎言，终日劳作的农夫对待自然风景的态度与诗人的设想相差万里：

---

① 对《兄弟》中乡村共同体的解读，参见李玲《共同体还是独体？——论华兹华斯〈兄弟〉中的共同体困境》，《外国文学评论》2019 年第 4 期，第 177—199 页。

> 这个贫穷、粗野的乡下农夫，他只关心收成和健康，不在乎什么崇高和优美。他跟我们说起过一个叫奥利弗的人，他最近在格拉斯米尔湖边买下一块很好的地，在上面盖了一座小房子，位置极佳。“先生，他出价太高了；如果是我，我会买下另一块地，就在山里，价钱一样，价值却会翻倍；但奥利弗先生既干净又清爽，那种雅人儿，他认为看着水从山上往下流是件乐事，在我看来，那就是一大股水，没什么看头。”他发出一声冷笑，“他花了那么多钱，得到的就是这个。”

贫困的农夫无法想象美丽的瀑布会成为一种象征资本，值得从城市来的奥利弗先生花大价钱去拥有。乡下农夫的轻蔑表明他从“功利”的角度对奥利弗先生的审美趣味提出了质疑。更确切地说，城市的奥利弗们与乡村的浪漫派有相同的审美追求，而未曾受过教育的乡野农夫却对这套美学标准进行了嘲弄。农夫、奥利弗先生以及浪漫派艺术家在美学等级上分别占据底层无知者、中层模仿者和顶层引领者的位置。正是那些让华兹华斯鄙视的城市阶层，那些手持旅游指南、在马车上昏昏欲睡的“时髦游客”，才是乡村美学话语广大、忠实的拥护者。华兹华斯鄙视他们的原因不是源于他们不认同，而是由于他们学得不够像。根据布迪厄的观点，统治阶级的审美情趣往往成为中间阶级的模仿对象，而底层阶级对这种审美趣味却一无所知。社会其他阶层的模仿跟风恰恰体现了统治者的文化领导权。事实上，选择什么样的审美对象可能并不重要，但选中的审美对象必须具有某种稀缺性，才能成为统治阶级与其他阶级进行区分的标准。乡村的自然风光对任何一位农夫来说都不算是稀罕物，但自然在他们眼里也只能算是劳作的对象。土地肥力、谷物收成比保持心灵纯真、启迪智慧、抚慰创伤更为重要，他们无法理解土地贵族的审美喜好，其实，他们也不需要理解，因为村野农夫不是乡村美学话语所要针对的对象，土地贵族既然在经济上已经把他们打败了，也就不需要再通过美学话语进行再次贬低，他们反倒可以成为并肩作战的队友。土地贵族希望对自然赋予极高的象征价值来与政治、经济上对自己构成威胁的城市阶级一较高下。对于长期生活在城市的人来说，城市中只有机器的轰鸣，而缺乏自然的鸟语花香。自然风光成为一种稀缺资源，伦敦被塑造成嘈杂拥挤、臭气熏天、暗无天日、诱人堕落的罪恶之地。乡村与城市的美学反差刺激了城里人对自然的渴望。华兹华斯《可怜的苏姗》（*Poor Susan*）讲述了一个在伦敦贫民窟居住的乡下女佣苏姗清晨被一只画眉鸟吸引，由此回想起之前在乡间的生活，朦胧的雾气、摇曳的树影、奔腾的溪流、翠绿的牧场、温馨的草屋，沉浸其中的苏姗幸福地宛如坠入天国，这些回忆成为她单调灰暗的城市生活的调节剂。浪漫主义文学通过对乡间自然景观的塑造成功地激起了城市居民的匮乏感，他们突然觉得缺乏“自然”的城市空间简直无法忍受，随即产生了回归自然、返回乡村的渴望。通过一遍遍地阅读浪漫派创作的自然诗歌、旅行游记、宣传画册，他们不知不觉地接受了浪漫派所推崇的乡村美学。在乘坐火车前往湖区之前，他们已经形成了乡村高于城市的美学判断，因此，他们并非华兹华斯口中的不懂辨别、趣味低下的“破坏者”，而是对自然无比虔诚的“朝圣者”。

在 1835 年的《湖区指南》中，华兹华斯专门给书名添上“为旅行者和当地人使用”的字样。在正文的第一句话中，他就对“旅行者”（tourists）进行了限定：他们是“有品位的人，对风景怀有感情之人”（*Guide*：1）。作为“国民的财产”，湖区只属于有品位的旅行者，华兹华斯以此为标准对游客进行美学区分，交通的不便起到为湖区筛选游客的作用。“那些真正懂得湖区价值的人，即使没有铁路，也不会在意花上两个小时穿越这片美丽乡村的边缘地区，从肯德尔步行前往温德米尔。”（*Guide*：154）而那些在意车程的游客，在诗人眼中并不是“真正的参观者”。欣赏湖区的最佳方式是步行，多萝西在《湖区日记》中记载了兄妹二人大量的徒步远游的经历。湖区应该只属于那些懂得欣赏自己的游客，而步行成为游客认同湖区美学价值的指标。上层统治阶级即使没有铁路，还可以选择乘坐马车前往，因为他们有的是时间和金钱，而那些手头还比较紧的中下层阶级，却不得不考虑旅途的时间成本和经济成本。可以说，有无铁路成为他们是否前来的决定性因素。没有这条仅 14 英里长、连接肯德尔到温德米尔的铁路，湖区只能在精神层面成为国民的“公共财产”，而真正能享受这片风景的，是那些不以工作为生的贵族阶层。

贵族阶级的文化代言人将乡村变成了一道美丽的风景线。华兹华斯借助人的情感和想象力，把对城市的不满转化成对乡村昔日美好时光的追忆，他创造出一种看待乡村的全新视角，改变了人们对湖区的感知方式。诗人用“自然”来代替“农村”，把湖区的乡土社会变成了自然景观。他有意淡化乡村的农业生产功能，目的是改变圈地运动后城市对乡村功能的定位：乡村沦为城市粮食和原料的供应基地。而一旦乡村被简化成农村，进而被简化成农业，这就意味着乡村彻底成为城市的附庸，城市不再为乡村服务，而乡村的发展反过来却要依赖城市。也就是说，根据城市对乡村的定位，除了农业和少数能够满足城市需求的行业外，传统乡土社会中存在的“百业”在现代农村中都会丧失存在的价值。城市为乡村制定的发展规划带来的后果是乡村只能保留农业生产，而它的传统习俗、生活方式、伦理价值、美学趣味将会遭到全面的否定。这种新型的城乡关系会催生出一种帝国的视角，演变成英国本土与海外殖民地的关系。英国成为城市的代表、工业的中心，而广阔的殖民地则作为乡村地区拱卫着帝国的中心。不仅如此，殖民者又将这种城乡模式在殖民地内部进行复制，少数的大城市成为统治的中心，而乡村地区则丧失了自我可持续性的发展能力，成为城市的附庸。①

英国资产阶级设计出的城乡发展模式在海外所向披靡，但在英国本土却遭到了滑铁卢式的惨败。浪漫派在英国第二帝国的扩张中意识到乡村在整个工业化生产体系中位于被边缘化的危险处境。华兹华斯发出预警：传统的乡村正在一步步解体。为了抵挡城市的入侵，整个浪漫派的艺术作品不再将圈地运动和粮食生产作为艺术的再现对象，因为凡是会带来“收益”的活动都会让人联想到追逐利润的商业行为，浪漫派创造的“自然”概念中含有对“生产性”的彻底否定。华兹华斯为湖区的青山绿水、蓝天白云、花草树木这些没有被“货币化”的自然赋予了极高的象征价值。与冷静的理性算计不同，他将个人的情感、非理性的想象倾注到自然之中，从而为湖区、为英国的整个乡土社会增添了本雅明意义上的灵韵。

利用这些无法被货币化的自然风景，浪漫派创造出一个反工业、反城市、反启蒙、反现代的乡村意象。这股抵制的力量如此强大，以至于

① Raymond Williams, *The Country and the City*, Oxford: Oxford University Press, 1975, pp. 279 - 280.

英国即使成为19 世纪世界上唯一一个完成工业化的国家，它在工业上取得的辉煌成就却没有得到绘画界的承认。除了特纳的《雨、蒸气和速度——开往西部的铁路》（*Rain, Steam and Speed – The Great Western Railway*），很少有画家会在风景画中再现铁路；文学界更是引来一片谴责之声，湖区成为批判工业文明的大本营，华兹华斯、柯勒律治、骚赛、罗斯金、波特（Beatrix Potter）在此定居，司各特、雪莱、马修·阿诺德、丁尼生、卡莱尔、乔治·艾略特、夏洛蒂·勃朗特、狄更斯也都纷纷前往此地（爱默生和霍桑也曾前往湖区，随后在美国兴起了超验主义运动）。这些作家身上焕发着相同的文学气质，那就是对工业文明的反感和对乡村自然风光的热爱。他们让湖区的山山水水成为价值极高的象征资本，把湖区打造成整个不列颠令人瞩目的风景名片。可以毫不夸张地说，湖区影响了整个19 世纪英国的文学艺术创作，如果没有湖区，英国的浪漫主义文学运动一定会变得黯淡无光。

不过，当自然成为乡村的代名词后，浪漫派建构出的美学话语同样限制了人们对乡村的想象空间。以湖区为例，华兹华斯的诗作让读者脑海中只能够呈现出一幅山清水秀的田园牧歌景象，而不会意识到湖区还存在许多工矿产业。卡莱尔是当地著名的棉纺中心，科尔斯顿和凯西克都出产黄铜，博罗代尔（Borrowdale）有巨大的石料开采场，附近山野，如波罗戴尔山（Borrowdale Fells）出产的石墨使凯西克成为著名的铅笔制造基地。铁路要修在弗内斯修道院遗址废墟上是因为巴罗因弗内斯（Barrow-in-Furness）距离此地仅1.5 英里，那里的造船厂声名远扬。湖区西部沿海的港口成为重要的航运中心和煤、钢工业原料的存储地。奴隶贸易的兴盛带动了怀特黑文港煤矿和交通运输业的发展，劳瑟家族将此港口打造成18 世纪末19 世纪初英国的第三大航运码头。

湖区成为北美、西印度群岛与英格兰北部工业城市进行商品货物交换的最短通道。阿尔弗斯顿（Ulverston）的繁荣就得益于此。通过铁路和运河，湖区生产的原木线轴、亚麻布、黄铜、木材和石料得以向外输送。可以说，若不是有华兹华斯这样浪漫派诗人的抵制，湖区凭借其优越的地理区位和丰富的矿产资源，完全可能发展成北方的另一个工业中心。浪漫派虽然成功地阻止了湖区工业化的发展方向，但也将湖区的发展仅局限在旅游这一个行业。虽然这个方向非常适合湖区，但旅游业不能成为所有乡村未来发展的唯一方向。毕竟，只有少数非常幸运的村落能够像湖区那样拥有适合旅游开发的地质条件和丰厚的文化资本，可以放弃乡村的农业生产功能而完全依靠旅游经济。当浪漫派用“自然”概念来打击工业时，他们其实也犯了同样的错误，将乡村抽象成一幅美丽的风景画，而否定了乡村其他产业的存在价值。乡村不是“农村”，同样也不等同于“自然”，它不能完全依附于城市，但也做不到完全与城市隔绝，乡村的未来取决于它在与城市博弈过程中所取得的地位以及自身的独立性。

第五节 反法的“爱国者”

虽然英国的浪漫主义文学有意识地建构“自然”概念来淡化乡村的农业生产功能，但这不过是英国土地贵族打击资本主义工商业所采取的一种文化策略。其实，土地贵族们极其重视乡村的粮食生产功能，乡村的粮食生产对于反法战争期间正在工业化的英国起到了至关重要的作用。18 世纪末，由于工业的快速发展、城市规模的不断扩大和人口的快速增长，英国从 1765 年开始由粮食出口国变成了粮食进口国。为了解决国内粮食短缺问题，乡村地区开始了轰轰烈烈的圈地运动，但仍然满足不了市场的需求，1800 年英国的粮食进口量高达 3938829 夸特。[①] 此时正值反法战争期间，为了切断英国的粮食进口通道，拿破仑控制了波罗的海的航运，禁止沿岸地区和德意志诸邦与英国进行粮食贸易。此举迅速引发了英国国内谷物市场的恐慌。1801 年，小麦价格从 1790—1799 年的平均每夸特 55 先令飙升至 151 先令，一磅面包的价格竟然涨至 5 便士![②]

粮价的飞涨迫使英国不得不与法国进行和谈来抑制国内粮价的疯长。此后，拿破仑对英国的封锁再次加码。1809 年和 1810 年英国粮食歉收，小麦每夸特的价格从封锁前的 66 先令涨至 117 先令，到 1812 年又升至

---

① 刘军大、刘湘予:《拿破仑与大陆封锁；从拿破仑的经济政策看拿破仑帝国的覆灭》，华夏出版社 2001 年版，第 58 页。

② 刘军大、刘湘予:《拿破仑与大陆封锁；从拿破仑的经济政策看拿破仑帝国的覆灭》，华夏出版社 2001 年版，第 60 页。

155先令的高位。英国随即陷入第二次粮食危机。[①] 拿破仑的大陆封锁政策沉重地打击了英国的工商业，但却让英国的农业迎来了发展的黄金期。土地贵族成为拿破仑战争中最大的受益者，他们巧妙地利用了拿破仑的封锁，为自己赚取了巨大的政治和经济利益，不仅一举将把持政坛多年的辉格党赶下台去，还大幅提高了粮食和地租价格。拜伦曾写道："那祸害乡土的乡绅，最是不肯使战争的叫嚣止息。"他们会第一个认为和平反倒是灾害，哀叹拿破仑远征俄国的失败，"把小麦［价格］贬到如此令人失望的地步"。他们反对把拿破仑"锁在荒凉的小岛"，因为"那家伙称王的时候用处并不小"。地主们所做的一切都是为了提高地租，拜伦称他们为：

> 田庄的独裁者，战争的种植人，
> 他们的锄头是雇佣兵手中的剑，
> 异邦所流的血肥沃了他们的田，
> 安守自己的谷仓，这些塞班的农夫
> 把同胞送去作战——为什么？为了地租！
> 一年又一年，他们在议会里全体赞成
> 将人们的血汗和眼泪所累积的资金
> 成百万地花出去——为什么？为了租金！
> 他们叫嚷，他们宴饮，他们发誓一定
> 为英国而死——何以有活呢？为了租金！
> 这些高市价的爱国人士对于和平
> 一直不满：因为战争曾经是租金！
> 他们对祖国的爱，和滥用的千百万，
> 怎么协调？只有解决地址的争端！
> 难道他们不要偿还政府的贷款？

---

① 刘军大、刘湘予：《拿破仑与大陆封锁：从拿破仑的经济政策看拿破仑帝国的覆灭》，华夏出版社2001年版，第96页。

不，打倒一切，只要地租上升无边!①

拜伦犀利地指出英国的地主们打着“爱国”的幌子，干的却是煽风点火、唯恐天下不乱的勾当，他们唯一在意的是土地的收益。高昂的地租是国家繁荣兴旺的标志，这倒符合代表地主利益的经济学家马尔萨斯的观点。他以“土地肥力边际递减规律”来证明粮食涨价、地租提高的合理性。他与亚当·斯密、大卫·李嘉图提倡的自由贸易理论进行辩论，论证谷物自由贸易的危害和实施贸易壁垒的好处。马尔萨斯认为，允许海外廉价的谷物自由进口会严重损害英国的粮食安全，妨碍英国的农业发展，谷物价格一旦降低，就会产生人口过剩，最终会导致下层阶级生活状况的普遍恶化，相反，限制谷物的进口、维持国内的高粮价却能让英国达到“自给自足”的均衡状态，给各个阶级带来利益和幸福。因此，他主张实行更有效的贸易保护政策，对出口商品进行补贴。马尔萨斯为土地贵族强有力的辩护以及英国贵族在议会的强大影响力使得1815年拿破仑战败后，欧洲和北美的谷物可以自由进口英国之时，英国议会却通过了《谷物法》来保护英国的农业，维持国内的高粮价。它规定市场上小麦价格一旦低于每夸脱80先令、稞麦豆类53先令、大麦40先令以及燕麦27先令，就禁止进口外国的各种相应品种。②

反法战争期间可谓土地贵族的“黄金时代”。他们充分利用拿破仑对英国的经济封锁进行农业扩张。高粮价和高地租充实了土地所有者的腰包，财大气粗的他们争相炫耀自己的权势。以奥斯丁为代表的摄政时期的英国小说里总会出现土地贵族和乡绅大兴土木、修建豪华庄园的情节。恬静富裕的乡间生活与外界的战火纷飞形成强烈的反差，宣示谁才是这场政治危机和经济危机中真正的获益者。在战争期间赚得盆满钵满的土地贵族在马尔萨斯眼中成为带领英国走出经济危机的“救世主”。这位代表土地贵族利益的政治经济学家认为产能过剩而消费不足是引发危机的

---

① ［英］拜伦:《青铜世纪或名〈世事的歌及平凡的一年〉》，载《拜伦诗选》，查良铮译，上海译文出版社1982年版，第452页。

② ［英］马尔萨斯:《论谷物法的影响地租的性质与发展》，何宁译，商务印书馆1960年版，第4—5页。

根源，法国的封锁切断了英国工业产品的对外输出通道从而造成产品在国内的积压，而国内真正具有购买能力的只有土地贵族阶层。不论是乡村的下层民众还是城市的工人阶级，他们只能勉强维持温饱，没有多余的钱用来消费，而追求利润的城市资产阶级总会把剩余的资金积攒下来，投入扩大再生产的过程中。其他阶层的不消费需要地主阶层作为英国经济的唯一拯救者进行炫耀式消费。马尔萨斯的观点与桑巴特在《奢侈与资本主义》一书的观点不谋而合，他们皆认为贵族的奢侈消费可以刺激资本主义的发展。虽然马尔萨斯经济学理论的意识形态性过于浓重，但必须承认，相比于古典经济学家萨伊、李嘉图等否认经济危机的存在，他对经济危机的理解更为深刻，他的有效需求不足的思想后来极大地影响了凯恩斯的宏观经济学。

虽然马尔萨斯的出发点是为了维护英国土地贵族的利益，但他对粮食安全、对农业发展的重视不啻英帝国扩张过程中的一剂清醒剂。亚当·斯密和李嘉图对自由贸易的支持，以及之后的宪章运动提出的废除《谷物法》、降低粮食价格的主张都有利于城市工商业主扩大市场份额，降低生产成本，但他们却没有意识到一旦放开粮食市场，海外价格低廉的粮食会迅速占领英国市场。一旦国内的粮食产业失去竞争力，英国会出现粮食供给完全依赖海外市场的局面，这将对英国的国家安全构成致命威胁。粮食与其他工业产品不同，其他产品的短缺造成的经济困难尚且可以忍受，但粮食的短缺会直接引发群众恐慌和社会动荡。若不是拿破仑在对英国进行经济封锁的关键时刻犯下战略性错误，同意向英国出口粮食，英国很可能会熬不住1810—1811年那个饥饿的冬天而率先投降。历史上的教训和马尔萨斯的警告让英国的执政者意识到粮食安全对国家的自主和独立至关重要，必须调和城市工商业与乡村农业发展过程中的矛盾。英国政府采取了在工商业中推行自由贸易、在农业中实行保护主义的“双重策略”来缓和城市资产阶级与乡村土地贵族的利益冲突，在帝国扩张中越来越依附海外市场的同时维护自身的独立性。当1846年《谷物法》被废除后，英国的粮食价格并没有显著回落，而是在相当长的一段时间内维持了价格的稳定。

借助拿破仑战争，土地贵族不仅在经济上扩充了实力，在文化上也多有斩获，他们抓住国内的“反法”情绪做起了文章。1804年，拿破仑公开展出贝叶挂毯（Bayeux Tapestry），准备重演诺曼登陆的历史剧目。法国入侵英国的计划迅速唤起了海峡对岸英国人的民族意识。团结一致、保家卫国成为全民的普遍共识，英国人立刻动员起来组成抵抗战线。英语中乡村（country）一词本就含有国家的含义，由于乡村是大不列颠的民族发源地，带有土地印记的自然风景也就成为不列颠国家的象征符号。守护自己的祖宗之地成为抗击法国入侵、保家卫国的应有之义。土地贵族巧妙地利用了民众保家卫国的爱国之心，让自己成为抗击法军忠诚的“爱国者”和不列颠坚定的“守护者”。贵族拥有大量的土地，据说朗斯代尔伯爵的地产横跨奔宁山脉，从坎布里亚郡一直绵延到诺森伯兰郡的海岸。为了维护土地所有权，他们把自己的私有土地包装成国民“共有的财产”，守护国土就是守护自己的土地。土地贵族主动掩盖了土地的所有权归属，把它变成一般的自然，进而成为代表不列颠的“国家景观”。华兹华斯将这些“国家景观”——肯德尔周边的一山一石都记录在自己的诗集《远游》中，并在扉页上声明该诗集是要献给威廉·劳瑟——朗斯代尔伯爵，以表达自己崇高的敬意和真挚的感激。[①] 即使到了现在，经过国民信托组织（National Trust）长年不遗余力地购买私人土地之后，湖区国家公园内仍有59%的土地完全归私人所有。前来参观的游客在这些私有的土地上构建起对大不列颠的国家想象。

很少有人意识到现如今英格兰境内著名的旅游胜地，在18世纪50年代之前还不为人知。1769年，虽然温德米尔湖（Windcrmcre）、阿尔斯沃特湖（Ullswater）、瑟尔米尔湖（Thirlmere）、凯西克湖（Keswick Lakes），柯尔斯顿这些地方都可以看到游客的身影，但湖区的大部分地区依然默默无闻。[②] 拿破仑的封锁中断了英国上层阶级前往欧洲大陆的文化朝拜，他们转而将目光投向国内，来寻找可以与欧洲风景相匹敌的景观。华兹华斯将英国人的爱国情绪与湖区风景巧妙地结合起来。在《湖区指南》中，他骄傲地宣称：“我们的湖区从很多方面来讲，与阿尔卑斯山的景观

---

① William Wordsworth, “To the Right Honourable William, Earl of Lonsdale, K. G. ”, in *The Excursion*, London: Edward Moxon, Dover Street, 1836.

② Mark Keay, *William Wordsworth's Golden Age Theories during the Industrial Revolution in England, 1750 – 1850*, , London: Palgrave Macmillan, p. 22.

相比都毫无逊色。”（*Guide*：106）这里的景物与周围的环境更为和谐。徐徐的微风让平静的湖面荡起层层涟漪，产生了无穷无尽的变化。而阿尔卑斯山脉的风景则过于崇高险峻。他反对在湖区引入异国的植物，国外的气候条件不同于湖区，一旦将异国的树木品种引入湖区，它们会水土不服。（*Guide*：104）华兹华斯呼吁要保持湖区原始的生态环境，称这里的自然风景天下无双，不仅优于瑞士，也优于苏格兰和威尔士，那些地方的风景过于荒凉。作为不列颠的国家景观，湖区所具有的自然精神与代表“自由”的宪政精神息息相通，这种自由精神使得资产阶级与土地贵族在政治上存在联合的可能。

18 世纪末到 19 世纪中叶，英国资产阶级在政治上还无法与贵族相抗衡，王权依然是贵族阶层财富和荣誉的护身符。政府的内阁成员有一半是贵族出身，另一半与贵族有着密切的关系。首相小皮特虽然称自己是“辉格党人”，但他推行的却是保守党的政策，而他的追随者们大多又成为保守党的核心成员。利物浦伯爵担任首相后继续推行保守路线，将这股保守的政治氛围从 1812 年延续到 1827 年。贵族的势力还遍及教会、陆军及海军等部门，他们占据着国内外的关键职位。除了牢牢把持上议院外，贵族依靠钱财和权势积极在下议院渗透自己的势力。[①] 1820—1832 年英国下议院中，贵族占据议席的大多数，尽管已有一些“非精英者”的渗入，但他们的数目并没有显著增多。在由银行家、金融家、商人和工厂主组成的 10% 的议员中，真正从事工业生产这个新兴行业的议员只有 15 位。[②]

恩格斯曾发出感慨：“在英国，资产阶级从未独掌全权，甚至 1832 年的胜利，也还是让土地贵族几乎独占了政府的所有要职。”[③] 国内力量还较为薄弱的资产阶级在与法国争夺海外殖民地的过程中，取得贵族的

---

① 参见贺鹭《维多利亚时期伦敦社会分层研究》，江苏大学出版社 2015 年版；J. V. Beckett, *The Aristocracy in England, 1660 - 1914*, New York: Basil Blackwell, 1989; John Cannon, *Aristocracy Century: The Peerage of Eighteenth-Century England*, New York: Cambridge University Press, 1984.

② The History of Parliament: The House of Commons, 1820 - 1832, http://www.histparl.ac.uk/research/surveys/surveys - 1820 - 1832, 2020 - 10 - 11.

③ 马克思、恩格斯：《马克思恩格斯选集》第 3 卷，人民出版社 1995 年版，第 714 页。

支持至关重要。只有依靠国家的坚船利炮，资产阶级才能在海外建立起以自由贸易为核心的现代世界体系，也就是说，商业利益与国家的密切关系使得英国商人和土地贵族一样，有充分的理由来效忠国家，成为忠诚的“爱国者”。在争抢海外殖民地过程中，法国一直是强大的敌人。爆发于18世纪的七年战争虽然使英国稍占上风，但美国的独立宣告了英国第一帝国的解体，而对岸的宿敌却依然是欧洲大陆的霸主。大革命造成的法国内乱曾让英国人一时欣喜若狂，但拿破仑上台后不仅迅速稳定了局面，还扭转了法国的颓势。为了遏制法国势力在欧洲的扩张，英国城市资产阶级需要与土地贵族联起手来一致对外。在这个过程中，乡村浪漫主义美学塑造出的英国自由、正义的形象，为英国在欧洲的纵横捭阖提供了合法性支持。1798年听闻拿破仑入侵瑞士的华兹华斯写下《一个英国人有感于瑞士的屈服》(*Thought of a Briton on the Subjugation of Switzerland*)，发出自由女神不能向法国暴君投降的呼喊。英国的乡村美学从洛克、哈特利那里汲取营养，用经验常识、形象思维来排斥宏大、复杂、抽象的理论思辨。《劝导与问答》(*Expostulation and Reply*)、《推翻书桌》(*The Tables Turned*) 告诫人们不要迷信书本，而要以“自然为师”。自然是一个无穷的宝藏，它教人识别善恶，“枝繁叶茂的树林的律动，远胜过人间一切圣贤的教导”(*Complete*: 83)。诗歌中对可感的自然世界的颂扬与政治上维护现存既有制度的保守主义一脉相通。这种思想气质与法国大革命中要推翻一切现存制度的政治浪漫主义针锋相对，英国成为欧洲反动势力的堡垒。推崇伯克思想的华兹华斯善于对具体而微的景物进行细致的刻画，白屈菜、黄水仙、三色堇、驴蹄草、雏菊虽然在自然界中微不足道，但自然的真理、人与万物的共通性却通过它们得以显现。这种创作手法深刻质疑了法国启蒙运动所推崇的否定、批判经验世界的理性主义。

此外，英国的资产阶级还从浪漫派的自然美学中征用了大量的资源来证明自由贸易的合理性。自耕农身上“独立”的品格成为资本家珍视的精神。他们辛勤劳作、自力更生的形象堪当殖民拓荒者的楷模；传统父权制下的乡村社会所宣扬的谦卑、服从的品德有助于城市工厂、企业、监狱、济贫院中纪律守则的建立。如果说法国资本主义的建立是依靠轰轰烈烈的政治革命，通过消灭国王、贵族的肉体来实现政权的更迭，那么，英国进入资本主义的过程则要“文雅”得多，它主要依靠文化来变革社会。英国贵族一贯以地方自治、个人自由来对抗王权，英式园林与风景画中对“差异、多样性”的强调，对个体的尊重成为工商业文化中“个人主义”的雏形，贵族对王权的反抗与资本家对“自由”的追求在精神上高度契合。英国采取渐进的变革方式，它像一个由“小店主”组成的集合体，依靠基层个体、局部的创新来推动上层建筑的变革。与英国不同，推崇暴力的法国革命继承了封建时代中央集权的国家治理模式，采取自上而下、从中央到地方的政治变革来推动资本主义的发展。英法两国变革路径上的差异造成它们在文化艺术领域存在的差异：英国出现了生机勃勃的自然主义，而法国新古典主义巴洛克艺术则达到巅峰。

更重要的是，除了体现自由的思想，英国的自然主义还与民族主义、帝国主义结合起来，推动英国资本主义在全球的扩张。浪漫派艺术家对圈地运动的有意忽视掩盖了乡村内部的重重矛盾，他们对无功利的强调淡化了乡村的生产功能，使其变成了一幅美丽的风景画。这种剔除了社会历史内涵的风景画具有了某种普世价值，对分散于世界各地的英国人产生了巨大的召唤作用。浪漫派对传统乡土社会所构建出的“家园”概念，随着工业革命、城市化以及殖民地的扩张，突破了乡村原先所限定的地理区位，上升为对不列颠整个国家的想象。于是，英国乡村的绿色宁静同殖民地的炎热骚乱形成对比，乡村所体现的人与人的亲密互助关系与英国人在殖民地与当地人的紧张关系和格格不入的孤立感形成反差，这种对比和反差使浪漫派的风景绘画、自然诗歌极大地激发了海外英国人对母国的思念和忠诚，同时又增进了他们对彼此的认同，确保他们在异国他乡能够保持本民族的“英国性”。①

钱伯斯曾预言被海水环绕的英国将成为一个“花园帝国”。居于这座宏伟花园正中的是俯瞰一切的王室宫殿，贵族的庄园和别墅星罗棋布在四周，它们好似一座座设计精美的凉亭，让园内的景色别具一格，甚至

① Raymond Williams, *The Country and the City*, Oxford: Oxford University Press, 1975, pp. 281 - 282.

连中国园林也难以望其项背。[①] 虽然将英国比作“花园帝国”，但钱伯斯一生却致力于把“帝国”变成一座“花园”，“花园”与“帝国”真正融为一体要等到19世纪，工业与贸易的发展扩大了帝国的疆域。伦敦成为帝国之都，它代表了不列颠的包容与力量；与此同时，英国又将自己的“英国性”保留在乡间，风光旖旎的乡村将不列颠装扮成一座美丽的花园。大城市为工业、金融和商贸提供了发展的土壤，而艺术和诗歌女神却在乡野播撒了“自然”的种子。为帝国提供工业原料的农业生产活动被转移到海外的种植园中，英国的乡村组成花园中一道道亮丽的风景线，城市让英国变得“富饶”，乡村让英国变得“美丽”。在经过城市与乡村、工业与农业、现代与传统、启蒙与浪漫、帝国性与民族性激烈的冲突对立与妥协后，英国终于创造出“花园帝国”的图景。

1876年，温德米尔到安布尔赛德之间要修建铁路的消息在湖区传播开来，华兹华斯生前已经预见到这条旨在将整个湖区连成一体的南北线路终于要付诸实施。[②] 听闻此消息的萨默维尔（Robert Somervell）立即发表了《反对铁路在湖区的延伸》进行抗议，罗斯金专门写了一篇序言给予声援。在文中除了表达对华兹华斯深深的敬意外，二人再次回顾并肯定了诗人的反对意见，认为如果抵挡不住铁路的进一步入侵，湖区的未来令人担忧。[③]

这种焦虑感唤起了人们的保护意识。华兹华斯的信徒们纷纷行动起来，相继组建了公地保护组织（the Commons Preservation Society）、古代建筑保护协会（the Society for the Preservation of Ancient Buildings）、克尔协会（the Kyrle Society）、湖区保护协会（the Lake District Defense Society）等诸多公益组织。1895年，在欧克塔维亚·希尔（Octavia Hill）、罗伯特·亨特（Robert Hunter）和哈德威克·罗恩斯利（Hardwicke Rawnsley）的共同努力下，英国国民信托（National Trust）组建成功。该组织

① William Chambers, *An Explanatory Discourse by Tan Chet-Qua of Quang-Chew-Fu, Gent*, Los Angeles: William Andres Clark Memorial Library, 1978, pp. 133－134.

② https: //www. hdrawnsley. com/index. php/conservation/ambleside － railway － 1886 － 1887, 2020－10－15.

③ Robert Somervell, *A Protest Against the Extension of Railways in the Lake District*, Windermere: J. Garnett, 1876.

通过购置、遗赠和代管等多种方式，保护自然景观和历史文化遗迹不因不当开发而遭到灾难性毁坏。1951年，湖区国家公园（Lake District National Park）正式成立。华兹华斯虽然将湖区视为“国民的财产”，但湖区的“公共性”在他看来主要体现在自然美学和道德教化上面。他说作为一块神圣不可侵犯的领地，湖区应该只向“有品位的人”开放。与诗人强调湖区的精神层面不同，华兹华斯的后继者们则大力发展交通事业，更注重湖区“公共性”的真实可感，他们积极为游客争取湖区道路的使用权，认为湖区应该向那些当天需要往返的游客提供便利。1994年，议会通过《国家公园和乡村准入法案》（National Parks and Access to the Countryside Act），来保障民众享有使用公共道路和公共土地的权利。现如今，湖区的卫士们一方面遵循华兹华斯的遗愿，尽可能保持湖区的原貌；另一方面，又打破了它的地域排他性，使每年数以万计的游客能前往湖区，来共享这一“国民的财产”。

第四章

狄更斯:霍乱时期的伦敦

第一节 1858 年的泰晤士河

1858 年夏天，伦敦经历了罕见的酷热。6 月 16 日，气温创下了有史以来的最高纪录。当晚，美国历史学家约翰·洛斯罗浦·蒙特利（John Lothrop Motley）参加完伦敦的一个宴会后，给妻子写信道："温度计的读数一整天都是 90 华氏度。你可以想象一下，燃烧的蜡烛，热气腾腾的盘子，上面正蒸着十几个或几十个人。我感觉，和这种天气相比，烤火架上的圣劳伦斯，倒是能感到凉爽和舒适。"①

高温本身就令人难耐，如果再加上夏日有机物分解散发的恶臭，情况就变得更为糟糕。泰晤士河引爆了 1858 年伦敦的"大恶臭"。紧邻河畔的国会大厦，正在开会的议员们深受其害。炎热的天气，迫使他们不得不开窗透气来驱散暑热，但窗外的恶臭又着实让人无法忍受。早在一年前，议员们就开始抱怨泰晤士河散发的有毒"气体"让人头晕、恶心和食欲不振。1858 年的酷暑更是让整个国会大厦弥漫着臭水沟的味道，暗示着"疾病和死亡的气息"②。为了抵抗恶臭，议会大厦临河的窗帘都浸透了石灰水，然而效果不佳。有人甚至建议，将议会迁至汉普敦宫，

---

① Rosemary Ashton, *One Hot Summer: Dickens, Darwin, Disraeli, and the Great Stink of* 1858, New Haven and London: Yale University Press, 2017, p. 8.

② Lee Jackson, *Dirty Old London: The Victorian Fight Against Filth*, New Haven and London: Yale University Press, 2014, p. 97.

而法庭改迁至牛津或圣奥尔本斯。[①] 援引迪斯累利的话说，泰晤士河成了“冥河的水潭，充满了不可言述、不可忍受的恐惧”[②]。《观察家报》报道他“走进一间会议室，但很快就和一名委员一起离开，一手拿着文件，一手用手帕捂着鼻子，因为空气太难闻”[③]。

那么，窗外的泰晤士河究竟是一番什么景象？泰晤士河已经变成伦敦的“垃圾堆”和“臭水沟”。几个世纪以来，屠宰场和牲口市场将废弃物直接倒入泰晤士河内，早已成为行业惯例。进入 19 世纪，泰晤士河北岸逐渐成为小作坊的聚居地：造纸厂、制革厂、印染厂、酿酒厂，纷纷将工业废水排入河中。由于城市规模的扩大，伦敦人口数目迅速膨胀，从 1850 年代开始，每天大概有 250 吨的生活污水倾泻到河内。此外，作为伦敦重要的运输干线，拉煤船、运货船、客船来回穿梭，也进一步恶化了水质。[④] 深棕色的河水上垃圾遍布。狄更斯曾描写过泰晤士河的河面：上面漂浮的“每一件东西都在彰显着河水那毁灭性的影响力——变了色的钢材，腐烂的木头，蜂窝状的石块，绿阴阴、湿漉漉的沉积物”[⑤]。

然而，恶劣的水质、漂浮的死尸、废弃物，却不是伦敦恶臭的根源。泰晤士河是一条感潮河，河内的污水垃圾被排入出海口之后，会受潮汐的作用，再次返回伦敦。这些垃圾在河两岸慢慢堆积起来，形成了臭名昭著的烂“泥滩”（mudflat）。滑铁卢桥附近的泥滩，平均宽 700 多英尺，深 6 英尺，加上又是下水道的排放口，成为泰晤士河臭不可闻的根源。伦敦市政报告曾这样描述此地：“有机物在高温下腐烂，散发出恶臭。一旦潮水退去，就会暴露在日光之下。”（*Cleansing*：59）

这些臭不可闻的烂泥滩，成为伦敦贫困人口的居住地。狄更斯在

---

① Philip V. Allingham, *Charles Dickens and "the Big Stink"*, http://www.victorianweb.org/authors/dickens/bigstink.html, 2019 - 06 - 22.

② Peter Ackroyd, *London: The Biography*, New York: Anchor Books, Random House, 2000, p. 288.

③ "State and Church", in *The Examiner*, 3 *July* 1858, pp. 423 - 424.

④ Michelle Allen, *Cleansing the City: Sanitary Geographies of Victorian London*, Ohio: Ohio University Press, 2008, p. 58. 后文出自同一著作的引文，将随文标出该著名称简称“*Cleansing*”和引文出处页码，不再另注。

⑤ ［英］狄更斯：《我们共同的朋友》上册，智量译，上海译文出版社 1988 年版，第 249 页。

《雾都孤儿》中描写了爱尔兰人聚居的“雅格岛”，那里是“伦敦众多隐蔽的地方中最肮脏、最不可思议和最离奇古怪的一个去处”，也是伦敦东区霍乱①暴发的源头：

> 该岛在潮水涨起时四周浊水漫流，深至六到八英尺，宽至十五到二十英尺。它从前名叫磨坊池，如今则叫傻子沟。它是泰晤士河的一条支流或水湾什么的，随时可以将水注满——只要一打开赖德磨坊那边的闸门，老名字也是由此而来。开闸时，你站在磨坊巷口的一个小木桥上便可见到两岸的居民纷纷打开了后门后窗，放下吊桶、提桶等一类的物什子到下面打水。等你看完这幅汲水图后又转而看这些房屋时，那情形会让你大吃一惊。一条晃荡荡的木板走道由五六所房子共用，透过木板的窟窿还可看见下面的淤泥；打破的窗子或是补缀过的窗子里伸出一些晾竿来，而其实上面从未见过什么衣服；房子狭小脏乱，也不通风，恶臭扑鼻，即使用这地方来藏污纳垢也还嫌太不卫生；木料搭成的棚楼悬在浊水上方，随时都可能有人掉进水里——事实上也确有其事，墙壁一律脏污不堪，房基亦因朽腐而下沉，这令人憎恶的贫困破落之象、不堪入目的污垢、腐物和垃圾比比皆是，它们装点在傻子沟的浊水两岸。②

泰晤士河的恶臭熏坏了前来开会的议员们，迫使一贯信奉自由放任、办事拖拖拉拉的政府不得不采取措施来改善首都的空气质量。在迪斯雷利的推动下，8月2日，议会通过了《泰晤士河清洁法案》（Thames Purification Bill），决定将排污管改道，禁止城市污水直接排入泰晤士河内，

---

① 霍乱成为19世纪波及全球的“世纪传染病”。最早暴发于1817年的恒河三角洲地区，然后随着东印度公司的商船、殖民者、士兵的足迹传到加尔各答和整个印度。1824年到达东南亚、埃及、中国、波斯、俄国东部。6年之后，1830年俄国阿斯特拉罕暴发霍乱，接着疫情西进，1831年春到达匈牙利、波兰，5月底攻克德国但泽和北海国家沿岸，1832年登陆英国桑德兰地区，继而影响苏格兰、英格兰和爱尔兰，接着又扩散至南北美洲。疾病的传播路线与19世纪全球贸易的航线相一致。参见 Charles Creighton, *A History of Epidemic in Britain*, Vol. 2, Cambridge: Cambridge University Press, 1894, pp. 796 - 859。

② ［英］狄更斯：《雾都孤儿》，张海军译，内蒙古人民出版社2000年版，第350—351页。

并改造烂泥滩，修建泰晤士河堤。

1858 年泰晤士河散发的恶臭旋即引发了伦敦市民的大恐慌，恐慌产生于对间歇性暴发的霍乱的恐惧。从 1832 年开始，一直到 19 世纪 60 年代，伦敦先后暴发了 1831—1832 年、1848—1849 年、1853—1854 年、1866—1867 年四场大霍乱，死亡人数分别达到 6536、14137、10738、5596 人。① 霍乱的暴发总是与盛夏、高温、腐臭的气味联系在一起，这让人们自然联想到恶臭中可能含有致人死亡的毒气。泰晤士河上的码头工人、摆渡乘客、岸边的国会议员、贵族骑士，甚至连女王都连连抱怨，恶臭让人恶心，是引发疾病的温床。(*Cleansing*: 55)《泰晤士报》上出现"泰晤士河热病"一词，乘客不敢登船，刺鼻的气味不仅使人呕吐、头痛眩晕，还隐藏着致命的瘟疫。(*Cleansing*: 56)。当年伦敦刊登的漫画中，被描绘成骷髅模样的死亡之神如同拦路强盗，在泰晤士河上安静地划着小船，向那些没有交河道清理费的人索命。另一幅漫画以浓烟滚滚的工厂为背景，肮脏的泰晤士河老爹正向优雅洁净、代表伦敦的城市女神介绍着自己衣着褴褛、骨瘦如柴的儿女，他们是居住在河边贫民窟的孩子。

第二节 瘴气说

"高温、恶臭、霍乱、死亡"这些因素组成的条件反射链，与当时长期主导医学界的"瘴气说"密不可分。② 由于霍乱经常发生在盛夏高温季节，而伦敦东区肮脏难闻的居住环境，常常成为流行疾病的发源地。经常与贫民接触、研究发热症状的史密斯（Thomas Southwood Smith）早在伦敦第一次大规模暴发霍乱前的 1830 年就发表了《论发热》(*A Treatise on Fever*)，认为"动植物在腐化过程中，会释放或者产生某种化合物，

---

① Stephen Halliday, Adam Hart-Davis, *The Great Stink of London*: *Sir Joseph Bazalgette and the Cleansing of the Victorian Metropolis*, Phoenix Mill and New York: Sutton, 2001, p. 93.

② 关于霍乱暴发的机制，当时有多种解释，有泥土论、电流论、臭氧论、气象条件说、阴魂不散说等。参见［美］史蒂芬·约翰逊《死亡地图：伦敦瘟疫如何重塑今天的城市和世界》，熊亭玉译，电子工业出版社 2017 年版，第 140、202 页。

这些物质被身体吸收后，就会出现发热现象”①。史密斯进一步论证指出，相比于植物腐化产生的发热毒素，动物尸体腐化产生的毒素对人的危害更大。这种发热毒素一旦达到一定的浓度就可立刻致人死亡。如果浓度不高，则会产生属于伤寒类型的发热症状。传染病暴发地总会出现正在腐化的动物尸体或粪便，且这些污秽是大规模存在的。②

1849 年，亨利·梅休（Henry Mayhew）接受《纪事晨报》的委派，前往当时霍乱疫区柏蒙塞（Bermondsey）进行实地考察。在“瘴气说”的影响下，他的报道完全是一篇嗅觉记录：

> 一进入疫区，空气中就实实在在地弥漫着一种坟场的气味，任何一个不适应这种腐烂味道的人都会有一种恶心和晕沉沉的感觉。不仅是嗅觉上的，胃也觉得不舒服，可见空气中的硫化氢的浓度有多高；走在摇摇欲坠的烂桥上，桥下是散发着恶臭的沟渠，看到白铅漆的门柱和窗台都变成了黑色，不用化学测试，你也知道空气中满是这些致命的气体。污水中不时地冒出一个个黏稠的气泡，它们是有毒化合物的来源之一，而沟渠的一边悬挂着一个个没有门的户外厕所，厕所的墙上是一道道的棕黑色的痕迹，每家每户的排污管就朝那儿排污，沟渠里的污水也是这样来的。③

除了梅休，史密斯关于“瘴气”引发霍乱的观点还让他的好友查德威克（Edwin Chadwick）深信不疑。在制定完英国新的济贫法后，查德威克转身投入公共卫生运动中来，致力于消除伦敦市区的恶臭。他预防传染病的方法就是将粪便和腐烂变质的垃圾，通过下水道统统排入泰晤士河内。1838 年，伦敦暴发流感和伤寒。第二年，查德威克与阿诺特（Arnott）、凯伊（Kay）、史密斯分工合作（阿诺特、凯伊主要调查伦敦

① Thomas Southwood Smith, *A Treatise on Fever*, London: Langman, Rees, Orme, Brown, and Green, 1830, p. 349.

② Thomas Southwood Smith, *A Treatise on Fever*, London: Langman, Rees, Orme, Brown, and Green, 1830, p. 360.

③ ［美］史蒂芬·约翰逊:《死亡地图：伦敦瘟疫如何重塑今天的城市和世界》，电子工业出版社 2017 年版，第 138—139 页。

下水管道、垃圾处理、公厕情况并提出改良方案，史密斯则关注贫民窟中的房屋通风问题)，考察疫病暴发与贫民窟生活环境之间的关联，试图确定大规模居民发热的根源。3 年后，查德威克发表了《大不列颠劳动人口卫生状况调查报告》(*An Inquiry into the Sanitary Condition of the Labouring Population of Great Britain*)。1845 年，他扩大调查范围，向国会递交了《关于大城市和人口密集地区第二份委员会调查报告》(*The Second Report of the Commissioner for Inquiring into the State of Large Towns and Populous Districts*)。两份报告揭露了贫民区中糟糕透顶的卫生条件。有史学家认为报告是"对英国社会状况最权威、最全面的可怕控诉"①。例如，报告对伦敦东区一个贫民窟的卫生环境这样描写道：

> 伦敦东区克里斯托夫街上的怀特切佩尔大杂院位于一个死胡同里，入口狭窄，院子的后面是一个大垃圾坑，到处都是垃圾。一位卫生检查官把此地看作是最肮脏的地区，可恶至极的恶臭令人难以忍受，没有一丝清新的空气。楼上的空气令人作呕、头晕目眩，到处笼罩着死人和将死的气味。楼下的气味更为恐怖，一打开楼梯口的门，厕所的恶臭扑鼻而来。地窖里的腐烂物、排泄物、尿液和稻草的气味混合在一起，让人呕吐不止。60 个居民中有 13 人感染霍乱，成为伦敦霍乱感染率最高的地区之一。其他感染霍乱的地区差不多也是如此，最肮脏的地方也是霍乱最严重的地方，肮脏与霍乱如影随形。②

"瘴气说"拥有大批信奉者，其中包括查德威克、狄更斯、南丁格尔(Florence Nightingale)等。既然疾病是由不洁的空气引发和传播的，抵御疾病的最佳方法就是消除恶臭，改善通风条件。南丁格尔批评了将下水管道直接铺设在房屋下面的做法，认为挥发出来的秽气会充斥整个房间，

① Edwin Chadwick, *The Sanitary Condition of the Labouring Population of G. T. Britain*, Edinburgh: Edinburgh University Press, 1965, p. vi.

② S. E. Finer, *The Life and Times of Sir Edwin Chadwick*, London: Routledge & Thoemmes Press, 1997, p. 334.

引发猩红热、麻疹和天花等传染病。[①] 而贫民窟之所以成为霍乱频频暴发的源头，恰恰是由于拥挤密集的房屋布局，聚集的恶臭无法稀释开来。狄更斯对伦敦贫民建筑的描写，也凸显了空间上的令人窒息：

> 房屋一座紧挨一座，绵延百里，朝四面八方延伸，在这好像深井、深坑的房屋里，人们挤得透不过气来。一条污秽的下水道，而不是清澈见底的小河流过城市中心。[②]

恩格斯也在《英国工人阶级状况》中通过对工人居住条件的调查印证了查德威克和狄更斯的描述：通风不好、人口密集、居住条件差、环境肮脏就会导致霍乱横行：

> 每一个大城市都有一个或几个挤满了工人阶级的贫民窟。的确，穷人常常居住在紧靠着富人府邸的狭窄的小胡同里。通常会给他们划定一块完全孤立的地区，他们必须在比较幸福的阶级所看不到的地方尽力挣扎着活下去。在英国一切城市中的这些贫民窟大体上都是一样的；这是城市中最糟糕的地区的最糟糕的房屋，最常见的是一排排的两层或一层的砖房，几乎总是排列得乱七八糟，有许多还有住人的地下室。这些房屋每所仅有三四个房间和一个厨房，叫做小宅子，在全英国（除了伦敦的某些地区），这是普通的工人住宅。这里的街道通常是没有铺砌过的，肮脏的，坑坑洼洼的，到处是垃圾，没有排水沟，也没有污水沟，有的只是臭气熏天的死水洼。城市中这些地区的不合理的杂乱无章的建筑形式妨碍了空气的流通，由于很多人住在这一个不大的空间里，所以这些工人区的空气如何，是容易想象的。[③]
>
> ……

---

① Florence Nightingale, *Notes on Nursing*, Harrison: Facsimile Reprint, 1859, p. 16.

② ［英］狄更斯：《小杜丽》，金绍宇译，上海译文出版社 1993 年版，第 42 页。

③ ［德］弗·恩格斯：《英国工人阶级状况》，《马克思恩格斯全集》第 2 卷，人民出版社 1957 年版，第 305—306 页。

> 木作老板和建筑公司老板合买（亦即租若干年）若干地皮，在那上面盖上所谓的房子。在一个地方，我们看到一整条街都是沿着弯弯曲曲的沟建造起来的，因为这样一来，不用另外花钱挖土就可以得到较深的地下室，而这种地下室并不是用来做储藏室或仓库，而是用来给人住的。这条街上没有一所房子逃过霍乱的肆虐。这些郊区的街道通常都是没有铺砌过的，街心是一堆一堆的粪便，一滩一滩的死水；房屋是背靠背地建筑起来的，两所房屋共用一堵后墙，没有通风和排水的设备，整家整家的人都挤在地下室或阁楼的一个角落里。①

恩格斯描绘了工人阶级恶劣的居住环境。他也赞同房屋建筑的“通风”条件决定了居住者的健康情况。既然“恶臭”是引发疾病的根源，那么“透气”就成了一个关乎生死存亡的大问题。雪莱在《西风颂》的开篇就流露出对风的渴望。他歌颂凛冽的秋风可以扫除一切病魔：“哦，狂暴的西风，秋之生命的呼吸！你无形，但枯死的落叶被你横扫，有如鬼魅碰到了巫师，纷纷逃避：黄的，黑的，灰的，红得像患肺痨，呵，重染疫疠的一群。”②

对风的渴望还影响了贫富阶层对城市的区位选择。由于伦敦常年处在西风带，处于上风口的西区自然成为达官显贵的首选之地，而下风口的东区则形成了社会底层人员聚集的贫民窟。且东区离泰晤士河口更近，海运交通让东区工业厂房林立，加之地势较低，烟尘更难散去。早在1662年，经济学家威廉·配第（William Petty）就建议较富裕的市民迁往西区以躲避东区产生的恶臭。③ 加之东区一般使用廉价的海煤作为燃料，而海煤的含硫量较高，燃烧时会形成浓烟，并产生刺鼻的硫黄味，一旦刮起东风，浓烈的烟尘会扩散至整个城市。《荒凉山庄》中，贾迪斯每当遇到头痛或疑难之事，总是归罪于“东风”，“东风”遂成为烦心事、大

---

① ［德］弗·恩格斯：《英国工人阶级状况》，《马克思恩格斯全集》第2卷，人民出版社1957年版，第345页。

② ［英］雪莱：《雪莱抒情诗选》，查良铮译，人民文学出版社1958年版，第72页。

③ Christine L. Corton, *London Fog: The Biography*, Cambridge: Harvard University Press, 2015, p. 20. 后文出自同一著作的引文，将随文标出该著名称简称“*Fog*”和引文出处页码，不再另注。

麻烦的隐喻。例如，小说中，艾斯特曾与贾迪斯开玩笑：

> “今天刮东风吗?”我鼓起勇气来问他。
>
> 他纵声大笑，回答说，“不是”。
>
> “不过，今天早上是刮东风来着，”我说。
>
> 他又说“不是”；这一回，婀达也肯定地说“不是”，而且还摇摇头，头上的金发插着鲜花，看上去好像明媚的春天。“你这丑丫头，你哪里晓得什么是东风，”我一边说，一边爱慕地吻着她，因为我实在情不自禁了。
>
> 是啊！他们说，只要有我在场，就不可能刮东风；他们还说，我走到哪里，哪里就是艳阳天。(《荒》：549)

煤炭燃烧释放的煤烟含有大量的硫化物，它们一旦与湿润的空气结合，容易产生酸雨和烟雾，使伦敦成为著名的“雾都”。《荒凉山庄》开篇，狄更斯就描写了冬日的伦敦：

> 无情的十一月天气。满街泥泞，好像洪水刚从大地上退去。如果这时遇到一条四十来英尺长的斑龙，像一只庞大的蜥蜴似的，摇摇摆摆爬上赫尔彭山，那也不足奇怪。煤烟从烟囱顶上纷纷飘落，化作一阵黑色的毛毛雨，其中夹杂着一片片煤屑，像鹅毛大雪似的，人们也许会认为这是为死去的太阳致哀哩。狗，浑身泥浆，简直看不出是个什么东西。马，也好不了多少，连眼罩上都溅满了泥。行人，全都脾气暴躁，手里的雨伞，你碰我撞；一到拐角的地方就站不稳脚步，从破晓起（如果这样的天气也算破晓的话）就有成千上万的行人在那里滑倒和跌跤，给一层层的泥浆添上新的淤积物；泥浆牢牢地粘在人行道上，越积越厚。……到处都是雾。……大街上，有些地方的煤气灯在浓雾中若隐若现，很像庄稼汉站在泥土松软的田地上看见的那个朦朦胧胧的太阳。大多数的店铺比平时提前两个钟头掌灯——煤气灯似乎也知道这一点，他们那副面孔显得又憔悴又不情愿。(《荒》：第4—6页)

当艾斯特从乡下第一次来到伦敦，看到街上滚滚浓烟时，问道：

> “是不是有什么地方失了火？因为大街上笼罩着褐色的浓烟，几乎什么东西都看不见了。”
>
> “哦，不是的，小姐，”他说，“这是伦敦的特色。”
>
> 我从来没有听见过这样的事情。
>
> “小姐，这是雾，”那位年轻的绅士说。
>
> “哦，原来如此！”我说。（《荒》：40）

狄更斯并没有像描写恶臭那样，将冬日伦敦的雾霾与疾病联系起来。雾霾常在寒冷的冬日出现，而霍乱一般肆虐于炎热的夏日。① 威廉·法尔在对 1848 年伦敦霍乱暴发原因进行分析时，也将烟雾排除在外，提出了四个相关变量：（1）水源；（2）海拔；（3）人口密度；（4）贫富差距。根据数据分析，他得出：相比于其他三个因素，地势与霍乱导致的死亡率存在更为紧密的关系。地势低洼的地区，空气不易流通，容易造成瘴气聚集，从而引发霍乱。法尔的学说可以是“瘴气说”的另一个版本。② 海拔越高，空气质量越好。1849 年 9 月 2 日，《笨拙》杂志上刊载了一幅名为《关于如何躲避城市中的瘴气——一个呼吸管》的漫画。行人路过屠宰场、牲口市场、墓地、熬骨胶厂、制肥皂厂、羊肠线厂附近时，应当佩戴防毒面具，而这种面具的独特之处就在于它有一个高耸入云的呼吸管，使人能够呼吸到高空尚未被工厂污染的新鲜空气。

---

① 哥拉舍（James Glaisher）提出霍乱是由气象引发的。虽然霍乱通常发生在夏季，但他发现，每次大规模暴发前，1832 年春季、1848 年秋、1583 年冬日，都先在一些小地方出现，继而向外扩散，引发了次年夏季的大暴发。相比于恶臭高温的盛夏，冬日的空气污染也可能是霍乱暴发的原因。1819 年，国会认为，工厂和烟囱里排放出的浓烟对公众健康造成损害。此后，控烟法案也成为每次政府颁布的卫生法案的一部分：1855 年国会通过《减轻烟气妨害法案》，1858 年和 1866 年通过《清洁法案》，1875 年通过《公共卫生法案》，目的是控制烟气污染。详见：Neil Arnott：*Report of the Commit for Scientific Inquiries in Relation to the Cholera Epidemic of* 1854，*in Parliament Papers*，*1844 – 45*，xxi，34；Lee Jackson，*Dirty Old London*：*The Victorian Fight Against Filth*，p. 3；［澳］彼得·布林布尔科姆：《大雾霾：中世纪以来的伦敦空气污染史》，启蒙编译所译，上海社会科学院出版社 2016 年版，第 108 页。

② Tessa Cicak & Nicola Tynan，“Mapping London's Water Companies and Cholera Deaths”，in *The London Journal*，40：1，2015，p. 25.

狄更斯在《荒凉山庄》中虽然没有描绘此种防毒面具，但他通过小说中的人物也表达了对恶臭、肮脏的恐惧感。当布莱克和斯纳比斯在一名巡警的引导下，到“托姆独院”寻找乔时，他写道：

> 斯纳比斯在一条肮脏的马路中间走着。这条马路阴沟堵塞，空气混浊，路上的淤泥和脏水都很深——尽管别的地方马路上并没有泥水——到处是臭气熏天、垃圾遍地。他虽然在伦敦住了半辈子，也很难相信自己的眼睛和鼻子。这条到处是瓦砾成堆的马路，还通到别的环境恶劣的小街小巷去。斯纳斯比看见这些街道就感到恶心，仿佛自己正一步步地往下走，向那可怕的地狱走去。
>
> “躲开，斯纳斯比先生，”布克特说，因为这时有人抬着一个木箱式的破烂担架向他们走来，担架周围还有一群吵吵闹闹的人。“瞧，又有人得了传染病啦!”
>
> “这些房子都有传染病吗，达比?”布克特先生拿牛眼灯照了照一排散发着臭气的破房子，镇定地说。
>
> 达比回答说“全都有传染病”，而且，多少个月以来，这些房子的人“已经死了好几十个”，他们“像瘟羊似的被人抬走”，有的已经死了，有点还在咽气。他们继续往前走。布克特对斯那斯比先生说，他的面色不好，斯那斯比先生回答说，**他好像觉得没法呼吸这种可怕的空气**。(《荒》：第403—404页)(粗体为本书作者所加)

恶臭成为能致人死亡的“毒气”，维多利亚人对“瘴气说”的深信不疑得益于史密斯、查德威克、梅休等人的呼吁以及舆论、媒体的大力宣扬。查德威克认为提高公共健康的主要内容包括：(1) 铺设下水道，改善城市排水状况；(2) 清除室内、街道和马路上的垃圾；(3) 要求水厂为居民提供饮用水；(4) 每个城镇要任命卫生督察官，负责环境卫生问题。[①] 是否暴发霍乱成为判断地区干净与否的重要指标。1848年霍乱再次袭击英国，议会6月通过了《公共卫生法》(National Public Health Act)，

---

① Jamie Bartram ed., *Handbook of Water and Health*, Routledge: London and New York, 2015, p. 700.

批准成立由查德威克领导的卫生总理事会来负责伦敦的卫生工作。8 月又专门针对霍乱出台《垃圾清理和传染病预防条例》(Nuisances Removal and Contagious Disease Prevention Act),也称《霍乱法》。在议会的授权下,1848 年公共卫生法案的最大成果,就是水冲式厕所的普及。从 1847 年开始,查德威克致力于改善伦敦 170 个教区的主排污系统和 300000 户居民的家庭排污设施,积极推动实施新建房屋安装抽水马桶,旧房屋用抽水马桶代替化粪池的举措。在他的努力下,截至 1853 年底,伦敦大约有 1/10 的家庭住户采用了管道排污。[①] 室内的生活污水、街道垃圾都通过下水道直接排入泰晤士河内。此举虽然改善了市内的卫生状况,但却严重污染了泰晤士河的水质。短短几年,泰晤士河中的鱼虾绝迹,成为世界上污染最为严重的河流之一。但查德威克却将泰晤士河的水质恶化看成一种"必要之恶",因为这代表了市内卫生条件的改善,是伦敦城为了清洁而必须付出的代价。在他的领导下,卫生委员会每年都会提交好几份热情洋溢的报告,记录城市下水道的延伸和污水排放量的增长,而泰晤士河却成为伦敦城最大的粪坑。[②]

然而,就在查德威克根据"瘴气说"热火朝天地改善伦敦市内卫生环境时,他却和很多人一样,没有意识到"瘴气说"仅仅是解释霍乱暴发的一种医学假说。虽然城市化、工业化的发展给伦敦造成了严重的空气污染问题,但这并不是导致霍乱暴发的原因。霍乱弧菌不会通过空气传播,恶臭中也没有什么能够致人死命的"毒气"。成为伦敦"下水道"的泰晤士河引发了 1858 年的"大恶臭",但当年的恶臭却没有引发伦敦霍乱的暴发,反而轰轰烈烈的公共卫生运动加速了霍乱暴发的频率。短短 4 年后,霍乱在 1853 年再次卷土重来,后果更为惨烈,这让越来越多的人不得不质疑"瘴气说"的权威性。

约翰·斯诺(John Snow)在 1849 年霍乱第二次暴发后,率先提出了霍乱通过水源传播的观点:霍乱病人的主要症状是腹泻,排出米泔水样

---

① 毛利霞:《19 世纪中叶英国的公共卫生运动》,《河南科技大学学报》(社会科学版)2015 年第 3 期,第 37 页。

② [美] 史蒂芬·约翰逊:《死亡地图:伦敦瘟疫如何重塑今天的城市和世界》,熊亭玉译,电子工业出版社 2017 年版,第 136—137 页。

的粪便。由于过度失水，患者眼睛凹陷、嘴唇和下肢皮肤呈现蓝黑色的中毒模样。这种米泔水样的粪便中带有大量的霍乱弧菌。这些粪水如果处理不善，会直接污染水源地或地下水。一旦人们饮用了这些被污染的水，霍乱弧菌就会在小肠中大量繁殖。在快速繁殖的过程中，它分泌出的毒素会进入小肠细胞，导致小肠代谢功能紊乱，最终造成人由于严重脱水而惨死的悲剧。[①] 1854 年，苏豪区的宽街暴发霍乱，该区 896 名住户中有 90% 的人命丧黄泉。在离抽水井 250 英尺的范围内，2 周之内有将近 700 人死亡。[②] 当地委员会最终听从了斯诺的建议封闭了水井，才得以控制疫情，从而也间接证明了斯诺观点的正确。

查德威克万万没有想到，自己为之奋斗的卫生事业，却成为霍乱更加猖獗的推手。他推行的种种措施，反而让整个伦敦变得更加"臭不可闻"。斯诺的"水传播"理论却因损害了一些群体的商业利益而遭到抵制，从而让"瘴气说"盛行不衰。将霍乱产生的根源归罪于空气，而不归罪于泰晤士河的水质，有力地保护了伦敦自来水供水公司的利益，毕竟伦敦的空气不像自来水是由商业公司提供给住户的。

自 1582 年起，泰晤士河就是伦敦市民的饮用水源。公共卫生运动将大量的生活污水排入河内，污染了水质，而这些被污染的水又通过供水公司的管道，源源不断地输送到伦敦的千家万户。记者约翰·莱特（John Wright）曾报道，伦敦大联合水厂的给水口（通常以海豚形状的木质浮标作为标记）与排污口仅相隔数英尺。抽出的泰晤士河水既没有经过沉淀，也没有经过过滤，就直接输送给居民用户。由于该公司主要负责伦敦西区的供水，居住在那里的贵族、城市精英们大都以此水为生，并为能享用自来水而支付高昂的费用。[③]

当时由克鲁香克（George Cruikshank）绘制的一幅名为《人民的福利是最高法律》的漫画影射了这一事实。画面中，萨瑟克水务公司的总经

---

① M. D. John Snow, *On the Mode of Communication of Cholera*, London: John Churchill, New Burlington Street, England, 1855. 德国医生科赫（Robert Koch）于 1884 年分离出霍乱弧菌，确认了霍乱的发病机理，此前霍乱通过污水传播只是一种医学假说。

② Steven Johnson, *The Ghost Map*, New York: Riverhead Books, 2006, p. 161.

③ Lee Jackson, *Dirty Old London: The Victorian Fight Against Filth*, New Haven and London: Yale University Press, 2014, p. 51.

理位于泰晤士河中央，他一手高举着三叉戟，上面有从河面上打捞出来的垃圾，一手高举着酒杯，肮脏的河水从杯中溢出，身后两岸无数的排污口正源源不断将污水排入河中。1850 年，狄更斯在他的《家常话》中讲述了自己参观该水厂的见闻。狄更斯曾问工作人员伦敦有多少家水厂的取水口靠近排污管道，工作人员则否认这一情况，坚称自己的水厂是从泰晤士河的上游取水，而只有兰贝斯一家公司会从滑铁卢桥到亨格福德桥这一区段取水。狄更斯进一步发问，由于泰晤士河属于感潮河，潮汐现象会使污水反流到上游，进而污染水质。但工作人员将自来水被污染的原因归咎于居民家中的蓄水池不够干净。[①] 在狄更斯参观完水厂后，《笨拙》杂志也刊登了《伦敦的一滴饮用水》（*A Drop of London Water*）的漫画，水滴中所包含的污染物被放大显示出来：各种动物死尸、垃圾、人骨、魔鬼以及发生了变异的鱼虾。

迪斯累利在《西比尔：两个民族》中认为，穷人和富人之间几乎是互相隔绝的“两个民族”，“它们之间没有往来，没有同感；它们好像是不同地带的居住者即不同行星上的居民，不了解彼此的习惯、思想和感情；它们在不同的繁育情况下形成，吃不同的食物，按不同的生活方式生活，受不同的法律支配”。然而，霍乱却将他们紧紧联系在一起，可谓“同饮一江水，命运紧相连”。居住在西区的富贵人家面对瘟疫同样也在劫难逃。通过自来水管道，霍乱病毒被输送到卫生状况较好的豪门大户，造成大量社会精英的死亡。斯诺的报告显示，虽然伦敦西区的死亡率相对其他地区显得较低，但死亡的绝对人数却也高得吓人。[②]

如果伦敦西区是由于饮用被污染的泰晤士河水而被殃及，那么，更加肮脏、拥挤、缺水的东区、南区，则真的是霍乱肆虐的重灾区。这些贫民窟中，房东不愿意为铺设水管和下水道支付费用，住户也无力支付高昂的水价。污水粪便听任在露天的阴沟里挥发，居民只能到教堂的公共水井处取水。地面臭水很容易透过稀松的泥土，污染地下水源。遇到

---

① Charles Dickens, *Household Words*, Vol. 1, London: Office, 16, Wellington Street, North, 1850, p. 51.

② See also Tessa Cicak & Nicola Tynan, “Mapping London’s Water Companies and Cholera Deaths”，了解伦敦四次霍乱暴发各区死亡人数。

狂风暴雨的天气，尚未铺设下水道的街区，雨水会将垃圾和露天阴沟里的污染物直接冲到地表饮用水源中，这些成为霍乱频发的根源。

然而，斯诺的“水传播”理论在当时并没有得到应有的重视，越来越多的污水排入泰晤士河内，不仅加快了霍乱暴发的频率，也造成死亡人数的急剧攀升。“瘴气说”影响下的公共卫生运动造成伦敦霍乱越治越严重的后果，完全违背了查德威克的初衷。1854 年议会否决了卫生总会继续延期的提议，轰轰烈烈的公共卫生运动告一段落。不过，不可否认的是，公共卫生运动虽然没有解决霍乱肆虐的问题，但通过市政环境的改善，它却有助于预防其他传染病的蔓延。威廉·法尔在《1848—1849 霍乱死亡率的报告》（*In his Report on the Mortality of Cholera in England 1848 - 1849*）中用一系列数据比较了 1844—1848 年伦敦每周的死亡率，发现传染病是导致伦敦人口死亡的主要原因。霍乱和腹泻成为第一杀手，紧随其后的是猩红热、斑疹伤寒、麻疹、百日咳、天花，肺结核、肺炎也成为致死原因。[①] 通过强调肮脏环境与疾病之间的关联，公共卫生运动改善了社区的卫生条件，消灭了老鼠、虱子、跳蚤等害虫，使伤寒、斑疹伤寒等传染病的发病率和死亡率在 18 世纪后期迅速降低。它还提高了公众对环境卫生的关注，使清洁观念深入人心。霍乱最后一次在伦敦暴发是在 1866 年，规模也仅限于贫困的东区，而法国巴黎，一直到 19 世纪末，才解决了霍乱问题，就更遑论同时期世界上的其他国家了。

1832 年霍乱在伦敦首次暴发，刚刚成为记者的狄更斯受命撰写议会辩论的新闻稿。此时，改革法案、新济贫法案成为议会讨论的核心议题，狄更斯在此期间结识了担任济贫委员会秘书的查德威克。10 年后的 1842 年，查德威克发表《大不列颠劳动人口卫生状况调查报告》，并将该报告通过自己的秘书——市镇卫生协会（the Health of Towns Association）的创始人，同时也是狄更斯的妹夫，亨利·奥斯丁（Henry Austin）之手转赠给狄更斯，希望借助后者的名望扩大公共卫生运动的影响力，并提醒即将前往美国的狄更斯关注美国的疫情，因为那里的供水和下水道设施同样匮乏。在旅途中，狄更斯认真阅读了查德威克的报告，并产生了极大

---

① Qtd. in Amanda J. Thomas, *The Lambeth Cholera Outbreak of 1848 - 1849*, Jefferson, North Carolina, and London: McFarland & Company, Inc., 2010, p. 34.

的兴趣。在给奥斯丁的回信中，他承认卫生问题非常重要，非常赞同查德威克的观点。访美期间，狄更斯特别留意美国的卫生状况，他发现美国人“对卫生满不在乎，且极其肮脏”，认为这可能会引发多种疾病。他还对随地吐痰的行为大为震惊，认为“美国当地立法机关如果学习查德威克先生关于劳工卫生条件的报告，将会有很大的收获”。[①]

此后，1848 年、1853 年、1866 年，霍乱三临伦敦。1854 年 9 月，狄更斯的小女儿玛丽，在霍乱肆虐时也病得厉害。狄更斯在此期间创作的小说，如《马丁·翟述伟》（1843—1844）、《董贝父子》（1848）、《大卫·科波菲尔》（1849—1850）、《荒凉山庄》（1852—1853）、《艰难时世》（1854）、《小杜丽》（1855）、《远大前程》（1860）、《我们共同的朋友》（1864）都含有对伦敦城内传染病的描写。《马丁·翟述伟》的序言中，狄更斯更是言明小说创作的目的是“利用一切机会说明穷人的卫生环境不被人重视，且亟待改善”。狄更斯积极投身于公共卫生运动当中。1850 年 3 月，他创办杂志《家常话》，到 1854 年止，杂志每期都辟有关于卫生改良、房屋建造、城市规划的专栏，成为公共卫生运动的主要宣传阵地。[②]

1858 年，《家常话》的编辑亨利·莫利（Henry Morley）发表《清理河道的方法》（*A Way to Clean Rivers*）一文。莫利讨论了两个问题：城市的卫生环境和河水的污染。文中指出：随着越来越多的城市污水排入河道，河道变成了城市的公厕。

> 我们把脏水倒入穿城而过的河中，自从创世以来，河水也没有像今天这样被污染过。曼彻斯特的河水是煤灰色的，而流经伯明翰的塔恩河，在到达伯明翰之前，就已经承载了 270000 人的粪便；泰晤士河到达伦敦前，已经受到 700000 人的生活污水的污染，到达伦敦后，这些脏物在河堤上沉淀下来，退潮后暴露在阳光下，在高温

① Socrates Litsios, “Dickens and the Movement for Sanitary Reform”, in *Perspectives in Biology and Medicine*, 46.2 (Spring 2003), pp. 189 – 190.

② Ralph F Smith, “Narratives of Public Health in Dickens's Journalism: The Trouble with Sanitary Reform” in *Literature and Medicine*, Baltimore 33.1 (Spring 2015), pp. 157 – 183, 234.

> 下，和着城市的节奏，进行发酵。对这些河道的治理需要统筹各方面的力量，创建新的管理制度。现在伯明翰有五万人在引用塔恩河水，而伦敦人正在寻找他们能找得到的最干净的水质。但我们怎么能说它们是干净的呢？疾病产生了，鱼虾死亡了。莱斯特已经采取了措施，将污水改道，之前灭绝的鱼类又重新出现了。已经有 12 个城市采取这些措施，因为这种恶劣的情况再也无法让人忍受下去了。①

肮脏的河水、扑鼻的恶臭、肆虐的瘟疫，一个快速工业化的伦敦城却显得越来越不适宜居住。当伦敦人带着厌恶、憎恨的情绪来看待自己所居住的城市时，一个初到城市的乡下人，或对现代化工业怀有好奇心的人，反而会用“新奇”的目光来看待城市。相同的伦敦城，在他们的眼中，却呈现不同的模样。

第三节 伦敦的两副面孔

1802 年，前往法国加莱的华兹华斯中途停留伦敦。一年后，回想起当日黎明时分站在威斯敏斯特桥上看到的景色，华兹华斯情不自禁地写道：

> 大地再没有比这儿更美的风貌：
> 若有谁，对如此壮丽动人的景物
> 竟无动于衷，那才是灵魂麻木；
> 瞧这座城市，像披上一领新袍，
> 披上了明艳的晨光；环顾周遭：
> 船舶，尖塔，剧院，教堂，华屋，
> 都寂然、坦然，向郊野、向天穹赤露，
> 在烟尘未染的大气里粲然闪耀。
> 旭日金辉洒布于峡谷山陵，

① Henry Morley, “A Way to Clean Rivers”, in *Household Words*, Vol. 18, 10 July, 1858, p. 80.

也不比这片晨光更为奇丽;
我何尝见过、感受过这深沉的宁静!
河水徐流,由着自己的心意;
上帝呵!千门万户都沉睡未醒,
这整个宏大的心脏仍然在歇息!①

华兹华斯所站桥头不远的地方,狄更斯却通过大卫·科波菲尔呈现出截然不同的景象:

当时,那一带是个十分荒凉的地方,到了晚上,它就像伦敦周围任何一个地方一样沉闷、凄凉、冷僻。在那座壁垒森严的大监狱附近,有着一条阴郁、荒凉的大路,路的两旁既没有码头,也没有房屋。一条淤塞的明沟里的污泥,就淤积在监狱的墙脚下。附近是片沼泽的河滩地,上面杂草丛生,蔓延四布。其中的一处地方,立着一些房屋的骨架,由于当时开工不吉利,一直没有完工,就在那儿慢慢地颓圮、腐烂了。在另一处地方,满地堆着生了锈的锅炉、轮子、曲轴、管子、火炉、桨、锚、潜水钟、风磨帆,还有许多我不认识的奇形怪状的东西,这些全是某个投机商人收集起来的;它们匍匐在泥地中——天一下雨,地一湿,由于本身的重量,它们就往土里沉——就像想要躲藏起来而又没能做到似的。河岸上,各色各样的工厂,发出震耳的敲击声和刺目的强光,在黑夜中搅扰了一切,只有从它们烟囱中不断喷出的浓烟,不受丝毫影响。黏湿的洼地和堤道,在老朽的木桩中间蜿蜒,经过淤泥污水,一直通到落潮线那儿。木桩上黏附着一些绿毛一般令人作呕的东西;还有去年悬赏寻找淹死者尸体的破烂招贴,在高水位线上的风中扑打。据说,当年大瘟疫时,为掩埋死者挖的大土坑之一,就在这附近;因而从这儿发出的瘟疫之气,似乎仍弥漫在这一带地方。再不然,就是这地方,由于污泥泛滥,仿佛渐渐腐烂似的,变成现在这样噩梦般的

① [英]威廉·华兹华斯:《华兹华斯抒情诗选》,杨德豫译,湖南文艺出版社1996年版,第147页。

光景。[1]

如果不留意地理方位，很难相信这两个描写片段对应的是同一处景物。虽然一个在黎明，一个在夜晚，但威斯敏斯特桥周边泰晤士河沿岸的建筑风景却没有发生太大的变动。初到伦敦的华兹华斯可以感受到那颗“宏大的心脏”的跳动：他将伦敦放在自然这一参照系中，发现“沉睡未醒”的伦敦——“明艳的晨光”“烟尘未染的大气”中包含的自然之美，不由生出“壮丽动人”的感叹。而在狄更斯的眼中，被工商业氛围笼罩的伦敦却很难呈现自然之美，他对伦敦的描写几乎千篇一律，到处是阴郁肮脏的街道、疾病肆虐的社区、拥挤狭窄的住宅。对自然推崇备至的湖畔派诗人尚能发现城市之美，而以描写伦敦为长的狄更斯，却罕有对伦敦的正面评价，这不由得让人怀疑狄更斯被冠以“批判现实主义作家”的名号是否恰当。[2] 狄更斯对城市工商业的“批判”态度使他无法做到“现实主义”。他只会关注工业发展给城市带来的“丑”与“恶”，而无法用“写实”的方法来客观再现伦敦的现代之“美”。

其实，景物的美丑从根本上说是一种主观评价，审美眼光的差异使威斯敏斯特桥附近的风景呈现不同的样貌。相较于文学，绘画对风景的再现更为直观，但这种更为直观的再现方式也无法摆脱创作者个人审美趣味的影响。铁锈、污泥、垃圾、浓烟，遭到污染的泰晤士河，对于擅长田园风光的画家来说，显然不是一个合适入画的题材。伦敦的烟雾、遮挡了光线的煤灰，使一切东西变得肮脏、沉闷、呆滞。维多利亚时代担任皇家艺术学院院长的费雷德里克·莱顿（Frederic Leighton），就曾抱怨伦敦的雾霾对他的艺术创作带来了困扰：

我们的心灵，我们的脑力活动的中心，都被深深地伤害了，僵

---

① ［英］狄更斯：《大卫·科波菲尔》下册，宋兆霖译，译林出版社2004年版，第829页。

② 苏联文艺界对西方资本主义的批判使狄更斯享有“批判现实主义作家”的声誉，伊瓦肖娃说狄更斯揭露了资本主义社会那些统治阶级代表人物的自私、冷酷和灭绝人性。“他的优秀作品中揭示了这个社会中令人发指的不公道，客观上表达了被统治阶级所压迫的人民群众的利益，也反映了英国劳动者的情绪与愿望。”详见［苏］伊瓦肖娃《狄更斯评论》，蔡文显、廖世健、李筱菊译，广东人民出版社1983年版，第457页。

> 死了。我们是靠模仿和再现为生的人，我们需要光——也仅有光——来揭示眼前的对象，显示它们的美。所以，黯淡的光和污浊的色彩，会让我们生活和创作的源泉渐渐干涸……许多同行跟我一样，被迫终日无所事事，除了死盯着无处不在的黄雾，什么都干不了，另一面又为自己的赋闲深感悔恨，抑郁不堪。(*Fog*: 174)

不过，伦敦雾还是给不少画家提供了艺术创作的灵感。朦胧的雾霾激发了创作者的想象力。泰晤士河上的雾气让透纳（J. M. W. Turner）创作出《泰晤士河上的滑铁卢桥》(*The Thames above Waterloo Bridge*)，威斯勒（J. A. M. Whistler）画出《夜曲：蓝色与金色——老巴特西桥》(*Nocturne*: *Blue and Gold—Old Battersea Bridge*)，还有克劳德·莫奈(Claude Monet）绘制出《泰晤士河上的威斯敏斯特》(*The Thames above Westminster*）等画作。他们将建筑、轮船、桥梁都消解到朦胧的雾霾中，用“去物质性”的画法来突出画家对风景的主观印象。莫奈说：“我热爱伦敦，它是如此庞大，如此完整，如此简单。但是我最喜爱的还是伦敦的雾……没有伦敦雾就没有这座可爱的城市……是雾给了它无与伦比的辽阔。”“在没有雾的时候，他看到的房子都是方方正正，对想象力毫无启发。”(*Fog*: 184）奥克塔夫·米尔博强调了莫奈画中烟、雾为伦敦风景带来的种种奇妙：

> 有烟、有雾。形式、视角、建筑的群落、整座阴沉而躁动的城市，都由雾构成。光在其中挣扎，呈现出不同的面貌。透过流光溢彩、旋流涌动的空气的遮蔽或缝隙，太阳的道道光柱射向它地面的俘虏。泰晤士河表面的反光如同一出曲折的戏剧：多变、精微、深沉，抑或富有魔力，令人不安，芬芳怡人；又或者一片混乱，像浮动的花园，不可见，不真实——所有这一切组成了“大自然”，一个只属于这座城市的奇妙自然——专为艺术家而创造的自然，在克劳德·莫奈之前的艺术家们从未注意到，也无力表现出来的自然。(*Fog*: 185)

莫奈还关注雾的颜色，他发现了伦敦雾的多种色彩：黄的、黑色、紫的、绿的。只有印象派画家把雾当作“美”，它被重新发现以后，伦敦平庸、丑恶的城市景观才被赋予了神奇的魔力。这种新颖的创作手法将现代化的都市转变为艺术再现的对象。伦敦在新的艺术视角下不再是散发着恶臭的死亡之地，而变成时尚且具有朦胧感的浪漫之都。狄更斯曾用一系列对比来描述自己所处的时代：它既是“最昌明”又是“最衰微”的，既“睿智开化”又“混沌蒙昧”，既“信仰笃诚”又“疑云重重”，既有“灿烂的阳光”又有“晦暗的长夜”，既有“欣欣向荣的春天”又有“死气沉沉的冬天”。这个时代“无所不有”，但同时也“一无所有”。狄更斯用一系列的对比，无非是想表达，面对相同的观察对象，由于立场、视角不同，人们往往会做出截然对立的价值判断。①

这种差异的眼光不仅使文人和艺术家们对伦敦的再现方式有所不同，更使得英国伦敦与法国巴黎这两座同为19世纪发达的资本主义都城，给人留下了完全不同的印象。人们总会将19世纪的伦敦城与狄更斯的小说联系在一起，而巴黎则成为波德莱尔笔下的一首“抒情诗”。② 徜徉于巴黎街道的波德莱尔，发现这个魅力四射、变动不居的现代都市的魅力。种种“新奇”的心灵体验让他用更为积极的眼光来看待由工业革命带来的都市文明。与巴黎不同，19世纪初的伦敦却给人留下恐惧、焦躁、单调和无聊的刻板印象，现代性带来的“震撼”只会让人慌乱、无所适从。英国人无法像波德莱尔那样，从肮脏堕落的都市生活中把握它的“英雄”气质。

华兹华斯在《抒情歌谣集》序言中写道：“从前尚未知晓的很多原因，现在一起产生作用，不仅钝化了心灵的识别判断能力，而且让心灵违背自己，自发地沦为一种近乎野蛮的麻木状态。在这些原因中，最明显的就是那些每天都在发生的国家大事和城市中不断聚集的人口。”③ 诗人所谓的“国家大事”可能包括法国大革命、拿破仑战争、英美战争、城镇化、工业化、宗教复兴、第二帝国的扩张和国内的改革运动——议

① ［英］狄更斯：《双城记》，张玲、张扬译，上海译文出版社2011年版，第3页。

② 参见［法］瓦尔特·本雅明《巴黎，19世纪的首都》，刘北成译，商务印书馆2015年版。

③ William Wordsworth, *The Miscellaneous Poems of William Wordsworth*, London: Printed for Longman, Hurst, Rees, Orme, and Brown, 1820, p. 295.

会改革、反谷物法运动和宪章运动。这些国家大事不断地塑造着英国的城市景观，伦敦变成了“世间忙碌的原野上一座巨大的蚁丘”（anthill），“不息的车水与人流！”[①] 对于这种现代都市景观，华兹华斯本能上是反感和排斥的。伦敦是“野蛮的或地狱般的无序与嚣噪——像是错乱的心灵幻构的图案，充满怪异的形状、动作、场面、声响与色彩！”（《序》：209）“人类的暗淡与疯狂，以及暗淡与疯狂的业绩——共同凑成这群魔的议会。”（《序》：210）“蠢行、恶习、夸张的举止与衣着以及压抑不住的各种怪癖，还有各异的谎言，或误导耳朵，或欺骗其他的感官——所有这些，以及它们活灵活现的外形，说起来会没完没了。”（《序》：204）“这是对人的压迫，即使最高尚的灵魂也必须承受，最强者也不能摆脱！但是，这画面虽令人眼花缭乱，但的确是应付不了的场面。”（《序》：211）

对华兹华斯而言，城市的一大“罪状”是让人的心灵麻木，变动不居的生活和高密度的人口则是直接原因。他敏锐地感受到城市的发展对乡村美学的冲击。在乡村，与人发生直接关联的是自然。面对永恒、不变的自然，人只会产生“古典美”，而在城市，人与自然的关系让位于人与人的社会关系，从动感易逝的都市产生了新的审美意识——“现代美”。华兹华斯将“古典/乡村美”和“现代/城市美”对立起来，认为繁扰的城市会造成自我的丧失，而“能唤醒昏睡的心灵，并帮助思绪产生关联与秩序”的自然，才能抵御这种混乱——“在那里［伦敦］，大自然的精神仍影响着我，美与不朽生命之灵魂赐予我她的灵感，并借助粗陋的线条与色彩以及乱纷纷自我毁灭、过眼云烟之物，向我渗透着镇定，漫然传播着托升灵魂的和声。”（《序》：212）

与华兹华斯相反，波德莱尔并没有将“古典美”与“现代美”截然分开，他在巴黎灯红酒绿的现代都市生活中发现了其蕴藏的“古典美”。波德莱尔认为艺术创作的关键就是要抓住相对的、暂时的瞬间，并从中挖掘出它永恒不变的一面。他十分推崇居伊有关城市生活的绘画，认为

① ［英］威廉·华兹华斯：《序曲：或一位诗人心灵的成长》，丁宏为译，北京大学出版社2017年版，第185页。后文出自同一著作的引文，将随文标出该著名称简称“序”和引文出处页码，不再另注。

“他寻找我们可以称为现代性的那种东西，因为在没有更好的词来表达我们现在谈的这种观念了。对他来说，问题在于从流行的东西中提取它可能包含着的在历史中富有诗意的东西，从过渡中抽出永恒”。“为了使任何现代性都值得变成古典性”，当代画家们要勇于观察和描绘现代生活，“把人类生活无意间置于其中的神秘美提炼出来”。对于现代派来说，纷繁变幻的都市生活不是对个体自我的否定，而是为个体的发展、充实提供了丰富的可能性。

发现城市之美，需要现代艺术家——不仅仅是画家，具有超凡的想象力。而在英国，当所有的想象力和情感都倾注到湖泊山川之中，而城市又打上让心灵麻木的“原罪”时，人们就很难从城市中发现什么“诗意”和“永恒”，狄更斯也不例外。乡村话语限制了他的想象力，也预设了他笔下主人公对伦敦的最初印象：“伦敦这座城市是顶糟不过的。这样一座黑黢黢、闹哄哄的城市，一身兼备一间熏肉作坊和一位长舌妇的品质；这样一座灰沙飞扬的城市；这样一座不可救药的城市，漫天笼罩着一层铅灰色，连个缝隙也没有。”① 从乡下初到伦敦的皮普，马上就注意到旁边的史密斯广场“到处都是污秽、油腻、血腥、泡沫，这些东西似乎都想黏住我”，“一到这条街上，就看见圣保罗教堂黑色的大圆顶在一幢阴森森的石头房子背后向我鼓出了眼睛；据一个看热闹的说，那幢石头房子便是新门监狱”。②

屠宰市场和新门监狱形成了皮普对伦敦的初次印象，而现代画家康斯坦丁·古伊创作的黑色丧服和深色礼服却能让波德莱尔感受到“诗意的美，一种普世平等的美，而且是能表现公共心灵的诗意”③。伦敦与巴黎在艺术表征上的差别不仅反映了英、法文人艺术家不同的审美偏好，更反映出两国社会权力结构的不同。作为高度集权化的国家，法国将国家政治、经济、文化权力都集中到了巴黎。巴黎成为法国的时尚之都、商业之都和知识生产的中心。从事文化生产的文人们，终日集聚在巴黎

① ［英］狄更斯：《我们共同的朋友》，智量译，上海译文出版社 1988 年版，第 210 页。

② ［英］狄更斯：《远大前程》，王科一译，上海译文出版社 2011 年版，第 181 页。

③ ［法］米歇尔·福柯：《什么是启蒙》，徐前进译，《政治思想史》2015 年第 1 期，第 188 页。

的沙龙里。外省生活需要经由巴黎文人的书写才能得以呈现。在“中心—外省”的等级结构中，作为首都的巴黎自然在文化上享有至高无上的地位；而伦敦与巴黎不同，英国的权力分散于远离城市的乡村之中。居住在乡间大宅的土地贵族一直牢牢把握议会中的政治权力，他们只有到了要召开议会的“社交季节”才会前往伦敦小住，而文化领导权则一直由牛津、剑桥两地把控。在经济上，伦敦更像一个有幸搭上工业革命特快火车而意外发了一笔横财的小店主。如果说法国的城乡关系是位于中心的巴黎对外省的统摄，那么在英国，情况则恰恰相反，变成广大乡村对中心城市的围剿。英国的土地贵族越来越感觉到城市资产阶级的咄咄逼人。他们无法忍受这些暴发户现在居然敢自不量力地跟自己叫板。

在《荒凉山庄》中，钢铁大王朗斯维尔先生提议让侍女露莎结束与从男爵雷斯特一家的人身依附关系，以便将来更好地成为自己的儿媳，引发了德洛克爵士的过激反应。他觉得这一提议表明整个“体制正在分崩离析”，“土地的界标废除了，水闸打开了，其他种种事情也都来了”，“因为像钢铁大王、铅皮大王以及诸如此类的人，不肯安分守己，擅自离职”。(《荒》：514）整个世界乱了套：伏龙妮亚·德洛克 60 多岁还“待字闺中”，她无法获得政府年金的资助；鲍勃·斯特布尔斯想在政府任职，却苦于找不到门路；而女管家的儿子却当选国会议员……种种事件表明“这个国家快要垮台了”。(《荒》：505）不过，垮台的并非这个国家，而是贵族对整个国家的统治。海外殖民地的扩张、国内轰轰烈烈的工业革命给城市资产阶级带来源源不断的财富的同时，也带给了他们与乡村贵族分庭抗礼的底气。在经济上，他们打破了传统的土地贵族—农民二元的社会结构和乡村经济一统天下的局面，在上层贵族与下层贫民两极之间为自己寻找到一个中间地带，并通过商业贸易来挑战农业在国民经济中的主导地位。

小说这种文学体裁的兴起与资产阶级的形成关联密切。18 世纪的小说家将鲁滨逊塑造成正面的资产阶级形象，他的英勇无畏、机智勇敢激发了无数英国人海外殖民扩张的野心。进入 19 世纪，资产阶级在经济上、政治上继续一路凯歌——颁布了新的济贫法，推翻之前被称作“道德经济学”的斯宾汉姆兰救济体系，废除谷物法，实行自由放任的经济政策，并推动议会改革，增加了城市资产阶级在议会选举中的席位。与之相对，在经历了美国独立战争、法国大革命、工业革命和议会改革后陆续丧失经济、政治领导权的乡村土地贵族，在种种危机面前，形成了自己鲜明的阶级意识。通过与资产阶级的数次交锋，他们意识到自己的真正优势在于文化。通过对贵族生活方式和品位的塑造，他们对资产阶级发起了反攻，让经济和政治上咄咄逼人、一路凯歌的资产阶级在文化战场上遭受“滑铁卢”式的惨败。18 世纪积极进取的鲁滨逊变成了虚伪冷酷的庞德贝，土地贵族的文化代理人热情地讴歌代表乡村的自然风景和乡间家长里短式的脉脉温情，而城市则成为藏污纳垢之地，那里汇集了人世间所有的罪恶——贫困、贪婪、欲望。在由城市组成的巨大的名利场里，资产阶级被建构成一个不能安分守己、贪得无厌的“动物”，与像一棵乡村“植物”，清心寡欲、安贫乐道的土地贵族形成对比。城市与乡村构成美学判断的两极：城市成为丑陋、堕落、肮脏、疫病的象征，而乡村则变成美丽、良知、纯洁和健康的化身。

正是因为英国的文化霸权牢牢掌握在土地贵族的手中，抬高乡村、贬低城市的乡村美学话语才成为英国文学艺术创作的主流。威廉・考柏（William Cowper）发出“上帝创造乡村，人类创造城市”的感慨，认为乡村体现了上帝的自然秩序，而城市只是次一等的人造秩序，从而确立了乡村高于城市的等级关系。他认为巨大的伦敦城是一个“拥挤的笼子”（crowded coop），现在堕落的伦敦比“鼎盛时期的索多玛还令人厌恶”。① 新巴比伦、粉瘤（Wen）、蚁山（Ant hill）、大巴扎（Bazaar）、名利场、垃圾堆、监狱陆续成为英国文人指代伦敦的符号。卢梭“反城市”的自然书写——法国人弃之不顾——在英国觅得知音；华兹华斯、柯勒律治、骚赛、司各特、拜伦、雪莱、济慈、勃朗宁夫妇、丁尼生继承了他的衣钵。瞬息万变的城市生活无法激发他们的诗意，而缪斯女神寄身于山水之间——奥斯丁只关注由六七户乡绅组成的小圈子；勃朗特姐妹一生居住在哈沃斯村，罗斯金对中世纪哥特式建筑的痴迷，这一“反城市”的传统又通过乔治・艾略特、哈代、乔治派诗人、劳伦斯等薪火相传，绵

① William Cowper, *Poems. With a Biographical and Critical Introduction*, London: Tilt and Bogue, Fleet Street, 1841, p. 89.

延到近代。

绘画方面，在乡村美学话语的压制下，维多利亚时代的画家很难发现“城市之美”。城市无法成为绘画艺术描绘的对象，艺术的目的也不是再现现代都市生活。罗斯金不同意工业题材入画，尽管他对特纳的绘画推崇备至，但那仅局限于他的乡村绘画，而对于“掺有刷墙灰浆的肥皂泡沫”、富于动感的工业题材——《雨、蒸汽和速度》——则不置褒贬。特纳、威斯勒、莫奈的城市风景画在维多利亚时代也没有销路。特纳的大量作品只能堆积在自己的库房中，要么静静地等待买主，要么腐烂。王室贵族也从来不喜欢他。维多利亚女王从来不认可他，女王的丈夫、以艺术家保护者自居的阿尔伯特亲王也同样如此，他们没有买过特纳的任何一幅作品，也没有授予他任何勋章。[①] 自称“第一个专门以雾为创作主题”的威斯勒（*Fog*：179），则与罗斯金打起了艺术史上著名的官司，后者指责他的《灰与黑的协奏曲》是“无耻之作”，只为了挣钱，“把一盆颜料泼在了公众的脸上”。[②] 被视为“印象派之父”的莫奈的画作更是遭到了学院派的集体抵制，他不得不另立门户。值得一提的是，威斯勒和莫奈都不是英国人，前者是受法国绘画影响的美国人，后者则是地道的法国人。打击这些将伦敦描绘成英国“巴黎”的城市绘画，也掺杂着一种英国自古以来的“反法”情愫，因为巴黎恰恰是资产阶级启蒙运动和大革命爆发的中心。对外反法与对内反资，都使得伦敦成为英国土地贵族发起攻击的最佳靶点。

与巴黎一样，作为一个现代都市，伦敦同样是达官贵人的云集之地。圣詹姆斯街的俱乐部、皮卡迪利街的高档商店、西区的豪门大院，都显示了城市的繁荣与富足。狄更斯的视角虽遍及伦敦的各个角落，但他更关注现代都市的另一副面孔，更乐于描写伦敦的底层社会——这些城市文明的“伤疤”地区，如伦敦东区（莱姆豪斯区和白教堂区）、泰晤士河南岸（兰贝斯、萨克瑟、伯蒙德赛、德普特福德）、弗利特河畔的债务监

① ［苏］E. A. 捏克拉索娃:《英国风景画大师：泰纳》，张荣生、刘泽善译，湖南美术出版社 1986 年版，第 121 页。

② John Ruskin, *Fors Clavigera*, Dinah Virch ed. , Edinburgh: Edinburgh University Press, 2000, p. 265.

狱、新门监狱、史密斯菲尔德的牲畜市场、七街日晷。他描写过破旧的酒馆、当铺、废品店、赌场，迷宫般的街道、密集的人口、破旧的门窗、坍塌的墙垣、垃圾堆、猪圈、墓地、污水、阴沟、煤灰，尤其关注泰晤士河畔的低洼地——伦敦最肮脏、最被人忽视的地方。视角上的差异，使得19世纪60年代伦敦开通的地铁和往返市郊的火车、修建的泰晤士河堤，这些改变市容市貌的重大工程"毫无意外"地统统没有出现在他的作品当中。

第四节　怪物似的花房

不仅仅是河堤改造的市政工程被他忽略不计，狄更斯更视而不见，甚至不愿提及的，当属1851年在海德公园举办的伦敦博览会。作为第一届世界范围内的博览会，虽然5月1日才正式开幕，却从兴建伊始就成为伦敦街谈巷议的热门话题。自由派创办的《每日新闻》（*Daily News*）以推动工业发展、宣扬自由贸易为己任。万国工业博览会自然成为该报关注的焦点。该报总是用充满自豪和骄傲的口吻向资产阶级读者报道博览会这一伟大工程的新进展。而《每日新闻》的对手，《泰晤士报》则非常敌视阿尔伯特亲王，总是刊登一些博览会的负面消息，甚至预言博览会不会取得成功。1850年7月，通过计算，《泰晤士报》预言博览会的亏损会高达85000英镑。[①] 实际上，博览会最终盈利213305英镑。《泰晤士报》的消极情绪反映了社会保守人士对博览会的普遍立场。这种情绪可能影响到了狄更斯，他对博览会的前景也不甚乐观，并产生了一种本能的排斥和反感：

> 我一直对水晶宫有种本能的反感，说不清，道不明。但我相信，这种反感，准确地预示了公众的某种困惑。我预言，公众最终会感到无聊和困倦（更别提他们为此付出的金钱），不是人们所想的那

① Charles R. Fay, *Palace of Industry*, 1851: *A Study of the Great Exhibition and Its Fruits*, Cambridge: Cambridge University Press, 1951, p. 19.

样，会有益身心，充满活力。[①]

对于被视为现代工业奇迹的水晶宫，狄更斯却刻意回避。在他的长篇和短篇小说中，寻不见作者对伦敦博览会的只言片语。由他主编的《家常话》杂志，刊登的多是与博览会相关的具体信息。狄更斯不愿公开谈论博览会，这本身就表明了他的态度。而在他的书信集中，狄更斯对博览会的厌恶之情则表达得更为直白。在给朋友的信中，他抱怨道："我受不了伦敦的噪音和人群。由于博览会，所有的人都变得疯狂，什么都没有，什么都不重要，除了博览会。"[②]"老天啊，还是让我们不要再提及博览会。"[③]

狄更斯敏感地意识到博览会是对自己参与的公共卫生运动的一种遮蔽和否定。琳琅满目的展品、令人眩目的水晶宫殿，无不彰显了工业革命带来的辉煌成就。在巨大的工业成就面前，霍乱横行的贫民窟、工人阶级的悲惨境遇，就显得不值一提了。在《家常话》的年终寄语中，狄更斯写道：

> 我见证了代表世界和平光荣的一项事业付诸实施，我目睹了一个玻璃构成的神奇建筑，它是由一个伟大的天才，靠着能力、技巧建造的。自力更生，不愧是我们撒克逊先人的子孙！而我的孩子们将要看到王子亲王们、教士们、贵族们、英格兰商人团结一致，举办的另一场伟大的博览会——一场关于伦敦之**恶与疏忽**的博览会。[④]

另一场关于"恶与疏忽"的博览会在随后狄更斯创作的《荒凉山庄》中揭开了帷幕。相对于现实中那座代表工业成就的水晶宫，狄更斯将贾

① Charles R. Fay, *Palace of Industry*, 1851: *A Study of the Great Exhibition and Its Fruits*, Cambridge: Cambridge University Press, 1951, p. 20.

② Sabine Clemm, "'Amidst the Heterogeneous Masses': Charles Dickens's Household Words and the Great Exhibition of 1851", in *Nineteenth-Century Contexts*, 27. 3, 2005, p. 209.

③ Charles Dickens, *The Letters of Charles Dickens*, Storey, Vol. 6, Graham, Kathleen Tillotson and Nina Burgis, eds., Oxford: Clarendon Press, 1988, p. 457.

④ Emily Heady, "The Polis's Different Voices: Narrating England's Progress in Dickens's Bleak House", in *Texas Studies in Literature and Language*, 48. 4 (2006), p. 313.

迪斯这座属于资产阶级的房子取名“荒凉山庄”。透明干净的水晶宫在气势规模上总会让人联想到小说中冬日阴冷潮湿、雾霾笼罩的大法庭，而摆放整齐、商品琳琅满目的博览会被戏仿成克鲁克堆积如山的垃圾回收铺。小说中狄更斯对贫民窟的肮脏、拥挤、不见天日进行不遗余力的描写，以此来说明城市工业的发展创造的不是如梦如幻的水晶宫，而是截然相反的另一面。水晶宫遮蔽了人们对现实问题，尤其是卫生问题的关注。

不过，水晶宫展现了公共卫生运动所追求的理想的家居环境：明亮、通风、宽敞、干净。整个建筑通体由玻璃构成，地板起着通风和垃圾收集的功能。水晶宫的地面比海德公园的草坪高 4 英尺，下面装有一系列通风设备。外墙上装有活动的挡板，类似于百叶窗，可以自动开合，让空气流入室内，通过地下的通风装置，形成空气循环。此外，地板上还有垃圾口，日常的垃圾由机器清扫到地下。① 屋顶上铺有管道，能将雨水引下来，并与地下的污水管道相通。“这些管道的设计非常巧妙，尤其从卫生方面考虑，下水道的设计引起了足够的重视。”② 在供水方面，为了提高室内温度和照料来自热带的水生植物，水晶宫还配有专门的锅炉和热水管道；自来水供应方面，由于附近地区极度缺水，铺设新的供水管道不切实际，只得就近挖井取水，于是修建了自流井和蓄水池，来满足喷泉所需要的水压。③

博览会的展品无声地向参观者推广“家庭清洁”的观念，它向公众展示了英国第一个水冲式公厕。人们只需要花费一便士，就可体验一下，到展会结束，水冲式厕所共收到 675000 枚便士。④ 参展商瑞麦尔设立了一座香水喷泉，喷涌出的厕所醋精在《荒凉山庄广告册》中被宣传为“房屋与病房最有效的消毒剂”，并配有广告词：“多重功效、效果显著，

---

① Charles Dickens ed., *Home and Social Philosophy*, New York: G. P. Putnam & Company, 10 Park Place, 1852, p. 147.

② John Timbs, *The Year Book of Facts in the Great Exhibition of* 1851, London: David Bogue, Fleet Street, 1851, p. 74. 后文出自同一著作的引文，将随文标出该著名称简称“*Year*”和引文出处页码，不再另注。

③ Samuel Phillips, *A Guide to the Palace & Park*, London: Bradbury and Bvans, 11, Bouvrrib Street, 1854, pp. 30 – 35.

④ https://www.royalparks.org.uk/media – centre/press – releases/toilet – remains – from – spend – a – penny – exhibition – uncovered – in – hyde – park, 2020 – 9 – 12.

是居家必备的清洁产品。"[①] 当贾迪斯收留染病的乔时，斯金波这个对自身安全极为在乎的人就建议"仆人们应该在乔睡房中撒一点醋"(《荒》:562)。

水晶宫的建筑面积约为 7.4 万平方米，宽 408 英尺（约 124.4 米），长 1851 英尺（代表举办年份，约 564 米），共耗费铁柱 3300 根、铁梁 2300 根、玻璃 9.3 万平方米。[②] 它的外形酷似一个东西走向的温室花房，长廊的中心是正厅，上方是巨大的玻璃拱顶，南北两侧构成耳室。整个建筑被分成不同的区域和隔间，并用字母和数字组合的方式，从北向南、从西向东进行编号。南北走向的耳室可以看作水晶宫的"赤道"地区，印度、中国、突尼斯、巴西、阿拉伯、土耳其作为热带地区环绕中央区。西部的中央大道主要展示英国及其殖民地（东西印度、美洲）的工业产品，东部则展示其他欧洲国家（法国、意大利、西班牙、马德拉等）的产品，南北耳堂的西边作为英国展区的延伸，东部陈列德意志、关税同盟区、奥地利等国家和地区的展品。(*Year*: 99 – 102) 除了按照国家进行分区，博览会还将产品分成原材料、机器、工业品和艺术品四大门类，并细分为 30 个小类，遵循北边摆放工业机器、南边摆放原材料、中间摆放工业产品和艺术品的顺序。在英国展区里，北边靠近西门的入口，摆放着各式各样的马车和火车机械设备，紧挨着的是机械设备。这些巨型的机器让参观者对资本、能源和设计者都留下了深刻的印象。南边则是工业矿物原料、矿物产品、农业器械等。(*Year*: 192 – 204) 而那些精密仪器和手工制品，如毛纺织品、餐具、五金制品、医疗器械、瓷器、玻璃等，则依次由西向东沿中央大道摆放。

按照国家、产品性质的不同，水晶宫被分割成不同的区域摆放展品。每个隔区既相对独立，又与其他隔区构成一个整体，这与贫民窟中的房屋建筑布局非常相似。恩格斯在《英国工人阶级状况》中，对工人居住的小宅子构成的房屋布局进行了详细的描述:

---

① Philip Landon, "Great Exhibitions: Representations of Crystal Palace in Mayhew, Dickens, and Dostoevsky", in *Nineteenth-Century Contexts*, 20.1, 1997, p. 41.

② 杨永生:《中外名建筑鉴赏》，同济大学出版社 1997 年版，第 127 页。

后来出现了另一种建筑形式，这种形式现在已普遍地采用了。现在，工人小宅子几乎再也不一所所地盖了，总是一盖就是几十所，甚至几百所；一个业主一下子就盖它一整条或两三条街。这些街道排列如下：第一排是比较高级的小宅子，很幸运，这些小宅子有一个后门和一个小院子，因而房租也最贵。这些小宅子的院子通向一条两端都盖有房子的弄堂，其中一端有一条窄缝或有顶的过道通到这条弄堂里去。大门开在弄堂里的那些小宅子，房租最便宜，一般也照管得最坏。它们和第三排小宅子共用一堵后墙，第三排小宅子的门开在另一条街上，房租比第一排便宜，但比第二排贵。

由于房屋和街道是这样排列的，所以第一排小宅子的通风还相当不错，第三排的通风至少也不比前一种建筑形式中类似的小宅子差；但是中间一排的通风在任何情况下都和大杂院中的小宅子一样坏，而弄堂也并不比大杂院更整洁些。业主们宁愿要这种建筑方式，因为它既节省地面，又使他们能通过第一排和第三排小宅子的较高租金来更顺利地掠夺工资比较多的工人。

这三种小宅子建筑形式不仅在曼彻斯特，甚至在整个郎卡郡和约克郡都可以看到，它们往往是混杂在一片的，但大半都单独存在，所以仅仅从这一特征就可以看出城市各部分的相对年龄。第三种形式，即有弄堂的那一种形式，在圣乔治路以东、奥尔丹路和大安柯茨街两边的广大工人区里占有绝对的优势，在曼彻斯特的其余工人区和郊区也很常见。①

很难将一个挨一个的小宅子与水晶宫内的隔间联系在一起，但它们的布局原则却惊人的一致：都要经过理性的精确计算对空间进行分割。可以说，宽敞明亮的水晶宫和狭小拥挤的小宅子都是城市大工业发展的产物，它们是城市发展的一体两面，并在伦敦城截然对立地存在着。这种尖锐的对立反映了城市工业发展带来的利弊，它既创造了丰富的物质

① ［德］弗·恩格斯：《英国工人阶级状况》，《马克思恩格斯全集》第 2 卷，人民出版社 1957 年版，第 336—338 页。

文明，也加剧了贫富分化，激化了社会各个阶层之间的矛盾。在博览会开幕之前，伦敦城内并不太平。1848 年的欧洲革命和宪章运动依旧余波不止，1848 年、1849 年的大霍乱仍让人记忆犹新，城市人口的迅速膨胀使得贫穷、犯罪、瘟疫等问题进一步恶化。[①] 大机器的使用带来了工人的大量失业。在城市，工人阶级与资产阶级发生了尖锐的阶级对抗；在乡村，土地贵族也日益敌视资产阶级。自由贸易的推行，谷物法的废除，乡村贵族的利益受到了损害，而这种损失又无法让他们从工业发展中得到补偿（除了少数投资工业的土地贵族外）。于是，资产阶级陷入了“两头夹击”的困境，他们急需一场盛会，来加强整个不列颠对工业化的信心。此外，政府也需要一场盛会来唤起民众的爱国情感，避免由于阶级利益纷争造成的社会分裂。阿尔伯特亲王在博览会召开之前 3 月份的演讲中，申明了举办博览会的意图是“推动社会和国家间的和谐，以及人类社会的进步”。他希望工业文明可以成为一种社会黏合剂，通过展示英国的工业实力，唤起民众的爱国热情，将整个国家重新凝聚起来。

然而，人们对博览会——象征着英国工业发展的最高成就——的疑虑，从来就不绝于耳。负责博览会筹备的阿尔伯特亲王在给普鲁士国王的信中调侃道：“数学家已经计算出，强风一来，水晶宫将被吹倒；工程师认为大厅会坍塌砸死参观者；经济学家预言人员的大量聚集，会引发伦敦食物紧缺；医生认为不同种族人员的汇集将会重现中世纪的黑死病，如同十字军东征以后出现的情况；道德学家们认为英格兰将会染上文明和非文明国家的所有恶习；神学家们视水晶宫为第二座巴别塔，会激怒上帝，招致上帝的惩罚。”[②]

---

① 历史上，霍乱与欧洲的社会危机、改革总是同步发生。如 1832 年英国首次暴发霍乱，同年英国议会进行改革；1848 第二次霍乱大暴发，欧洲正处在革命的高潮阶段；1854—1855 年的霍乱与克里米亚危机存在关联。此后，霍乱相继暴发于俾斯麦对奥地利宣战、德意志联邦解散的 1866 年，法兰西第二帝国倒台的 1871 年，波兰起义的 1892 年。在欧洲进行重大社会变革的岁月，总是可以看到霍乱的身影。See Terence Ranger, Paul Slack, eds., *Epidemics and Ideas: Essays on the Historical Perception of Pestilence*, Cambridge: Cambridge University Press, 1996, pp. 157 - 158.

② K. W. Luckhurst, "The Great Exhibition of 1851", in *Journal of the Royal Society of Arts*, Vol. 99, 1951, p. 442. 后文出自同一著作的引文，将随文标出该著名称简称“*Great*”和引文出处页码，不再另注。

而水晶宫造型，更是引发了巨大的争议：作为第一座焕发现代气息的玻璃建筑，它本身就代表工业技术发展的新成就。设计师帕克斯顿（Joseph Paxton）从圭亚那巨型睡莲纵横交错的叶面经脉中获得设计灵感，果断舍弃了传统的砖石结构，采用钢筋作为骨架，玻璃作为墙面，整个建筑通体透明。在建造方法上，水晶宫也完全符合现代工业的生产要求：工期短、技术高、成本低。它首次采取组装的方法，将施工期压缩到不足9个月，并在3个月内完成拆除，建造成本远低于之前设计委员会提供的方案。

水晶宫给参观者带来巨大的视觉冲击和心理震撼：金斯利（Charles Kingsley）见到这座宏伟的建筑，由此联想到人类的未来，不由得热泪盈眶。他对妻子说："进入展厅就像进入圣殿一般。"更有甚者，一位不知名游客，由于情绪过于激动，竟然丧失心智，最终被送往精神病院。[①] 女王把它形容为"世界奇迹之一，确实值得我们英国人引以为豪"[②]。

《简·爱》的作者，夏洛蒂·勃朗特却将水晶宫视为一个"异质的他者"加以排斥，它是"一个奇幻之宫，巨大、奇特、崭新、难以描绘"，"它的外表有一种奇妙的景致，某种程度上非现实的效果。它的内部像一个巨大的浮华世界，到处充斥着明亮的颜色，在那里可以看到各种各样的物品，从珠宝、珍妮纺织机到印刷机，应有尽有。它精巧、美轮美奂、生机勃勃，却令人困惑"。[③] 与夏洛蒂的感觉相似，博览会开幕两个月后，狄更斯在信中写道：

> 我没有说"那啥都没有"——那里什么都有，但我只去过两次。好多东西让我困惑。我对这些景象有种自然的恐惧，而恐惧感并没有因许多景象融在一起而减弱。……除了喷泉，我不确定自己还看到了什么——可能有亚马逊雕像。然而被逼说谎是件可怕的事。当

---

① Geoffrey Cantor, "Emotional Reactions to the Great Exhibition of 1851", in *Journal of Victorian Culture*, 20.2, 2015, p. 2.

② C. H. Gibbs Smith, *The Great Exhibition of* 1851, London: Her Majesty's Stationery Office, 1950, p. 17.

③ 程巍:《夏洛蒂·勃朗特: 鸦片、"东方"与1851年伦敦博览会》,《外国文学评论》2015年第4期, 第92、93页。

> 有人问“你可看见——?”我会回答:“见了,因为如果我说不知道,他接下来就会解释——而我受不了这样。”①

的确,水晶宫的大喷泉是不可能错过的景观,因为它就立在中央入口处。而面对上万件的展品,狄更斯竟然熟视无睹,认为它们不值一提,足见他对博览会的淡漠。狄更斯在《家常话》中只刊登了一篇关于博览会的文章,且是与他人合著。他谈到自己晕头转向的参观感受:

> 这些象征世界和平进步的特殊符号和标志,真是不计其数,千变万化!——但让我们诚实地补充一句——从这些环绕在你周围的拥挤的人群和物品中,原材料、工业产品、机械设备、发动机,挑出一个来观察,这真的不可能。在有限的参观次数中,从哪里开始,怎样前进,在哪里结束,是非常难做到的。②

如果说水晶宫由于它的现代性给参观者带来了不同程度的心理冲击,那么,对水晶宫设计风格的评价,争议更大。《泰晤士报》认为它是个“怪物似的花房”(monstrous greenhouse)。(*Great*: 446)《建筑季刊评论》刊载了这样一篇文章:

> 博览会的建筑最大程度地体现了博览会征用了这个国家的工业资源。它显示的,不仅是竖立起来的建筑,还包括劳工的能力、资本的来源、对机械力的引导和对设备的技术操作。要让那些或被建筑物的宏大或被它的壮观和总体效果所征服的人清楚地知道:这座建筑,不管怎么说,都称不上一个艺术品,它身上也显示不出建筑艺术的成就,不论是现在还是将来。(*Year*: 90)

---

① Charles Dickens, *The Letters of Charles Dickens*, Storey, Vol. 6, Graham, Kathleen Tillotson and Nina Burgis, eds., Oxford: Clarendon Press, 1988, pp. 428 - 429.

② C. Dickens & R. Home, "The Great Exhibition and the Little One", in *Household Words*, 5 July, 1851, p. 357.

而文章的末尾对水晶宫做出的评价是：

> 这是对艺术本质非常严重的误读。毫不夸张地说，现在对这个建筑物的普遍接受表明过去所学的艺术法则完全失去了价值。
>
> 为博览会而造的建筑完全忽视了雷恩、琼斯、维诺莱斯和帕拉迪奥作品中的设计风格；现在这个建筑的设计师却成为比他们还要伟大的人物。这个设计的最大亮点是屋顶的设计，但与真正的艺术究竟相差多远，这个建筑物本身就提供了足够的证据；值得怀疑的还有屋顶的结构设计多大程度上能算作创新，因为它已经被指控是一个彻头彻尾的剽窃。它的缺陷和将来昂贵的造价，非常不幸，也是显而易见的。（*Year*：91）

狄更斯也无法接受水晶宫这幢充满现代审美气息的建筑，或许就像《董贝父子》中的斯丘顿夫人一样，他更偏爱乡间的古堡："城堡是多么可爱啊！使人联想起中世纪——以及所有这一类事情——真是优美极了。难道您不特别喜欢中世纪吗，卡克先生？""那个时代是多么富有魅力！""是那么充满了信仰！是那么生机蓬勃，气势磅礴！是那么美丽如画！是那么彻底地涤除了庸俗习气！啊，天啊！如果能为我们这可怕的时代只要稍微多留一些诗意的话，那该多好啊！"① 1851 年底，《家常话》开始刊载盖斯凯尔夫人的《克兰福镇》，它宣扬的是与博览会截然不同的价值：不是野心勃勃的进步话语，而是贫穷却不失文雅友爱的乡村理念。博览会中那充满竞争、征服欲的城市话语被温情脉脉的乡村文化悄然替换掉了。

第五节　瘟疫横行的"秀美"乡村

与霍乱肆虐的城市相对，乡村则被想象成风景优美、有益身心的健康之地。被城市"乌烟瘴气"所毒害的人们，纷纷选择逃往乡间来恢复

---

① Charles Dickens, *Dombey and Son*, London: Bradbury and Evans, 11, Bouverie Street, 1848, p. 273.

活力。《荒凉山庄》中，管家朗斯威尔太太总是骄傲而自满地说：“切尼斯山庄能让夫人的身体好起来。”“世界上没有一个地方比这儿的空气更新鲜，比这里的水土更好了!”（《荒》：725）感染天花、大病初愈的艾丝特，也接受了波依桑的邀请，到他的乡间宅子里呼吸新鲜空气。《雾都孤儿》中，露梓对虚弱无力、脸色苍白的奥利弗说：“最近我和婶婶要到乡下去，希望你能和我们一起去，乡下环境很美，空气宜人，相信那里的春天会使你得到快乐和健康的!”①

大病初愈的奥利弗在乡下获得了新生。狄更斯趁机对乡村与城市发表了一通感慨：

> 对于长期生活在拥挤、嘈杂的闹市中的人们，他们早已身心疲倦，狭窄的生活空间逼得他们几乎喘不过气，但他们却只能年复一年、日复一日地在这样的环境里工作和生活而不图任何的改变。这样的习惯早已成为他们的第二天性，他们甚至开始喜欢上了那狭窄的路上的一砖一石。或者，在他们弥留世间，即将走向天堂之际，他们会在内心的最深处渴望着对大自然作一次短暂的一瞥。于是，他们缓缓地向着充满阳光、充满花香和鸟语的大自然走去，在他们的记忆里，有着广阔的天空、连绵的山峦和一望无际的平原，以及闪闪发光的流水。他们希望能在弥留之际预先体验天国美好的生活，这样也许会对他们的死亡带来很大的慰藉。当美景在他们的眼前逐渐变暗、即将消失之时，他们更渴望着在死亡之前的几个小时里能静静地躺在床上，透过孤独房间的窗户，眺望那平静而缓和的日落，然后再进入人生永远的坟墓，不再醒来。人性中对大自然的渴求和希望是多么的强烈和不可阻挡啊!
>
> 人的心灵深处，总是渴望着能唤起对静谧乡村景色的回忆，这种温情而柔和的回忆会告诉我们如何去爱别人，如何去寄托我们的沉思；它还告诉我们如何净化自己的思考，如何放下苦恼，抛去仇恨；告诉我们如何以平和的心态对未来作认真严肃的思考，并把傲慢、世俗和偏见永压心底。是的，不论任何人，都有一颗恋恋不舍

① ［英］狄更斯：《雾都孤儿》，张海军译，内蒙古人民出版社2000年版，第208页。

的心，在无数的迷惘、惆怅和模糊中去作那苍茫的憧憬，尽管这种憧憬似乎遥不可及。①

和浪漫派作家一样，狄更斯笔下的乡村生活，不仅有益健康，还抚慰心灵。但是，与城市相比，乡村的卫生条件实际上更为糟糕。霍乱等传染病不仅在城市肆虐，也祸及乡村。露梓与梅利夫人、奥利弗到达乡下不久，就突发高热，生命垂危，她很可能是感染了时疫。《理智与情感》中，玛丽安·达什伍德在克利夫兰“冒冒失失地穿着湿鞋湿袜子席地而坐”，结果得了斑疹伤寒，性命险些不保。由于乡村缺乏公共医疗和舆论监督，医疗设施建设缓慢，卫生管理机构更是形同虚设，乡村地区的人均寿命事实上比城市还短。而一旦暴发疫病，乡村人口的死亡率却比伦敦还高。以夏洛蒂·勃朗特居住的哈沃斯村为例②，1849 年，全国的男女平均寿命是 38 岁，而哈沃斯村的只有 25.8 岁。全村有近 41.6% 的儿童在 6 岁前夭折——这一死亡率在当时也非常恐怖，而肺炎、霍乱、流行性感冒等传染性疾病的频发是这种高死亡率的主要原因。③

巴比奇（Benjamin Herschel Babbage）在 1850 年给卫生总局的报告中，提到了自己 1849 年 4 月视察哈沃斯村时看到的村里糟糕透顶的卫生条件：

那里没有污水管道，只有几条主要街道的下水沟，被砖石覆盖，从上面的主路一直通到下面的后街。而大部分排水主要靠露天的水渠和污水沟。由于缺乏必要的排污设施，每间厕所就是一个巨大的化粪池，堆满粪便。有些厕所建有围墙，有些只是拿石块垒起来。除了粪便外，粪坑里还有家庭垃圾和屠宰场的废弃物，偶尔还有猪圈的污水，混杂在一起长达数月之久，发出刺鼻的恶臭和腐朽的味

① ［英］狄更斯：《雾都孤儿》，张海军译，内蒙古人民出版社 2000 年版，第 213—214 页。

② 关于盖斯凯尔夫人针对夏洛蒂的哈沃斯村所进行的反浪漫主义书写，参见程巍《反浪漫主义——盖斯凯尔夫人如何描写哈沃斯村》，《文学的政治底稿：英美文学史论集》，复旦大学出版社 2014 年版，第 70—118 页。

③ Benjamin Herschel Babbage, *Report to the General Board of Health on a Preliminary Inquiry of Haworth*, London: Printed by W. Clowes & Sons, 1850, p. 10.

道。这些粪池都是露天的，在我视察期间，大部分无人清理，卫生条件极差，它们还紧挨着居民住所，给当地人的健康造成更大的损坏。（*Report*：13）

除了缺乏排污系统外，巴比奇还发现，“哈沃斯村公厕数目严重不足，全村没有水冲式厕所，只有 69 个旱厕，平均下来，4 户半人家共用一个，而实际上，八九户人家共用一个厕所的现象非常普遍”（*Report*：12）。他经过统计得出哈沃斯村的年死亡率是 25.4‰，根据议会的标准，23‰的年死亡率已经是卫生红线，警告该地的卫生条件亟待改善。（*Report*：12）此外，全村还严重缺水，只有三口水井，且水质值得怀疑。（*Report*：17）

卫生条件的堪忧导致了瘟疫的肆虐。盖斯凯尔在描写勃朗特一家居住的哈沃斯村时，说它“全然不顾卫生状况。古老的墓地就建在居民房屋之上，从下面抽取的井水一定遭到了腐尸的污染，这让人不寒而栗。由于瘟疫横行，身体羸弱、低烧是哈沃斯居民的常态”①。肺结核是勃朗特一家难以摆脱的梦魇，姐妹四人都命丧于此。在柯文桥寄宿学校就读时，年幼的姐姐玛丽和伊丽莎白就感染结核病，离开了人世。数年后，长大成人的妹妹艾米丽和安妮仍旧在劫难逃。至于夏洛蒂本人，她死于低烧，且呕吐不止，虽与怀孕早期的征兆相似，但更像是感染了时疫。在她去世前的 1853—1854 年的冬天，瘟疫已经在哈沃斯村蔓延。她幼时的保姆也在此期间因感染疫病而命丧黄泉。②

1848 年，夏洛蒂在给友人回信时，回忆了 20 多年前四姐妹就读的学校：

由于建立不久，学校卫生条件极差，伤寒发热经常间歇式地暴发。污浊的空气、不洁净的饮用水、食物的匮乏，带来了各种肺结核、淋巴结核病，夺取了苦命学生们的生命。……不过现在已经大

① Elizabeth Gaskell, *The Life of Charlotte Brontë*, Margaret Lane ed., London: Lehmann, 1947, p. 92.

② Lyndall Gordon, *Charlotte Brontë: A Passionate Life*, London: Chatto and Windus, 1994, p. 313.

为改观，柯文桥**虽然风景秀美，却不利于健康**——虽然树林溪流很美，但地势极低而且潮湿。学校迁到卡斯特顿后，住宿条件、膳食、组织纪律、学费管理系统，所有一切，我相信，都得到了彻底改变和极大的提高。[①]（粗体为本书作者所加。）

在《简·爱》这部自称为自传体的小说中，夏洛蒂笔下的洛伍德学校，带有此前姐妹三人在寄宿学校读书时的影子。

四月过去，五月来临；那是个明媚、恬静的五月。整整一个月，每天都是天空碧蓝，阳光和煦，微微吹着西风或南风。如今，植物生机勃勃地成熟了；洛伍德抖开了它的秀发，变成一片绿色，到处都是鲜花；大榆树、白蜡树和橡树的骷髅都活了过来，显得很威严；在隐蔽的地方，林中植物长得十分茂盛；洼地里覆满了青苔，种类不计其数，许许多多的野樱草花，看上去就像满地奇妙的阳光；我看见它们的淡金色在阴暗处闪闪发亮，仿佛是撒落在地上的最可爱的光辉。……我不是描写了一个可爱的住所么？我把它说成偎依在小山和树林之中，屹立在小河边上。确实是够讨人喜欢的；但是，是否有益于**健康**，那却是另外一个问题了。洛伍德所在的那个覆着森林的山谷，是雾和瘴疠的发源地；瘟疫随着加速来临的春天，溜进了孤儿院，把斑疹伤寒吹进了拥挤的教室和宿舍，还没到五月，就把学校变成了医院。[②]（粗体为本书作者所加。）

洛伍德瘟疫暴发的原因，与现实中勃朗特姊妹就读的柯文桥学校相似，要归咎于“有损健康的环境本身，食物匮乏且质量极差，做饭使用带咸味的臭水，学生衣着破烂以及老旧的生活设施”[③]。身处如此污

① Elizabeth Gaskell, *The Life of Charlotte Brontë*, Margaret Lane ed., London: Lehmann, 1947, p. 143.

② Charlotte Bronte, *Jane Eyre*, Richard J. Dunn ed., New York & London: W. W. Norton & Company, 2000, p. 64.

③ Charlotte Bronte, *Jane Eyre*, Richard J. Dunn ed., New York & London: W. W. Norton & Company, 2000, p. 70.

浊的环境中，夏洛蒂却在小说里将乡村描写得异常秀丽。狄更斯用传染病的频发来揭露城市的肮脏，而夏洛蒂却通过美丽的自然风光将乡村的卫生问题一笔带过。勃朗特家的好友——牧师魏特曼，在乡间传教时不幸感染瘟疫暴病而亡。他成为小说主人公简·爱父亲的原形。然而，夏洛蒂却悄然将死亡的地点换成了城市。在叙述简·爱的身世时，她写道：

> 我父亲在一个工业大城市里担任牧师。母亲跟父亲结婚一年后，斑疹伤寒（typhus）在那座城市流行开来。父亲在访问穷人时被传染了；母亲也从父亲那儿染上了这个病，结果两个人都去世了，前后相差不到一个月。①

乡村不仅生活环境恶劣，更缺乏必要的医疗资源。医院一般集中于城市，而严格控制经费的《新济贫法》不愿支付贫民进城就医看病的费用。在乡间，生了病能够请得起医生的村民少之又少。巴比奇在报告中提到，哈沃斯 21% 的病人在临死前没有接受过任何的医疗救治，而这一数字在交通更为闭塞的乡村和荒野地区变得更高。试想有哪位医生愿意在凄风苦雨之夜前往不毛之地为人诊病，加之这些人大都又付不起诊金。由于临终前缺乏医疗诊治，巴比奇发现，村民的死亡证书上很少注明死因，这又为罪恶的滋生提供了空间：乡村极高的死亡率不仅是一个医疗问题，还是一个道德问题：赤裸裸的谋杀，不同程度的虐待、饥饿、漠视都成为死亡的帮手。只要想一想《呼啸山庄》中亨德来是怎么对待希克厉的，而希克厉后来又用同样的方式对待哈里顿就不难理解了。② 林敦临死前，凯瑟琳问希克厉是不是可以去请个大夫，他答道：

> “知道了，”希克厉回答道：“可是他这条命一文不值，我可不愿

① Charlotte Bronte, *Jane Eyre*, Richard J. Dunn ed., New York & London: W. W. Norton & Company, 2000, p. 21.

② Jane O'Neil, *The World of the Brontës*, Vancouver: Raincoast Books, 1997, p. 93.

意在他身上多花一文钱。”

“可叫我怎么办呀,”她说道,“要是没有人来帮助我,他就要死了!”

“给我走出这屋子吧,”东家嚷道,“他的事,我一个字也不要听!这里,谁都不在乎他怎么样了。你关心他,就去做他的护士吧;要是你不关心他,就把他锁在房里,离开他吧。”[①]

几天后,哈里顿就一命呜呼。他的死,除了自身体弱外,与冷漠的父子关系、乡村医疗资源的匮乏有密切关系。希克厉的冷酷无情更凸显了他对凯瑟琳的一往情深,潮湿阴冷的高地沼泽成为诗意盎然的浪漫之地,乡村恶劣的生存条件反衬出主人公顽强的生命意志和旺盛的精神活力。不过,巨大的对比和反差却遮蔽了乡村的真实图景。这也是浪漫主义文学的一大特点,它更关注人的内心世界,而对外部世界缺乏兴趣。

由此,浪漫主义作家巧妙地将乡村的霍乱问题悬置起来,他们把乡村浪漫化为远离污染、空气清新的“圣地”,而现实主义作家对霍乱的关注则让伦敦成为批判的靶子、一座人间地狱。虽然公共卫生调查委员会的专员们在对全国卫生状况进行调查时发现,相比于城市,乡村的卫生问题同样令人担忧,甚至更为严重,“大部分的公共卫生改良以经验和科学的形式集中在大城市,而传染病却通常最先在乡间地区扩散开来”[②]。乡村无法像城市一样采取有效的现代化集权管理方式,也没有成立负责卫生管理的专门机构,一旦暴发传染病,大都只能靠应急之法,敷衍了事。夏洛蒂·勃朗特的家人因极端恶劣的卫生条件相继殒命,她去世时年仅39岁,但在当地哈沃斯人的眼中,已经算是“高寿”之人了。

但令人担忧的卫生状况却无法阻碍乡村成为疗养胜地和风景胜地。在风景绘画、乡村诗歌、小说、游记的轰炸下,大批城市资产阶级逃离城市,纷纷前往乡村进行“朝圣”、置地和定居。[③] 他们将乡村塑造成一

---

① [英]艾米莉·勃朗特:《呼啸山庄》,方平译,上海译文出版社2010年版,第347页。

② 济贫委员会:《大不列颠卫生环境调查报告》,第151页。

③ 参见程巍《反浪漫主义——盖斯凯尔夫人如何描写哈沃斯村》,《文学的政治底稿:英美文学史论集》,复旦大学出版社2014年版,第36—61页。

个清洁、健康的人间天堂，而将城市贬为污秽、肮脏的罪恶之渊。“抬高乡村、贬低城市”的文化策略也潜移默化地影响了狄更斯。他对城市正在进行的现代化和工业化进程持批评态度。除了控诉伦敦糟糕的卫生条件，反感水晶宫、博览会外，和华兹华斯一样，狄更斯对不断侵蚀乡村领地的罪魁祸首——铁路也是深恶痛绝。他把这条由钢和煤结合的人造长龙比作一头“怪物”“被驯服的巨龙”，它“发出尖叫、咆哮和咯咯声”，“喷吐着蒸汽，浑身颤动着，连周围的墙都被震得发抖”。火车能够“征服一切”，“并且与死亡相连”——仓皇出逃的卡科尔命丧火车轮下，而自己也亲身经历过一场火车事故，这些足以让狄更斯对火车产生反感与恐惧。①

虽然自己出身贫寒，但狄更斯在《艰难时世》中却丑化了同样出身卑微的庞德贝，嘲笑这个靠个人奋斗而发家的资产家，并对他的人生信条“功利主义”给予痛击。这些都暗合了乡村贵族看重家族血统、推崇“无功利”的阶级立场。狄更斯在伦敦度过了自己的大半生，功成名就后像贵族一样选择在乡间安度晚年。他斥巨资购买了盖茨山庄（Gad's Hill），并在给友人的信中说：“伦敦是一个罪恶之地”，“我从那里搬出来后，对伦敦就不再有好感。无论何时我从乡下回来，当看到黑色的烟雾像幕布一般在屋顶上盘旋，感觉除了尽义务，我还待在这里［伦敦］干什么！”②

乡村美学话语对狄更斯所进行的无意识操纵使他成为一名反城市、反工业的批判型作家，而不是一名“现实主义作家”。虽然他揭露了城市贫民窟糟糕透顶的卫生环境，但他只关注了作为“现实”的城市的一个侧面，即“丑陋肮脏”的一面，而忽视了它充满活力的另一面，正是这个被遮蔽的另一面才激发了狄更斯的创作灵感。一旦离开伦敦，狄更斯发现自己很难适应新的环境。1844 年，身处热那亚的他在创作《教堂钟声》时倍感辛劳。他“渴望伦敦的街道”，怀念在伦敦街道上的夜游。两

---

① Charles Dickens, *Dombey and Son*, London: Bradbury and Evans, 11, Bouverie Street, 1848, p. 200.

② Charles Dickens, Charles Dickens to Sir Edward Bulwer Lytton, 10 February 1851, in *The Pilgrim Edition of the Letters of Charles Dickens*, *Volume 6: 1850 – 1852*, Clarendon Press, 1988, p. 287.

年后，在洛桑，狄更斯再次经历了创作灵感的匮乏。“这可能是由于缺乏街道和人群。我无法表达自己是如何地渴望它们。好像它们给我的大脑提供了灵感”，“失去了伦敦的那盏神灯，我创作起来是何其艰辛！……四周没有人群，我笔下的人物显得死气沉沉。之前在热那亚，我除了《教堂钟声》，什么也没有写出来，当时就已经觉察到这个问题”。[①]“你知道，只要晚上八点钟把我放在滑铁卢桥上，让我尽情地四处游逛，我就会在回家后迫不及待地奋笔直书。”[②] 城市为他提供了书写的素材和灵感，而乡村为他提供了批判的视角。如果不是受制于“抬高乡村、贬低城市”的话语影响，很难解释为何在小说中伦敦会呈现出如此丑陋的模样。

不过，对伦敦“深恶痛绝”的狄更斯却是一个地道的“伦敦佬”。幼年他随父母移居伦敦，在伦敦度过了大半生的岁月。伦敦不仅为他提供了创作的素材，也把他推向了事业的巅峰。发达的现代图书出版行业和读者俱乐部不仅扩大了他的名气，还给他带来了丰厚的物质回报，而浪漫主义乡村美学虽然赋予了他批判伦敦的视角，却没有办法培养出他对自然的热爱。儿子查理描述了父亲搬入盖茨山庄后的生活：

> 搬家后，他的生活习惯基本没有发生改变，……，他也不打算过那种大部分人所理解的乡村生活。我觉得，他从来也不想了解，或者在意乡间的风景与自然之声。可以这样说，对于一个从小在城市长大，后来才移居树林与田野的中年人来说，是不会想到要与自然建立任何亲密的关系。[③]

狄更斯幼年由于父亲负债入狱，曾在一家鞋油厂做工，这段悲惨的经历为他日后的小说创作提供了许多素材。霍乱造成了伦敦贫民的大量死亡，引发了狄更斯对公共卫生运动的关注，但有评论家却认为，狄更

① Harold James Dyos, Michael Wolff eds. , *The Victorian City*: *Images and Realities*, Vol. 2, 1973, p. 540.

② ［英］赫·皮尔逊:《狄更斯传》，谢天振等译，浙江文艺出版社 1985 年版，第 86 页。

③ Harold James Dyos, Michael Wolff, eds. , *The Victorian City*: *Images and Realities*, Vol. 2, London and Boston: Routledge & Kegan Paul, 1973, p. 539.

斯幼年的经历使他对社会和政治的看法不够成熟：在乔治·奥威尔的眼中，狄更斯作为一名社会批评家，并没有提出建设性的方案，面对自己所抨击的社会，缺乏整体的把握，只是从情感上认为社会出了问题，一旦他从情感中脱离出来，往往就失去了判断能力，误入歧途。乔治·吉辛认为狄更斯的伟大之处恰恰在于他不能区分事实与修辞的煽动性。虽然他不时会误入歧途，但不管怎么说，这也成为他最大的优点。在恰当的时刻，他将悲剧式的严肃赋予平淡无奇之物。在他比较杰出的作品中，产生了可以叫作“浪漫现实主义”的东西①。与其说狄更斯善于直陈事实，不如说他更善于鼓动宣传，正是他的“浪漫现实主义”使得他越来越无法忍受城市的肮脏——即使伦敦的卫生状况一直在好转。② 他的小说构成了英国19 世纪上半叶“抬高乡村、贬低城市”美学话语的一部分。狄更斯着意于伦敦的黑暗面，因此无法对伦敦做出更为公允的评判。

---

① Adrian Poole ed., *The Cambridge Companion to English Novelists*, Cambridge: Cambridge University Press, 2009, p. 134.

② 1858 年的“大恶臭”让不堪忍受的议员们通过了修建新的下水道工程的议案，1862 年又通过了泰晤士河筑堤法案，对泰晤士河的污染进行治理。1868 年完工的阿尔伯特河堤、1870 年完工的伊丽莎白河堤和切尔西河堤不仅清除了堆积在河岸上散发恶臭的淤泥，改善了两岸景观，还使河道变窄、流速加快，达到冲刷清洗河床的目的。河堤上扩建的道路缓解了交通拥挤的状况，更为重要的是，河堤下面的下水道拦截了之前直接排入泰晤士河中的污水，切断了霍乱传播的途径。1866 年霍乱最后一次降临伦敦，原因是作为贫困的地区，伦敦东区的排污系统还没有启用，而东伦敦供水公司却没有像声称的那样，对取水地的污染物进行严格过滤。1879 年，耗时 20 年的巴泽尔杰特设计修建的伦敦下水道工程全面完工，城市污水先被排到泰晤士河的下游，再被抽送到远海地区。伦敦的下水道系统不仅令伦敦霍乱问题得到彻底解决，还清除了城市恶臭，并极大改善了伦敦市区泰晤士河的水质。See David Owen, *The Government of Victorian London, 1855 - 1889: The Metropolitan Board of Works, the Vestries, and the City Corporation*, Harvard: Harvard University Press, 1982, pp. 53 - 55；毛利霞：《19 世纪伦敦下水道改革探究》，《苏州科技大学学报》（社会科学版）2019 年第 1 期，第 98—106 页。

结　语

平原上的一棵树之所以能够成为一道风景，与其说取决于树木和平原本身的形态，毋宁说取决于树木与平原所构成的关系。对风景的研究不仅要关注景物的具体形象，更要把握景物与景物之间看不见的联系。这些看不见的联系常常建构起一个个与“风景”相关的概念，这些概念随即成为景物（自然的、人工的）能否进入某一“风景”的标准。研究风景就是研究作为美学概念的“风景”的发生史。在欧洲历史上，风景引起文学艺术家们的关注是一个相当晚近的事件。长期占据西方画坛主流的是描绘人物肖像和反映宗教题材的绘画作品，风景一直以来只是作为画面的“背景”部分（如达·芬奇的《蒙娜丽莎》）。直到 17 世纪，经由荷兰画派的努力，风景在西方绘画中的地位才得以提升，逐渐成为西方绘画的创作主题；文学界的情况亦是如此，中世纪的欧洲由大大小小的城邦国家组成，文人多聚集在城市从事创作，世俗社会中的城市生活成为他们描述的对象（如《十日谈》《坎特伯雷故事集》等）。虽然欧洲的庄园经济滋养了中世纪田园牧歌的创作，但牧歌中所歌颂的“自然”已经成为人们劳作的对象和生活的场所，而作为“荒野”、排除了“人工性”的“自然”在欧洲学术界地位的提升与基督教在欧洲的影响密不可分。根据《圣经》中对上帝创世的描述，自然万物皆由上帝创造，体现着上帝的神性和意志。17 世纪牛顿力学和自然神论进一步将自然法则视为上帝的法则，自然成为上帝存在的直接证明。力图将中国历史纳入基督教编年史的来华耶稣会士将提倡“虽由人作、宛自天成”的中国园林视为《圣经》中的东方伊甸园，“师法自然”的中国园林用高度的人工性创造出的自然景观在 18 世纪极大地启发了英国人的造园思想，帮助他们摆脱了以征服自然为核心的法国几何式园林的束缚，并形成了具有英国特色的如画风景园林。

人造的“城市”显然比不过神造的“自然”。基督教赋予了自然风景更高的美学和伦理价值。除了宗教原因，风景引起人们的注意还源于欧洲民族国家的建立。风景能够再现普通民众的生活环境，它与作为民族之根、国家之基的土地存在天然的关联，成为唤起个人民族认同和国家效忠的有效的艺术手段。而民族认同的过程既是一个“认同”，也是一个“认异”的过程，既是国家内部各个部分互相包容妥协的过程，也是本国与异国文化进行切割、互相排斥的过程。英国的风景诞生于英法互相争斗的 18 世纪，它将抽象的“大不列颠”国家概念变成了可视、可感的具体意象：一方面，利用中国的造园思想与法国几何式园林景观进行切割，形成自己的民族风格；另一方面，又通过如画理论包容了英格兰的秀美与苏格兰的崇高，形成了不列颠的国家景观。这种国家景观对身处异国他乡的英帝国的殖民者们具有巨大的感召作用，使他们能够在异质环境中保持自己的“英国性”。这种融合了“英国性”的帝国风景反过来又影响了英国人对中国园林、对本国风景的描绘。钱伯斯在为汉诺威王室建造邸园时，曾设想将英伦三岛变成一座“花园帝国”：“居于这座宏伟花园正中的是俯瞰一切的王室宫殿，贵族的庄园和别墅星罗棋布在四周，它们好似一座座设计精美的凉亭，让园内的景色别具一格，甚至连中国园林也难以望其项背。”① 钱伯斯坚信通过不懈努力，英国园林一定会超过中国园林（法国园林更是不在话下）。他和一大批园艺家们致力于把英伦三岛变为一座“花园”，汉诺威王室和土地贵族是这座花园的主人，这样的“花园景观”兼具“大不列颠”民族性和帝国性的双重特征。

但钱伯斯们没有意识到，在他所设想的“花园帝国”中，“帝国”这一层面在经济上离不开城市资本主义的发展。工业革命改变了英伦三岛的城市景观，伦敦成为整个帝国的中心，而乡村则成为英国民族特征的保留地。“花园帝国”构建出的英国城市与乡村和谐共处的图景在 18 世纪末 19 世纪初濒临破产。不列颠的帝国性和英国的民族性发生剧烈碰

---

① William Chambers, *An Explanatory Discourse by Tan Chet-Qua of Quang-Chew-Fu, Gent*, Los Angeles: William Andres Clark Memorial Library, 1978, pp. 133 - 134.

撞，农业生产与工业扩张形成空前的对立。统治阶级内部不同利益团体的博弈将英国撕裂成花园与帝国两种截然不同的景观，不过，对乡村与城市、花园与帝国的形象构建却遵循相同的美学话语逻辑。法国大革命和同时期的工业革命在政治和经济上双双打击了乡村土地贵族的统治权威，体现乡村价值的自然风景成为英国土地贵族较具价值的象征资本。他们在文化上发起反击，一首首田园诗、一幅幅风景画建构出“理想的乡土社会”，在为乡村生活赋予诗意的同时，凸显出城市生活的肮脏与丑陋，也就是说，英国风景艺术的产生有着深刻的社会历史原因。诞生于城乡矛盾空前激烈的自然风景成为英国土地贵族打击城市资产阶级的文化利器。这一矛盾随着土地贵族的江河日下，以及资产阶级为了追求高额利润，将越来越多的血汗工厂迁移到帝国的边缘而趋于缓和。

1898 年，霍华德（Ebenezer Howard）提出了“花园城市”的理念。①他将一个世纪以来“花园帝国”未能融合的景观变成现实，人们生活在美丽的花园之中，同时又能享受到都市生活的便利。当英国的城乡矛盾逐渐缓和之际，正努力实现现代化、工业化的发展中国家的城乡矛盾却日益凸显出来。由于缺乏抵抗城市资本主义的乡村力量，乡村失血严重，日益凋敝；而政治、经济、文化、人力四重资源都向城市汇集，一方面导致城乡差距进一步加大，城市成为经济发展的引擎和政治、文化的中心；另一方面又加剧了城市的资源环境危机，使“大城市病”日益严重。在城市中产阶级掌握乡村话语支配权的情况下，不合理、不平衡的城乡关系不但没有得到质疑，反而被进一步扭曲，一部部“乡愁”作品成为唱给传统乡土社会的一首首挽歌，而浪漫的田园风景则有把乡村变为城市新的欲望空间的可能。

---

① Ebennzer Howard, *Garden Cities of Tomorrow*, F. J. Osborn ed., Cambridge, Massachusetts: The M. I. T. Press, 1965, p. 9.

参考文献

（以第一作者姓名首字母为序）

一　中文资料

（一）著作

陈志华：《中国造园艺术在欧洲的影响》，山东画报出版社2006年版。

范存忠：《中国文化在启蒙时期的英国》，上海外语教育出版社1991年版。

何洪涛：《近代英国贵族地产开发研究》，中国社会科学出版社2018年版。

贺鹭：《维多利亚时期伦敦社会分层研究》，江苏大学出版社2015年版。

刘军大、刘湘予：《拿破仑与大陆封锁：从拿破仑的经济政策看拿破仑帝国的覆灭》，华夏出版社2001年版。

钱乘旦、许洁明：《英国通史》，上海社会科学院出版社2007年版。

杨永生：《中外名建筑鉴赏》，同济大学出版社1997年版。

张西平：《欧洲早期汉学史——中西文化交流与西方汉学的兴起》，中华书局2009年版。

中国第一历史档案馆编：《英使马戛尔尼访华档案史料汇编》，国际文化出版公司1996年版。

［美］爱德华·W. 萨义德：《东方学》，王宇根译，生活·读书·新知三联书店1999年版。

［英］拜伦：《青铜世纪或名〈世事的歌及平凡的一年〉》，《拜伦诗选》（上），查良铮译，上海译文出版社1982年版。

［法］保尔·芒图：《十八世纪产业革命：英国近代大工业初期的概况》，

杨人楩、陈希秦、吴绪译，商务印书馆 1983 年版。
［澳］彼得·布林布尔科姆：《大雾霾：中世纪以来的伦敦空气污染史》，启蒙编译所译，上海社会科学院出版社 2016 年版。
［英］边沁：《道德与立法原理导论》，时殷弘译，商务印书馆 2000 年版。
［丹麦］勃兰兑斯：《十九世纪文学主流（第四分册）：英国的自然主义》，徐式谷等译，人民文学出版社 1997 年版。
［英］艾米莉·勃朗特：《呼啸山庄》，方平译，上海译文出版社 2010 年版。
［英］狄更斯：《我们共同的朋友》（上），智量译，上海译文出版社 1988 年版。
——：《大卫·科波菲尔》（下），宋兆霖译，译林出版社 2004 年版。
——：《双城记》，张玲、张扬译，上海译文出版社 2011 年版。
——：《雾都孤儿》，张海军译，内蒙古人民出版社 2000 版。
——：《小杜丽》，金绍宇译，上海译文出版社 1993 年版。
——：《远大前程》，王科一译，上海译文出版社 2011 年版。
［苏］E. A. 捏克拉索娃：《英国风景画大师：泰纳》，张荣生、刘泽善译，湖南美术出版社 1986 年版。
［英］弗·恩格斯：《英国工人阶级状况》，《马克思恩格斯全集》第 2 卷，人民出版社 1957 年版。
［英］格尔顿：《美学意识形态》，王杰等译，广西师范大学出版社 1997 年版。
［英］赫·皮尔逊：《狄更斯传》，谢天振等译，浙江文艺出版社 1985 年版。
［英］霍布斯鲍姆：《革命年代：1789—1848》，王章辉等译，中信出版社 2014 年版。
［英］加内特·沃尔斯利：《1860 年对华战争纪实》，江先发、叶红卫译，中西书局 2013 年版。
［德］康德：《判断力批判》，李秋零译，中国人民大学出版社 2011 年版。
［美］M. H. 艾布拉姆斯：《镜与灯：浪漫主义文论及批评传统》，郦稚牛等译，北京大学出版社 1989 年版。
［美］马丁·威纳：《英国文化与工业精神的衰落：1850—1980》，王章

辉、吴必康译，北京大学出版社2013年版。
［英］马尔科姆·安德鲁斯：《寻找如画美：英国的风景美学与旅游，1760—1800》，张箭飞、韦照周译，译林出版社2014年版。
［英］马尔萨斯：《论谷物法的影响地租的性质与发展》，何宁译，商务印书馆1960年版。
［法］《马可波罗行纪》，沙海昂注，冯承钧译，商务印书馆2017年版。
［德］马克思、恩格斯：《资本论》第一卷，《马克思恩格斯全集》第23卷，人民出版社1972年版。
——：《共产党宣言》，《马克思恩格斯选集》第一卷，人民出版社2012年版。
——：《路易·波拿巴的雾月十八日》，《马克思恩格斯全集》第8卷，人民出版社1972年版。
——：《马克思恩格斯选集》第3卷，人民出版社1995年版。
［美］史蒂芬·约翰逊：《死亡地图：伦敦瘟疫如何重塑今天的城市和世界》，熊亭玉译，电子工业出版社2017年版。
［美］史景迁：《文化类同与文化利用：世界文化总体对话中的中国形象》北大讲演录，廖世奇、彭小樵译，北京大学出版社1990年版。
［英］司各特：《湖上夫人》，曹明伦译，湖南人民出版社1986年版。
——：《威弗莱或六十年的事》，石永礼译，人民文学出版社1987年版。
［英］W. G. 霍斯金斯：《英格兰景观的形成》，梅雪芹、刘梦霏译，商务印书馆2018年版。
［美］W. J. T. 米切尔：《风景与权力》，杨丽、万信琼译，译林出版社2014年版。
［法］瓦尔特·本雅明：《巴黎，19世纪的都城》，刘北成译，商务印书馆2015年版。
［英］威廉·华兹华斯：《华兹华斯抒情诗选》，杨德豫译，湖南文艺出版社1996年版。
——：《华兹华斯叙事诗选》，秦立彦译，人民文学出版社2018年版。
——：《序曲：或一位诗人心灵的成长》，丁宏为译，北京大学出版社2017年版。
［美］温迪·达比：《风景与认同——英国民族与阶级地理》，张箭飞、赵

红英译，译林出版社 2011 年版。

［英］雪莱：《雪莱抒情诗选》，查良铮译，人民文学出版社 1958 年版。

［苏］伊瓦肖娃：《狄更斯评论》，蔡文显、廖世健、李筱菊译，广东人民出版社 1983 年版。

（二）论文

程巍：《反浪漫主义——盖斯凯尔夫人如何描写哈沃斯村》，《文学的政治底稿：英美文学史论集》，复旦大学出版社 2014 年版。

程巍：《夏洛蒂·勃朗特：鸦片、“东方”与 1851 年伦敦博览会》，《外国文学评论》2015 年第 4 期。

程巍：《语言等级与清末民初的“汉字革命”》，《世界秩序与文明等级》，生活·读书·新知三联书店 2016 年版。

胡玉明：《园林、宗教与政治——〈忽必烈汗〉的浪漫主义中国想象》，《国外文学》2018 年第 2 期。

李玲：《共同体还是独体？——论华兹华斯〈兄弟〉中的共同体困境》，《外国文学评论》2019 年第 4 期。

李天纲：《17、18 世纪的中西“年代学”问题》，《复旦学报》（社会科学版）2004 年第 2 期。

毛利霞：《19 世纪伦敦下水道改革探究》，《苏州科技大学学报》（社会科学版）2019 年第 1 期。

毛利霞：《19 世纪中叶英国的公共卫生运动》，《河南科技大学学报》（社会科学版）2015 年第 3 期。

［法］乔治·洛埃尔：《入华耶稣会士与中国园林风靡欧洲》，载谢和耐、戴密微等《明清间耶稣会士入华与中西汇通》，东方出版社 2011 年版。

王苹：《告诉我她在唱什么：〈孤独的刈麦女〉的后殖民解读》，《外国文学评论》2011 年第 3 期。

吾文泉：《华兹华斯田园诗歌的圈地叙事》，《英美文学研究论丛》2019 年秋第 31 卷。

谢海长：《论华兹华斯的诗与科学共生思想》，《外国文学评论》2014 年第 4 期。

徐德林：《乡村与城市关系史书写：以情感结构为方法》，《外国文学评论》2016 年第 4 期。

徐晓东:《华兹华斯的言不由衷》,《外国文学评论》2013 年第 1 期。

张箭飞:《解读英国浪漫主义——从一个结构性的意象“花园”开始》,《外国文学评论》2003 年第 1 期。

张旭春:《“Sharawadgi”词源考证与浪漫主义东方起源探微》,《文艺研究》2017 年第 11 期。

[法] 米歇尔·福柯:《什么是启蒙》,徐前进译,《政治思想史》2015 年第 1 期。

[英] 休·特雷弗-雷珀:《传统的发明:苏格兰的高地传统》,E. 霍布斯鲍姆、T. 兰格主编《传统的发明》,顾杭、庞冠群译,译林出版社 2004 年版。

二 外文资料

(一) 著作

Ackroyd, Peter, *London: The Biography*, New York: Anchor Books, Random House, 2000.

Addison, Joseph, *The Works of Joseph Addison*, Vol. 2, New York: Harpers and Brothers, 1837.

Aikin, Arthur ed., *The Annual Review and History of Literature for* 1804, Vol. 3, London: Longman, Hurst, Rees and Orme, 1805.

Aikin, Lucy, *The Life of Joseph Addison*, London: Longman, Brown, Green, and Longmans, 1843.

Allen, Michelle, *Cleansing the City: Sanitary Geographies of Victorian London*, Ohio: Ohio University Press, 2008.

Anderson, Aeneas, *A Narrative of the British Embassy to China in the Years* 1792, 1793, *and* 1794, London: J. Debrett, 1795.

Ashton, Rosemary, *One Hot Summer: Dickens, Darwin, Disraeli, and the Great Stink of* 1858, New Haven and London: Yale University Press, 2017.

Attire, Jean-Denis, *A Particular Account of the Emperor of China's Garden Near Pekin*, Sir Harry Beaumont, trans., London: Dodsley, 1752.

Austen, Jane, *Northanger Abbey*, Barbara M. Benedict and Deirdre Le Faye, eds., Cambridge: Cambridge University Press, 2006.

Babbage, Benjamin Herschel, *Report to the General Board of Health on a Preliminary Inquiry of Haworth*, London: W. Clowes & Sons, Stamford Street, 1850.

Bacon, Francis, *Of Gardens*, *Essay* 46, *aus*: *Francis Bacon*, *The Essayes or Counsels*, *Civill and Morall*, *of Francis Lo. Verulam*, *Viscount St. Alban*, Charles Davis ed. , London: Iohn Haviland for Hanna Barret, 1625.

Barker, Juliet, *Wordsworth*: *A Life*, Harper Collins, 2005.

Barrell, John, *The Dark Side of the Landscape*: *The Rural Poor in English Painting 1730 – 1840*, Cambridge: Cambridge University Press, 1983.

Barrell, John, *The Idea of Landscape and the Sense of Place 1730 – 1840*: *An Approach to the Poetry of John Clare*, Cambridge: Cambridge University Press, 2011.

Barrell, John, *Travels in China*, London: Strahan, Printers-Street, 1804.

Bartram, Jamie ed. , *Handbook of Water and Health*, London and New York: Routledge, 2015.

Bateman, John, *Great Landowners of Great Britain and Ireland*, Leicester: Leicester University Press, 1971.

Beckett, J. V. , *The Aristocracy in England*, *1660 – 1914*, New York: Basil Blackwell, 1989.

Blair, Hugh, *Lectures on Rhetoric and Belles Lettres*, Vol. 1, Basil: J. J. Tourneisen, 1788.

Blomfield, Reginald Theodore, *The Formal Garden in England*, London: Macmillan and Co. , Limited, 1901,

Bobertson, Eric, *Wordsworth and the English Lake Country*, New York: D. Appelton Company, 1911.

Bonsall, Brian, *Sir James Lowther and Cumberland & Westmorland Elections*, *1754 – 1775*, Manchester: Manchester University Press, 1960.

Boswell, James, *The Journal of a Tour to the Hebrides with Samuel Johnson*, London: L. L. D. Charles Dilly, 1785.

Boswell, James, *The Journal of a Tour to the Hebrides with Samuel Johnson*, London: T. Cadell, and W. Davies, Strand, 1807.

Brewster, David, ed. , *The Edinburgh Encyclopedia*, Vol. 6, Edinburgh: William Blackwood, 1830.

Britain, G. , *A Collection of the Public General Statues Passed in the Twenty-eighth and Twenty-ninth Years of the Reign of her Majesty Queen Victoria*, London: George Edward Eyre and William Spottiswoode, 1865.

Britain, G. , *House of Lords*, *Great Britain*, *The Sessional Papers of the House of Lords*, Session 1845, Victoria, Vol. 8&9, (Vol. 39), 1845.

Britain, G. , *Report from His Majesty's Commissioners for Inquiring into the Administration and Practical Operation of the Poor Laws*, London: B. Fellowes, Ludgate Strett, 1834.

Broglio, Ron, *Technologies of the Picturesque*: *British Art*, *Poetry and Instruments 1750 – 1830*, Lewisburg: Bucknell University Press, 2008.

Bronte, Charlotte, *Jane Eyre*, Richard J. Dunn ed. , New York & London: W. W. Norton & Company, 2000.

Brown, Jules, David Leffman, *The Rough Guide to the Lake District*, Apa Publications, 2017.

Burke, Edmund, *A Philosophical Enquiry into the Origin of Our Ideas of the Sublime and Beautiful*, London: Rand J. Dodsley in Pall-mall, 1764.

Burke, Edmund, *Reflections on the Revolution in France*, London: J. Dodsley, 1790.

Burt, Edward, *Letters from a Gentleman in the North of Scotland to His Friend in London*, R. Jamieson ed. , Vol. 2, London: Gale, Curtis, and Fenner, Paternoster-Row, 1815.

Butler, Marilyn, *Romantics*, *Rebels and Reactionaries*, *English Literature and its Background 1760 – 1830*, Oxford: Oxford University Press, 1985.

Byron, George Gordon, *The Works of Lord Byron*: *Complete in One Volume*, London: John Murray, 1840.

Cannon, John, *Aristocracy Century*: *the Peerage of Eighteenth-Century England*, New York: Cambridge University Press, 1984.

Chadwick, Edwin, *The Sanitary Condition of the Labouring Population of G. T. Britain*, Edinburgh: Edinburgh University Press, 1965.

Chambers, William, *A Dissertation on Oriental Gardening*, Dublin: Printed for W. Wilson, 1773.

Chambers, William, *An Explanatory Discourse by Tan Chet-Qua of Quang-Chew-Fu, Gent*, Los Angeles: William Andres Clark Memorial Library, 1978.

Chambers, William, *Plans, Elevations, Sections, and Perspective Views of the Gardens and Buildings at Kew in Surrey*, London: J. Haberkorn, in Graston Street, St. Anne's Soho, 1763.

Chang, Elizabeth Hope, *Britain's Chinese Eye: Literature, Empire, and Aesthetics in Nineteenth-Century Britain*, Stanford: Stanford University Press, 2010.

Charles Dickens, *Dombey and Son*, London: Bradbury and Evans, 11, Bouverie Street, 1848.

Charles Dickens, ed., *Home and Social Philosophy*, New York: G. P. Putnam & Company, 10 Park Place, 1852.

Charles Dickens, *Household Words*, Vol. 1, London: Office 16, Wellington Street, North, 1850.

Charles Dickens, *The Letters of Charles Dickens*, Vol. 6, Storey, Graham, Kathleen Tillotson and Nina Burgis, eds., Oxford: Clarendon Press, 1988.

Charles Dickens, *The Pilgrim Edition of the Letters of Charles Dickens, Volume 6: 1850 – 1852*, Clarendon Press, 1988.

Chase, Isabel W. U., *Horace Walpole: Gardenist; An Edition of Walpole's the History of Walpole's Ideas on Gardening*, Princeton: Princeton University Press, 1943.

Clarke, J. J., *Oriental Enlightenment: The Encounter Between Asian and Western Thought*, London and New York: Routledge, 1997.

Coleridge, S. T., "August 4, 1833, Scott and Coleridge", in Pro. Shedd ed., *The Complete Works of Samuel Taylor Coleridge with an Introductory Essay*, Vol. 6, New York: Harper and Brothers, 1871.

Coleridge, S. T., *Biographia Literaria*, Vol. 2, London: William Pickering, 1830.

Coleridge, S. T., *Christabel; Kubla Khan, a Vision; The Pains of Sleep*, London: John Murray, 1816.

Coleridge, S. T., *Lectures 1818 – 19 On the History of Philosophy*, J. R. de J. Jackson ed., Vol. 2, Princeton: Princeton University Press, 2000.

Coleridge, S. T., *Specimens of the Table Talk of Samuel Taylor Coleridge*, London: John Murray, Albemarle Street, 1851.

Coleridge, S. T., *The Collected Works of Samuel Taylor Coleridge*, Volume 1: Lectures, 1795.

Copeland, Robert, *Spode's Willow Pattern and Other Designs after the Chinese*, London: Studio Vista, 1999.

Corton, Christine L., *London Fog: The Biography*, Cambridge: Harvard University Press, 2015.

Cosgrove, Denis E., *Social Formation and Symbolic Landscape*, Madison, WI: University of Wisconsin Press, 1998.

Cosgrove, Denis E., & Stephen Daniels, *The Iconography of Landscape: Essays on the Symbolic Representation, Design and Use of Past Environments*, Cambridge: Cambridge University Press, 1988.

Cowper, William, *Poems. With a Biographical and Critical Introduction*, London: Tilt and Bogue, Fleet Street, 1841.

Creighton, Charles, *A History of Epidemic in Britain*, Vol. 2, Cambridge: Cambridge University Press, 1894.

Curley, Thomas M., Samuel Johnson, *The Ossian Fraud, and the Celtic Revival in Great Britain and Ireland*, Cambridge: Cambridge University Press, 2009.

Daniels, Stephen, *Fields of Vision: Landscape Imagery and National Identity in England and the United States*, Cambridge: Polity Press, 1992.

Davis, Frederick, *The History of Luton*, Luton: J. Wibeman, Miscellany Office, George Street, 1855.

Defoe, Daniel, *A Tour Through the Whole Island of Great Britain*, Vol. 3, London: S. Birt, T. Osborne, et at., 1748.

Dobson, David, *Scottish Emigration to Colonial America, 1607 – 1785*, Athens: University of Georgia Press, 1994.

Dyos, Harold James, Michael Wolff eds., *The Victorian City: Images and Real-*

ities, Vol. 2, London and Boston: Routledge & Kegan Paul, 1973.

Everett, Nigel, *The Tory View of Landscape*, New Haven: Yale University Press, 1994.

Fay, Charles R., *Palace of Industry, 1851: A Study of the Great Exhibition and Its Fruits*, Cambridge: Cambridge University Press, 1951.

Finer, S. E., *The Life and Times of Sir Edwin Chadwick*, London: Routledge & Thoemmes Press, 1997.

Freeman, Michael J., *Railways and the Victorian Imagination*, New Haven and London: Yale University Press, 1999.

Furst, Lillian, *Romanticism in Perspective: A Comparative Study of Aspects of the Romantic Movements in England, France and Germany*, London: Macmillan, 1979.

Gaskell, Elizabeth, *The Life of Charlotte Brontë*, Margaret Lane ed., London: Lehmann, 1947.

Gaskill, Howard, ed., *The Reception of Ossian in Europe*, London: Thoemmes, 2004.

Gilpin, William, *A Dialogue upon the Gardens of the Right Honorable the Lord Viscount Cobham at Stowe in Buckinghamshire*, London: B. Seeley, Bookseller in Buckingham, 1748.

Gilpin, William, *An Essay on Prints*, London: A. Strahan, Printers-street, 1802.

Gilpin, William, *Observations on the River Wye*, London: A. Straban, Printers-Street, 1800.

Gilpin, William, *Observations, Relative Chiefly to Picturesque Beauty, Made in the Year* 1776, *on Several Parts of Great, Britain, Particularly the High-lands of Scotland*, 2 vols, London: R. Blamire, Strand, 1789.

Gilpin, William, *Three Essays: On Picturesque Beauty; On Picturesque Travel; And on Sketching Landscape*, London: R. Blamire, 1794.

Gordon, Lyndall, *Charlotte Brontë: A Passionate Life*, London: Chatto and Windus, 1994.

Graig, W. M., *An Essay on the Study of Nature in Drawing Landscape*, London: W. Bulmer and Co. , 1793.

Gravil, Richard, and Daniel Robinson eds. , *The Oxford Handbook of William Wordsworth*, Oxford: Oxford University Press, 2015.

Gray, Thomas, "415. Gray to Mason", in *Correspondence of Thomas Gray*, Vol. 2, P. Toynbee and L. Whibley, eds. , Oxford: Oxford University Press, 1935.

Gray, Thomas, *The Poems of Mr. Gray, to Which are Prefixed Memories of His Life and Writings*, William Mason ed. , London: J. Dodsley, Pall Mall, 1775.

Hall, Dewey W. , *Romantic Naturalists, Early Environmentalists: An Ecocritical Study, 1789 – 1912*, London and New York: Routledge, 2014.

Halliday, Stephen Adam Hart-Davis, *The Great Stink of London: Sir Joseph Bazalgette and the Cleansing of the Victorian Metropolis*, S Phoenix Mill and New York: Sutton, 2001.

Hammond, J. L. and B. , *The Village Labourer, 1760 – 1832, A Study in the Government of England Before the Reform Bill*, London: Longmans, Green & Co. , 1920.

Harris, John J. , Mordaunt Crook and Eileen Harris. *Sir William Chambers: Knight of the Polar Star. Studies in Architecture*, Vol. 9, London: A. Zwemmer, 1970.

Hay, Ian, *The Oppressed English*, Garden City: Doubleday, Doran & Company, 1917.

Hay, William Anthony, *Henry Brougham and Whigs in Opposition, 1808 – 1830*, PhD. Dissertation, University of Virginia, 2000.

Hay, William Anthony, *The Whig Revival, 1808 – 1830*, New York: Palgrave Macmillan, 2005.

Hipple, Walter John, *The Beautiful, the Sublime, & the Picturesque in Eighteenth-Century British Aesthetic Theory*, Carbondale: The Southern Illinois University Press, 1957.

Hobson, John M. , *The Eastern Origins of Western Civilization*, New York: Cambridge University Press, 2004.

Howard, Ebennzer, *Garden Cities of Tomorrow*, F. J. Osborn ed., Cambridge, Massachusetts: M. I. T. Press, 1965.

Howlett, J., *Enclosures, a Cause of Improved Agriculture*, London: W. Richardson, 1787.

Hussey, Christopher, *The Picturesque: Studies in a Point of View*, London: Frank Cass & Co. Ltd., 1967.

Jackson, J. R. de J., *Poetry of the Romantic Period*, London, Boston: Routledge and Kegan Paul, 1980.

Jackson, Lee, *Dirty Old London: The Victorian Fight against Filth*, New Haven and London: Yale University Press, 2014.

John MacCulloch, *A Geological Map of Scotland by Dr. MacCulloch*, London: the lords of the treasury by S. Arrowsmith Hydrographer to the King, 1836.

John MacCulloch, *The Highlands and Western Isles of Scotland*, 4 vols, London: Longman, Hurst, Rees, Orme, Brown & Green, 1824.

Johnson, Samuel, *A Journey to the Western Islands of Scotland in* 1773, London: W. Strahan & T. Cadell, 1775.

Johnston, Kenneth R., *The Hidden Wordsworth: Poet, Lover, Rebel, Spy*, New York and London: W. W. Norton, 1998.

Kiston, Peter J., *Forging Romantic China: Sino-British Cultural Exchange 1760–1840*, Cambridge: Cambridge University Press, 2013.

Knight, William ed., *Letters of the Wordsworth Family from 1787 to 1855*, Vol. 1, Boston and London: Ginn and Company, Publishers, 1907.

Lach, Donald F., *Asia in the Making of Europe: The Century of Discovery*, 3 vols, Chicago and London: University of Chicago Press.

Levy, Hermann, *Large and Small Holdings: A Study of English Agricultural Economics*, Cambridge: Cambridge University Press, 1911.

Liu, Yu, *Seeds of a Different Eden: Chinese Gardening Ideas and a New English Aesthetic Ideal*, Columbia: University of South Carolina Press, 2008.

London, John Claudius, *Encyclopedia of Gardening*, London: Longman, Rees, Orme, Brown, Green, and Longman, 1824.

Lowes, John Livingstone, *The Road to Xanadu: A Study in the Ways of the I-*

magination, Princeton: Princeton University Press, 1986.

MacCulloch, John, *A Description of the Western Islands of Scotland*, 3 vols, London: Archibald Constable & Co. Edinburgh; and Hurst, Robinson, and Co. Cheapside, London, 1819.

Mackenzie, Henry, ed., *Report of the Committee of the Highland Society of Scotland*, Edinburgh: Edinburgh University Press, 1805.

Macpherson, James, *The Poetical Works of Ossian*, The Ex-Classics Project ed., 2009.

Martineau, Harriet, *A Complete Guide to the English Lakes*, London: Whittaker and Co., 1855.

Martin Lefebvre ed., *Landscape and Film*, London: Roudedge, 2006.

Mason, William, *An Heroic Epistle to Sir William Chambers*, London: J. Almon, 1773.

Mason, William, *The English Garden: A Poem, in Four Books*, York: A. Ward, 1783.

Milton, John, *Paradise Lost: A Poem, in Twelve Books*, London: J. and R. Tonson etc., 1763.

Mingay, G. E. ed., *The Victorian Countryside*, Vol. 1, London, Boston and Henley: Routledge & Kegan Paul, 1981.

Moorman, Mary, *William Wordsworth: The Early Years 1770 – 1803*, Oxford: Clarendon Press, 1957.

Murray, John, *Handbook for Travellers in Scotland*, London: John Murray, 1867.

Murray, Sarah, *A Companion and Useful Guide to the Beauties in the Western Highlands of Scotland, and in the Hebrides*, London: W. Bulmer & Co., 1805.

Nightingale, Florence, *Notes on Nursing*, Harrison: Facsimile Reprint, 1859.

O'Neil, Jane, *The World of the Brontës*, Vancouver: Raincoast Books, 1997.

Owen, David, *The Government of Victorian London, 1855 – 1889: The Metropolitan Board of Works, the Vestries, and the City Corporation*, Harvard: Harvard University Press, 1982.

Pennant, Thomas, *A Tour in Scotland* 1769, Chester: John Monk, 1771.

Phillips, Samuel, *A Guide to the Palace & Park*, London: Bradbury and Bvans, 11, Bouvrrie Street, 1854.

Pitt, William, *General View of the Agriculture of the County of Northampton*, London: Richard Phillips, Bridge-street, 1809.

Plumb, John Harold, Huw P. Wheldon, *Royal Heritage: The Story of Britain's Royal Builders and Collectors*, Crescent, 1985.

Pococke, Richard, *A Tour in Scotland and Voyage to the Hebrides*, 1772, London: Benjamin White, 1776.

Pococke, Richard, *Tours in Scotland* 1747, 1750, 1760, Daniel William Kemp, ed. , Edinburgh: The University Press by T. and A. Constable, for the Scottish History Society, 1887.

Poole, Adrian ed. , *The Cambridge Companion to English Novelists*, Cambridge: Cambridge University Press, 2009.

Pope, Alexander, *The Poetical Works of Alexander Pope*, London: William Smith, 113, Fleet Street, 1841.

Porter, David, *Chinese Whispers: Chinoiserie in Britain 1650 – 1930*, Brighton & Hover: Royal Pavilion & Museums, 2008.

Price, Uvedale, *An Essay on the Picturesque*, London: J. Robson, New Bond-Street, 1794.

Purchas, Samuel, *Purchas His Pilgrimage; Or, Relations of the World and the Religions Observed in All Ages*, London: William Stansby, 1626.

Ranger, Terence, Paul Slack eds. , *Epidemics and Ideas: Essays on the Historical Perception of Pestilence*, Cambridge: Cambridge University Press, 1996.

Rinaldi, Bianca Maria, ed. , *Ideas of Chinese Gardens: Western Accounts, 1300 – 1860*, Philadelphia: University of Pennsylvania Press, 2015.

Ruskin, John, *Fors Clavigera*, Dinah Virch ed. , Edinburgh: Edinburgh University Press, 2000.

Scott, Walter, *Description of the Regalia of Scotland*, Edinburgh: Ballantyne and Company, 1824.

Scott, Walter, *Miscellaneous Prose Works of Scott*, Vol. 21, Edinburgh: Robert

Cadell, 1836.

Scott, Walter, *The Fair Maid of Perth, or St. Valentine's Day*, Edinburgh: Adam & Charles Black, 1871.

Scott, Walter, *The Poetical Works of Sir Walter Scott, Bart.*, Vol. 5, Edinburgh: Ballantyne and Co., Paul's Work, 1833.

Simpson, David, *Wordsworth's Historical Imagination: The Poetry of Displacement*, New York and London: Methuen, 1987.

Smith, C. H. Gibbs, *The Great Exhibition of* 1851, London: Her Majesty's Stationery Office, 1950.

Smith, Thomas Southwood, *A Treatise on Fever*, London: Langman, Rees, Orme, Brown, and Green, 1830.

Snow, M. D. John, *On the Mode of Communication of Cholera*, London: John Churchill, New Burlington Street, England, 1855.

Somervell, Robert, *A Protest against the Extension of Railways in the Lake District*, Windermere: J. Garnett, 1876.

Southey, Robert, *The Poetical Works of Robert Southey, Complete in one Volume*, London: Longman, Brown, Green, and Longmans, 1850.

Staunton, George, *An Authentic Account of an Embassy from the King of Great Britain to the Emperor of China*, Vol. 2, London: W. Bulmer and Co. for G. Nicol, Bookseller to his Majesty, Pall-Mall, 1797.

Steven Johnson, *The Ghost Map*, New York: Riverhead Books, 2006.

Stilligner, Jack, Deldre Lynch, Stephen Greenblatt, M. H. Abrams eds., *The Norton Anthology of English Literature*, Vol. D, *The Romantic Period*, New York: W. W. Norton & Company, 2006.

Swenson, Rivka, *Essential Scots and the Idea of Unionism in Anglo-Scottish Literature, 1603 – 1832*, Lewisburg: Bucknell University Press, 2016.

Temple, Kathryn, *Scandal Nation: Law and Authorship in Britain, 1750 – 1832*, Ithaca: Cornell University Press, 2003.

Temple, William, *The Works of Sir William Temple, Bart: Complete in four Volumes*, Vol. 3, London: S. Hamilton, Weybridge, 1814.

Thomas, Amanda J., *The Lambeth Cholera Outbreak of 1848 – 1849*, Jefferson, North Carolina, and London: McFarland & Company, Inc., 2010.

Thrower, Norman J. W., *Maps and Civilization Cartography in Culture and Society*, Chicago: University of Chicago Press, 2008.

Timbs, John, *The Year Book of Facts in the Great Exhibition of 1851*, London: David Bogue, Fleet Street, 1851.

Toynbee, Paget, ed., *Satirical Poems Published Anonymously by William Mason, with Notes by Horace Walpole*, Oxford: Clarendon Press, 1926.

Victoria, Queen, *More Leaves from the Journal of a Life in the Highlands*, New York: John W. Lovell Company, 1884.

Waites, Ian, *Common Land in English Painting, 1700 – 1850*, Woodbridge: The Boydell Press, 2012.

Walpole, Horace, *Anecdotes of Painting in England, to Which Is Added The History of the Modern Taste in Gardening*, London: J. Dodsley, Pall-Mall, 1782.

Walpole, Horace, *Gardenist: An Edition of Walpole's The History of the Modern Taste in Gardening*, Isabel W. U. Chase ed., Princeton: Princeton University Press, 1943.

Walpole, Horace, *The Works of Horatio Walpole, Earl of Oxford*, Vol. 2, London: G. G. and J. Robinson, Paternoster-Row, and J. Edwards, Pall-Mall, 1798.

Whatley, Thomas, *Observations on Modern Gardening*, London: T. Payne, at the Mews-gate, 1770.

White, Roger, *Cottages Ornés, The Charms of Simple Life*, New Haven and London: Yale University Press, 2017.

White, Simon J., *Romanticism and the Rural Community*, Palgrave Macmillan, 2013.

Williams, Raymond, *The Country and the City*, Oxford: Oxford University Press, 1973.

Womack, Peter, *Improvement and Romance: Constructing the Myth of the Highlands*, London: Macmillan Press Ltd., 1989.

Wordsworth, Dorothy, *Recollections of a Tour Made in Scotland A. D. 1803*, ed.

J. C. Shairp, Edinburgh: Edmonston and Douglas, 1874.

Wordsworth, William, *A Guide Through the District of the Lakes in the North of England with a Description of the Scenery for the Use of Tourists and Residents*, Kendal: Hudson and Nicholson, 1835.

Wordsworth, William, and Dorothy, *The Letters of William and Dorothy Wordsworth: The Middle Years*, Vol. 2, Ernest De Selincourt, Mary Moorman and Alan G. Hill ed., Oxford: Clarendon, 1970.

Wordsworth, William, and Dorothy, *The Letters of William and Dorothy Wordsworth*, VII, The Later Years, Part IV, 1840 – 1853, Alan G. Hill ed, Oxford: Clarendon Press, 1988.

Wordsworth, William, *Letters of the Wordsworth Family from 1787 – 1855*, ed. William Knight, Vol. 2, New York: Haskell House Publisher Ltd., 1969.

Wordsworth, William, *Lyrical Ballads, with New Other Poems*, London: J. & A. Arch, Gracechurch-Street, 1798.

Wordsworth, William, *Lyrical Ballads, with Other Poems, In Two Volumes*, Vol. 2, London: T. N. Longman and O. Rees, Paternoster-Row, 1800.

Wordsworth, William, *Prose Works of William Wordsworth*, Vol. 2, Alexander B. Grosart ed., London: Edward Moxon, Son, and Co., 1876.

Wordsworth, William, *Prose Works of William Wordsworth*, Vol. 2. William Knight ed., London: Macmillan and Co., Ltd., 1896.

Wordsworth, William, *The Complete Poetical Works of William Wordsworth*, ed. Andrew Jackson George, New York: Houghton Mifflin Company, 1904.

Wordsworth, William, *The Excursion*, London: Edward Moxon, Dover Street, 1836.

Wordsworth, William, *The Letters of William and Dorothy Wordsworth: The Later Years (1841 – 1850)*, Vol. 3, Ernest De Selincourt ed., Oxford: Clarendon Press, 1939.

Wordsworth, William, *The Miscellaneous Poems of William Wordsworth*, London: Longman, Hurst, Rees, Orme, and Brown, 1820.

Wordsworth, William, *The Prelude, or Growth of a Poet's Mind*, London: Edward Moxon, 1850.

Wordsworth, William, *The Prose Works of William Wordsworth*, Vol. 3, W. J. B. Owen and Jane Worthington Smyser, eds., Oxford: Clarendon Press, 1974.

Wordsworth, William, *William Wordsworth: The Major Works*, Stephen Gill ed., Oxford: Oxford University Press, 1984.

Yoshikawa, Saeko, *William Wordsworth and the Invention of Tourism*, 1820 – 1900, Farnham: Ashgate, 2014.

（二）论文

Alayrac-Fielding, Vanessa, "From Jehol to Stowe: Ornamental Orientalism and the Aesthetics of the Anglo-Chinese Garden", in *Eastern Resonances in Early Modern England Receptions and Transformations from the Renaissance to the Romantic Period*, eds. Claire Gallien & Ladan Niayesh, Palgrave Macmillan, 2019.

Brenner, Robert, "Agrarian Class Structure and Economic Development in Pre-Industrial Europe", in *Past and Present*, 70. 1, (February, 1796).

Brook, Isis, "Wildness in the English Garden Tradition: A Reassessment of the Picturesque from Environmental Philosophy", in *Ethics & the Environment*, 13. 1, 2008.

Butler, Marilyn, "Plotting the Revolution: The Political Narratives of Romantic Poetry and Criticism", in *Romantic Revolutions: Criticism and Theory*, Kenneth Johnston et al., eds., Bloomington and Indianapolis: Indianan University Press, 1990.

Cantor, Geoffrey, "Emotional Reactions to the Great Exhibition of 1851", in *Journal of Victorian Culture*, 20. 2, 2015.

Cicak, Tessa, & Nicola Tynan, "Mapping London's Water Companies and Cholera Deaths", in *The London Journal*, 40. 1, 2015.

Clemm, Sabine, " 'Amidst the Heterogeneous Masses': Charles Dickens's Household Words and the Great Exhibition of 1851", in *Nineteenth-Century Contexts*, 27. 3, 2005.

David Porter, "From Chinese to Goth: Walpole and the Gothic Repudiation of Chinoiserie", in *Eighteenth-Century Life*, 23. 1, 1999.

Dickens, C. & R. Home, "The Great Exhibition and the Little One", in *Household Words*, 5 July, 1851, p. 357.

Fatica, Michele, and Yue Zhuang, "Copperplates Controversy: Matteo Ripa's Thirty-six Views of Jehol and the Chinese Rites Controversy", in *Entangled Landscapes: Early Modern China and Europe*, Yue Zhuang and Andrea M. Riemenschnitter, eds., Singapore: Nus Press, 2017.

Heady, Emily, "The Polis's Different Voices: Narrating England's Progress in Dickens's Bleak House", in *Texas Studies in Literature and Language*, 48.4, 2006.

Hodges, Alison, "Painshill Park, Cobham, Surrey (1700 – 1800): Notes for a History of the Landscape Garden of Charles Hamilton", in *Garden History*, 2.1 (Autumn, 1973).

Jones, W. Powell, "The Romantic Bluestocking, Elizabeth Montagu", in *Huntington Library Quarterly*, 12.1 (Nov., 1948).

Katsuyama, Kuri, "'Kubla Khan' and British Chinoiserie: the Geopolitics of the Chinese Garden", in *Coleridge, Romanticism and the Orient: Cultural Negotiations*, David Vallins, Kaz Oishi, Seamus Perry, eds., London & New York: Bloomsbury, 2013.

Kiston, Peter J., "Tartars, Monguls, Manchus, and Chinese", in *Romantic Literature, Race, and Colonial Encounter*, New York: Palgrave Macmillan, 2007.

Landon, Philip, "Great Exhibitions: Representations of Crystal Palace in Mayhew, Dickens, and Dostoevsky", in *Nineteenth-Century Contexts*, 20.1, 1997.

Leask, Nigel, "Fingalian Topographies: Ossian and the Highland Tour, 1760 – 1805", in *Journal for Eighteenth-Century Studies*, 39.2, 2016.

Leask, Nigel, "Kubla Khan and Orientalism: The Road to Xanadu Revisited", in *Romanticism*, No. 4, 1998.

Levinson, Marjorie, "Insight and Oversight: Reading 'Tintern Abbey'", in Marjorie Levinson, Marjorie, *Wordsworth's Great Period Poems: Four Essays*, Cambridge: Cambridge University Press, 1986.

Litsios, Socrates, "Dickens and the Movement for Sanitary Reform", in *Perspectives in Biology and Medicine*, 46. 2 (Spring 2003) .

Lovejoy, Arthur O. , "The Chinese Origin of a Romanticism", in *The Journal of English and Germanic Philology*, 32. 1 (Jan. , 1933) .

Luckhurst, K. W. "The Great Exhibition of 1851", in *Journal of the Royal Society of Arts*, Vol. 99, 1951.

McGann, Jerome, J. , "Romanticism and its Ideologies", in Michael O'Neill, Mark Sand, eds. , *Romanticism: Romanticism and History*, Vol. 2, London and New York: Routledge, 2006.

Micheal Anderson, "The Demographic Factor", in T. M. Devine and Jenny Wormald, eds. *The Oxford Handbook of Modern Scottish History*, Oxford: Oxford University Press, 2012.

Mitchison, Rosalind, "The Old Board of Agriculture (1793 –1822)", in *The English Historical Review*, 74. 290 (January 1959) .

Morley, Henry, "A Way to Clean Rivers", in *Household Words*, Vol. 18, 10 July, 1858.

Newsome, A. R. , "Records of Emigrants from England and Scotland to North Carolina, 1774 – 1775", in *The North Carolina Historical Review*, 11. 1 (January, 1934) .

Standaert, Nicolas, "Jesuit Accounts of Chinese History and Chronology and their Chinese Sources", in *East Asian Science, Technology, and Medicine*, No. 35, 2012.

Strassberg, Richard E. , "An Intercultural Artist: Matteo Ripa, His Engravings, and Their Transmission to the West", in Stephen H. Whiteman and Richard E. Strassberg, eds. , *Thirty-Six Views: The Kangxi Emperor's Mountain Estate in Poetry and Prints*, Washington, D. C. : Dumbarton Oaks Research Library and Collection, 2016.

Wells, John Edwin, "Wordsworth and the Railways in 1844 –1845", in *Modern Language Quarterly*, 6. 1, 1945.

Whyte, Ian, " 'Wild, Barren and Frightful' –Parliamentary Enclosure in an Upland County: Westmorland 1767 – 1890", in *Rural History*, No. 14,

2003.

Williams, Laurence, "The Manchu Invasion of Britain: Nomadic Resonances in Eighteenth-Century Fiction, Chinoiserie Aesthetics, and Material Culture", in Claire Gallien & Ladan Niayesh, eds., *Eastern Resonances in Early Modern England Receptions and Transformations from the Renaissance to the Romantic Period*, Palgrave Macmillan, 2019.

Zhang, Chunjie, "Garden Empire or the Sublime Politics of the Chinese-Gothic Style", in *Goethe Yearbook*, Vol. 25, 2018.

Zhuang, Yue, "Fear and Pride: Sir William Chambers 'Dissertation on Oriental Gardening', Burke's Sublime and China", in Yue Zhuang and Andrea M. Riemenschnitter, eds., *Entangled Landscapes: Early Modern China and Europe*, Singapore: Nus Press, 2017.

Zhuang, Yue, "'Luxury' and 'the Surprising' in Sir William Chambers' Dissertation on Oriental Gardening (1772): Commercial Society and Burke's Sublime-Effect", in *Transcultural Studies*, 2, 2013.

Zou, Hui, "The 'True Wonder' in Emperor Qianlong's Garden Labyrinths", in Yue Zhuang and Andrea M. Riemenschnitter, eds., *Entangled Landscapes: Early Modern China and Europe*, Singapore: Nus Press, 2017.

索　引

后　记

这是一本关于英国风景的小书。它是在我的博士毕业论文的基础上，增加了与英国园林相关的中国元素的研究内容，是2021年河南省哲学社会科学规划项目“英国浪漫主义文学里的中国元素研究”（项目编号：2021BWX034）的成果之一。匆匆成书，疏漏之处与言犹未尽之处希望读者批评指正。

在书稿付梓之际，我要向陪伴我一路走来的各位老师、同学、同事和家人们致以诚挚谢意。首先要感谢我的恩师程巍先生，他学识渊博、风趣幽默、视野宏大、才思敏捷，每次听他上课，都有一种如沐春风、豁然开朗的感觉。他告诉我要用普遍联系的方法来打通文学与政治、历史与现实、学术与生活的隔阂。在他的感染下，文学研究不再是一门枯燥乏味、勉为其难的“课业”，而变成了一项个人创造力和想象力可以尽情发挥的“趣事”。四年的学术启蒙重塑了我看待世界的眼光，让我领会到“以学术为致业”的真正内涵。

其次，感谢读博时期众多师弟、师妹们的陪伴。智颖、志刚、景娟姐、向晶、乐宁、怡婷、殷磊、一颖等，他们让我四年的学习、娱乐生活变得丰富多彩；陈众议所长、刘雪岚老师、徐德林老师、梁展老师、钟志清老师、李永平老师、马海良老师、龚蓉老师、严蓓雯老师、张锦老师、魏然老师等让我深深地感受到中国社科院外文所超强的学术能力和优良的学术作风。此外，我还要感谢郑州大学英美文学研究中心的各位老师，高晓玲副院长、张莉教授、辛亚敏教授、马洛丹老师、王露阳老师、张雯老师、周雪松老师等，他们在学术和生活上都对我照顾有加。我还加入了由张莉教授主持的郑州大学人文社会科学优秀青年科研团队培育计划“美国左翼女性文学的智性书写研究”（2020 - QNTD - 03），团队成员对该书内容提出了很多修改意见，让我受益匪浅。

再次，感谢我的父母、女儿、爱人做出的巨大牺牲：年迈的父母忍着病痛，替我照顾年幼的女儿；古灵精怪的女儿时常给我带来意外惊喜，她的茁壮成长让我对她的愧疚之情稍稍得以宽解；我的爱人非常理解从事科研工作所要经历的挑战和挫折，给予我最大的安慰和支持。

最后，感谢书中所提及和引用的各位专家和学者。他们的研究成果给了我极大的启发。感谢中国社会科学出版社编辑的辛勤付出，使本书得以顺利出版！

中国社会科学院大学优秀博士学位论文出版资助项目书目

- 元代刑部研究
- 杨绛的人格与风格
- 与时俱化：庄子时间观研究
- 广告法上的民事责任
- 葛颇彝语形态句法研究
- 计算机实施发明的可专利性比较研究
- 唐宋诗歌与园林植物审美
- 西夏文《解释道果语录金刚句记》研究
- 阿拉斯加北坡石油开发与管道建设争议及影响
- 花园帝国：18、19 世纪英国风景的社会史